HISTOIRE ROMAINE

IMP. E. HEUTTE ET Cᵉ, A SAINT-GERMAIN.

HISTOIRE
ROMAINE

PAR

EUGÈNE TALBOT

Docteur es lettres
Professeur de Rhétorique au Lycée Fontanes.

PARIS
ALPHONSE LEMERRE, ÉDITEUR
27, PASSAGE CHOISEUL, 29
—
1875

AVANT-PROPOS

LES *découvertes récentes de l'ethnographie, de la philologie et de l'épigraphie, la multiplicité des explorations dans les diverses contrées du monde connu des anciens, la facilité des rapprochements entre les mœurs antiques et les habitudes actuelles des peuples qui ont joué un rôle dans le drame du passé, ont singulièrement modifié la physionomie de l'histoire. Aussi une révolution, analogue à celle que les recherches et les œuvres d'Augustin Thierry ont accomplie pour l'histoire de France, a-t-elle fait considérer sous un jour nouveau l'histoire de Rome et des peuples soumis à son empire. L'officiel et le convenu font place au réel, au vrai. Vico, Beaufort, Niebuhr, Savigny, Mommsen ont inauguré ou pratiqué un système que Michelet, Duruy, Quinet, Dauban, J.-J. Ampère et les historiens actuels de Rome ont rendu classique et populaire.*

Nous ne voulons pas dire qu'il ne faut pas recourir aux sources. On ne connaît l'histoire romaine que lorsqu'on a lu et étudié Salluste, César, Cicéron, Tite-Live, Florus, Justin, Velleius, Suétone, Tacite, Valère Maxime, Cornelius Nepos, Polybe, Plutarque, Denys d'Halicarnasse, Dion Cassius, Appien, Aurelius Victor, Eutrope, Hérodien, Ammien Marcellin, Julien; et alors, quand on aborde, parmi les modernes, outre ceux que nous avons nommés, Machiavel, Bossuet, Saint-Évremond, Montesquieu, Herder, on comprend l'idée, que les Romains ont développée dans l'évolution que l'humanité a faite, en subissant leur influence et leur domination. On excuse la brutale énergie de ce peuple de brigands héroïques, parce qu'il a préparé et fondé l'unité du vieux monde, et on voit quels liens nous rattachent à lui, en retrouvant une trace ineffaçable de son passage dans la religion, la législation, les coutumes et la langue des nations modernes. Or, cette idée échappe à ceux que la science contemporaine n'a point initiés à ses découvertes.

C'est cette espèce de révélation, cachée sous les faits, que nous nous sommes efforcé de faire entrer dans l'esprit de nos jeunes lecteurs, tout en racontant de la manière la plus vive et la plus pittoresque que nous avons pu, les événements dramatiques, qui servent de trame à l'histoire des Romains. Pour atteindre ce but, nous avons mis à contribution toutes les ressources que les auteurs anciens ou récents nous ont offertes; narrateurs, géographes, ethnographes, philologues, érudits, depuis Rollin, Vertot, Crevier, Dumont,

Poirson, Dezobry, jusqu'à Drumann, Weber, Merivale, Fridlœnder, de Champagny, P. Mérimée. A ces souvenirs, que la pratique de l'enseignement nous donne l'occasion de renouveler chaque jour, soit pour notre besoin, soit pour celui de nos élèves, nous avons ajouté tout ce que nous nous sommes rappelé des leçons de notre excellent maître Auguste Filon et des sommaires trop peu connus de Prosper Haussard. Ces souvenirs de collége ne sont ni les moins frais, ni les moins présents. Nous n'avons jamais oublié la vive impression que nous causa jadis la lecture de l'Histoire romaine de Michelet. L'éminent artiste nous faisait vivre avec les personnages qu'il mettait en scène : nous voyions le théâtre de leurs exploits : on les suivait en Italie, en Sicile, en Afrique, en Grèce, en Espagne, en Asie, en Gaule, en Germanie : les plaines, les montagnes, les vallées, les mers se dessinaient à nos yeux avec toute la netteté de leurs contours, toute la vivacité de leurs couleurs, grâce à la magie d'une plume qui semblait un burin ou un pinceau. Nous essayons aujourd'hui de nous rapprocher de ce grand maître dont nous savons le livre presque tout entier par cœur.

Notre plan est très-simple. De même que Sénèque et Florus ont vu dans le développement de l'histoire de Rome celui d'un organisme puissant, qui, par une gradation successive, passe de l'enfance à la jeunesse, de la jeunesse à l'âge viril, et de l'âge viril à la vieillesse, nous avons divisé notre Histoire romaine en trois parties : Royauté, République, Empire. Il paraîtra tout naturel que la République occupe la plus large part dans cette distribution : c'est, en effet, le point culminant de la grandeur romaine, la période des luttes héroïques et des hommes qui s'élèvent à la hauteur des événements. La Royauté laboure, pour ainsi dire, le champ romain ; la République le féconde, puis l'Empire vient, qui fait la moisson, pour la gaspiller à tous les vents. Mais des peuples nouveaux la recueillent, à leur tour, et « ressèment, suivant l'expression du poète, les champs de l'avenir. »

On ne s'étonnera pas de ce que nous avons dit fort peu de chose de la littérature romaine : c'est la matière d'un livre spécial, qui fait partie de la collection publiée par notre éditeur et ami Alphonse Lemerre. Nous nous sommes maintenu dans les limites qui nous étaient fixées. Puissions-nous avoir jeté dans ce cadre restreint un tableau vivant, animé, qui frappe par sa concentration même, et dont le souvenir se grave dans la mémoire de ceux pour lesquels nous l'avons conçu et exécuté !

Eugène TALBOT.

Bormettes, 15 septembre 1874.

HISTOIRE ROMAINE

PREMIÈRE PARTIE

ROYAUTÉ

CHAPITRE PREMIER

« L'histoire de Rome, même celle de ses conquêtes, enseigne à la jeunesse la fermeté, la justice, la modération, l'amour de la patrie... Les actions et les mots, les discours et les exemples, tout y concourt à former des hommes publics. »

JOUBERT, *Pensées, titre* XIX, XLVIII.

Aperçu géographique de l'Italie. — Peuplades primitives et immigrantes : Illyriens ou Pélasges, Ombriens, Étrusques. — Fusion de ces diverses races. — Colonisations légendaires. — Premiers ancêtres des Romains : Sabins et Latins. — Confédérations sabines et latines. — Albe, métropole du peuple romain.

L'ITALIE, *le pays des bœufs* (ἰταλός, jeune taureau), est une longue presqu'île, montagneuse et volcanique, séparée du continent européen par la chaîne circulaire des Alpes, qui la limitent au Nord. Un rameau puissant, détaché du système alpestre, la parcourt dans toute son étendue : c'est l'Apennin, *l'épine dorsale de l'Italie*, qui se prolonge jusqu'en Sicile, où il forme la masse de l'Etna. Le point culminant de l'Apennin est le Gran-Sasso, dans les Abruzzes. La longueur diagonale de la péninsule italique est de treize cents kilomètres; sa largeur varie entre soixante et cinq cents. Sa configuration lui donne l'air d'une botte éperonnée.

Baignées au nord-est par la mer Adriatique, au sud-ouest par la mer Tyrrhénienne, les côtes de l'Italie sont découpées en golfes profonds et en nombreuses échancrures. La côte septentrionale de la mer Tyrrhénienne est élevée, rocheuse et saine : vers le centre, elle est basse, sablonneuse, couverte de landes marécageuses, de marais pestilentiels et fiévreux : au midi, elle redevient rocheuse et salubre, avec les golfes magnifiques de Naples, de Salerne, de Tarente, et la pyramide fumante du Vésuve. Le littoral de la mer Adriatique, droit et élevé vers le centre, est bas et plat dans le reste de son développement, et il offre au nord de vastes lagunes.

Dans la partie continentale de l'Italie, les grands escarpements, les glaciers et les neiges des Alpes font contraste avec les plaines arrosées par le Pô et par ses affluents, le Tanaro, le Tésin, le Mincio, le Réno, la Trébie, et par les diverses branches de l'Adige. On y rencontre une suite de lacs aux rives pittoresques, entre autres ceux de Côme, de Garde et le lac Majeur. La partie péninsulaire est très-accidentée. Des montagnes, des plateaux âpres et stériles, des vallées et des plaines fécondes, des terrains sulfureux et volcaniques en varient les aspects. Les fleuves y sont petits et rares, les torrents nombreux. Les principaux cours d'eau de la mer Tyrrhénienne sont l'Arno, le Tibre, le Vulturne, et les torrents de la Calabre ; ceux de la mer Adriatique sont l'Aufide, le Métaure et le Rubicon. On y trouve les lacs de Trasimène, Fucin, Averne, Lucrin, cratères d'anciens volcans.

L'Italie jouit, en général, d'un climat sain et tempéré : l'air est pur dans les montagnes et dans les grandes plaines : il ne contient d'éléments méphitiques et morbides que dans les terrains paludéens. Les contre-forts montagneux, fertiles et tapissés de verdure, se prêtent merveilleusement, ainsi que les campagnes et les pâturages du nord et du centre, à l'agriculture et à l'élève du bétail, des abeilles et des vers à soie. Les céréales, la vigne, le figuier, l'olivier, l'oranger, le mûrier et les différentes essences d'arbres fruitiers s'y trouvent en abondance : les arbres forestiers, tels que le chêne, le hêtre, le pin, le chataignier et le platane, y croissent partout : les lauriers, les peupliers et les saules se plaisent auprès des cours d'eau. On y rencontre de nombreux troupeaux de toute espèce, et c'est le seul pays de l'Europe où l'on voit encore des buffles ou bœufs sauvages. La faune et la flore italiennes sont d'une très-grande variété.

Les richesses minérales de l'Italie sont le cuivre, le plomb, le fer, le zinc, des bancs d'alun, des gisements de sel, de soufre, des carrières de marbres et de pierres à bâtir. Les anciens exploitaient quelques filons d'or et d'argent.

Un pays si heureusement doué, ouvert par le nord aux peuplades germaines et gauloises, par le sud et par l'est à celles d'origine asiatique et hellénique, ne pouvait manquer de devenir un jour le théâtre historique d'une nation forte et puissante. Aussi, dès les temps les plus reculés, indépendamment de la race primitive et autochthone dont l'origine et la destinée échappent à l'histoire, différents peuples y font invasion et essaient d'y fonder des colonies plus ou moins stables, attirées et retenues par la beauté du climat et par la fertilité du sol. Parmi ces immigrations successives, les traditions les plus authentiques en signalent trois principales.

Environ quinze cents ans avant l'ère chrétienne, les défilés des Alpes carniques, au nord de l'Italie, livrent passage à une peuplade asiatique de pâtres, de laboureurs et de chasseurs, que l'antiquité appelle *illyrienne*, et que l'ethnographie moderne nomme *pélasgique*. Elle se composait de plusieurs tribus : les *Sicules*, les *Liburnes*, les *Vénètes*, peuple navigateur, industrieux, religieux, connaissant l'art de bâtir et peut-être celui d'écrire. Les Liburnes et les Vénètes s'établissent sur les bords de l'Adriatique. Une partie des Sicules suit la côte occidentale, entre dans le Latium et s'y fixe sous le nom de *Tyrrhéniens* et de *Latins*. L'autre partie descend jusqu'à l'extrémité de la péninsule, traverse le détroit et s'établit dans l'île de Trinacrie, qui prend dès lors le nom de Sicile. A peu près vers le même temps une population ibérique, les *Sicanes*, venus des bords du Sicoris, fleuve d'Espagne, pénètre dans l'ouest de l'Italie, est repoussée par les immigrations suivantes jusque dans la Sicile et s'y mêle avec les Sicules.

La seconde invasion a lieu cent ans après la première, vers 1400. La race celtique des *Isombres* ou *Ombriens*, vient s'établir dans la Gaule cisalpine et dans la Vénétie, où elle fonde Milan. De là les Ombriens poussent une pointe vers le milieu de l'Italie, et, se ramifiant à gauche et à droite, s'étendent dans l'Étrurie et dans le Picénum. Le trait caractéristique de cette invasion est un commencement d'unité de race et de langue. L'idiome commun aux populations des deux versants des Apennins et de la Campanie devient l'*ombrien* ou *osque*, parlé plus tard depuis Rome jusqu'à Tarente, et, comme la voie Appienne, traversant l'Italie dans toute sa longueur.

La troisième invasion, celle des *Rasènes*, venus de la Rhétie (Tyrol), a lieu vers le xie siècle avant l'ère chrétienne. Les nouveaux envahisseurs se jettent sur les Ombriens, établissent une première colonie dans les plaines du Pô, et fondent ensuite, entre l'Arno et le Tibre, un établissement durable, sous le nom de *Tusci* ou *Étrusques*. Ils franchissent alors le Tibre, traversent le Latium, occupent la Campanie et y organisent une confédération de douze cités : la principale était Capoue.

Telles sont les trois grandes immigrations des peuples qui se substituent ou qui se mêlent à la race indigène de l'Italie. De cette fusion, plus ou moins étroite, d'éléments illyriens, ombriens, étrusques, sortent les *Aborigènes*, dont les principales tribus sont les *Osques* ou *Opiques*, les *Marses*, les *Sabins*, les *Samnites*, les *Lucaniens* et les *Campaniens*.

Quelques légendes fabuleuses ou allégoriques, embellies par la poésie et par le patriotisme romain, s'ajoutent aux réalités de l'histoire. Caton l'Ancien, Nævius, Cicéron, Tite-Live, Virgile et d'autres écrivains latins parlent du règne de Saturne, du combat d'Hercule et de Cacus, des arrivées successives de l'Arcadien Évandre qui fonde Pallantie sur une colline du Tibre, du Grec Diomède, fondateur d'Arpi, de l'Argien Tibur, fils d'Amphiaraüs, qui bâtit une ville de son nom, du Troyen Anténor, qui fonde Padoue, et surtout du troyen Enée, dont le fils, Ascane, est chef de la lignée des rois albains, ancêtres de Romulus. Toutefois Tite-Live n'admet pas ces traditions comme certaines. « L'antiquité, dit-il, a le privilége de faire intervenir des divinités à la naissance des villes, pour imprimer à leur berceau un caractère plus auguste ; mais qu'on accueille ces récits ou qu'on les rejette, il n'y faut pas attacher d'importance. »

Quoi qu'il en soit, chacune des races, qui se partagent l'Italie, suit sa destinée dans l'histoire. Dans la Haute-Italie, les Gaulois et les Étrusques se combattent et s'asservissent tour à tour, au milieu de luttes, où triomphent tantôt la barbarie, la soif du pillage, l'esprit de conquête et d'aventure, tantôt l'esprit de sociabilité, de commerce, d'épargne, de civilisation. Dans la Basse-Italie, les Siciliens, ainsi que les habitants de la Campanie et de la Grande-Grèce, qui se trouvent en contact immédiat avec les contrées helléniques, en subissent pour toujours l'influence.

Il n'en est pas de même des peuplades de l'Italie centrale, établies au nord du Tibre et au midi de l'Anio, c'est-à-dire dans la Sabine et dans le Latium. Jetons un coup d'œil sur ces deux peuples de même famille, mais de race distincte, du mélange desquels doit sortir le peuple romain, et qui, avant de former un corps de nation, sont séparés et ennemis.

Lorsque de l'un des points qui dominent la campagne romaine, on contemple le paysage qui se déploie sous les regards, on aperçoit d'un côté des montagnes abruptes, qui se rattachent aux Apennins, et de l'autre une plaine qui s'étend jusqu'à la mer, où elle se découpe en havres rares et étroits. La montagne c'est la

Sabine, dure et guerrière, le pays des Quirites, du peuple-lance (*quir*, lance ou Sabin). La plaine, c'est le Latium agricole (πλατύς, *latus*, le large pays). Cette plaine, où se dresse le Soracte, le mont Albain et quelques éminences, est arrosée par le Tibre, jadis Albula (eau sulfureuse), qui descend du massif ombrien, et dont le cours, ondulant comme une couleuvre jaune, aboutit, au-dessous d'Ostie, à la mer Tyrrhénienne, après avoir longé plusieurs collines couronnées de forêts. Les Latins, d'abord hommes des bois, véritables loups, fils de Faunus (de *favere*, dieu protecteur des forêts) et de Picus (le pivert), sont ensuite civilisés par Saturne (*Sator*, le semeur), c'est-à-dire passent de la vie de chasseurs et de pillards à une existence pacifique et agricole. Mais les Sabins rudes et belliqueux ne les laissent point en repos. Leur dieu Janus-Quirinus, le même que le soleil qui tue en dardant ses rayons, et leur dieu Mars, symbole ou synonyme de la mort (*Mars, Mors*), les poussent à s'élancer de leurs montagnes aux arêtes accentuées et fermes comme de l'acier, sur les plaines fertiles du Latium, à ravager les moissons, à enlever les bestiaux, à massacrer les laboureurs.

Cependant un trait commun d'organisation politique rapproche les deux peuples. Les Sabins, malgré leur fougue indépendante, forment une confédération de villes unies par l'intérêt ou par l'amitié, Cures, Reate, Amiterne, Nomentum, Nursia, sans avoir cependant une capitale pour centre. Les Latins, campagnards énergiques, menant, dans leurs villages ouverts ou sur leurs collines boisées et fortifiées, une vie simple et laborieuse, forment aussi, comme les Sabins, une confédération de bourgades et de hameaux, Tusculum, Aricie, Gabies, Lavinium, Préneste. Seulement, ils se groupent autour d'un château fort, espèce de nid d'aigle, qui sert de lieu de rassemblement, de défense et d'asile. Albe-la-Longue, située sur un étroit plateau du mont Albain, est regardée comme la plus ancienne capitale de la confédération latine, la métropole de Rome, le berceau du peuple à qui le ciel réservait l'empire de l'univers.

CHAPITRE II

Fondation de Rome par des tribus latines et sabines. — Légende de Romulus et de Rémus. — Règne de Romulus. — Numa. — Tullus Hostilius. — Ancus Martius. — Tarquin l'Ancien : influence étrusque. — Servius Tullius. — Tarquin le Superbe. — Expulsion des rois.

A peu de distance de sa jonction avec l'Anio, le Tibre forme un repli fortement accentué, autour duquel s'élèvent plusieurs monticules, ombragés autrefois de lauriers, d'osiers, de hêtres, d'yeuses, de saules et de chênes, et habités par des Sabins et des Latins. Les principales de ces collines étaient sur la rive gauche du fleuve le Capitole, le Cœlius, le Quirinal, le Viminal, l'Esquilin, le Palatin et l'Aventin, la plus haute de toutes : la plus importante sur la rive droite était le Janicule (mont de Janus). C'est sur le Palatin et sur une partie du territoire situé au-dessous de ce monticule que trois tribus latino-sabines, les Ramniens, les Titiens et les Lucères, fondent, il y a environ deux mille cinq cents ans (753 avant J.-C.), une ville à la fois agricole et maritime qu'ils appellent Roma. D'où vient ce nom ? Est-ce de Rumon, *le Rongeur*, surnom du Tibre ? Est-ce de Romè, *Force*, en langue grecque, ou de Ruma, *mamelle*, en langue osque ? Ni l'histoire ni la philologie ne peuvent se prononcer.

La légende romaine raconte que deux frères jumeaux, Romulus et Remus, nés d'Ilia, fille de Numitor, roi d'Albe, qu'avait détrôné son frère Amulius, sont exposés sur le Tibre par ordre de leur grand-oncle, qui espère les noyer. Le fleuve les épargne et les dépose sur la rive. Une louve, qui les entend crier, leur donne son lait. Faustulus, berger du roi, les trouve endormis sous un figuier : il les emporte dans sa cabane et les fait élever par sa femme. Les deux enfants grandissent et deviennent de vigoureux bergers. Romulus, ayant appris qu'il est petit-fils de Numitor, tue Amulius et rend à son grand-père le trône dont il avait été dépossédé. Il part ensuite d'Albe avec son frère, accompagné de pâtres, de chasseurs, d'aventuriers, se fixe sur le Palatin, et y fonde une ville. Qui nommera la cité nouvelle? Romulus ou Remus ? Les deux jumeaux recourent aux auspices. Remus, placé sur l'Aventin, aperçoit six vautours ; Romulus, debout sur le Palatin, en voit douze : il est vainqueur : il donne à la ville naissante le nom de Rome, et il espère qu'elle sera guerrière, ainsi que le promettent les oiseaux de proie et de carnage qu'il a vus planer. Romulus entoure Rome d'une enceinte carrée et d'un fossé qu'il défend de franchir. Remus brave la défense : il est tué par Romulus. Ainsi se marque, dès la fondation de la ville, la dualité qui doit mettre aux prises, durant toute son histoire, le prolétariat et l'aristocratie, les plébéiens et les patriciens.

Demeuré seul maître de Rome, Romulus en trouve la population trop peu nombreuse. Pour l'augmenter, il ouvre, sur le Capitole, un asile à tous les meurtriers, les bannis, les esclaves fugitifs. La ville regorge bientôt d'habitants. Ce n'était d'ailleurs qu'une sorte de camp comme celui d'une horde de Tartares. Les Romains manquaient de femmes. Romulus fait annoncer qu'on va célébrer des jeux en l'honneur du dieu Consus. Les peuplades voisines y accourent de toutes parts. Pendant la célébration des jeux, les Romains se jettent sur les étrangers et enlèvent les jeunes filles. Cet acte de violence amène la guerre entre les Latins et les Sabins. Tatius, roi des Sabins, introduit sur le Capitole par Tarpeia, que les Sabins écrasent sous leurs boucliers, livre bataille à Romulus ; mais pendant une lutte acharnée les femmes sabines s'élancent entre les deux armées, et supplient leurs époux et leurs pères de se réconcilier. Romulus et Tatius font la paix et se partagent la royauté. Quelque temps après, Tatius est assassiné, et Romulus reste seul roi des deux nations fondues en une seule. Il signale sa bravoure par plusieurs exploits. Il tue de sa main Acron, roi des Céniniens, et en consacre les *dépouilles opimes* à Jupiter Férétrien. Il s'empare ensuite de Fidènes, de Cameria, dont il transporte les habitants à Rome et dans lesquelles il envoie des colonies romaines. La ville de Véies est contrainte de lui donner des otages. En même temps il organise la milice, qu'il distribue en légions, composées de trois mille hommes de pied et de trois cents cavaliers, forme l'ordre des patriciens, crée le sénat, distribue le peuple en tribus et règle les rapports des patrons et des clients. Il institue également plusieurs fêtes, entre autres les Lupercales en l'honneur du dieu Pan. Mais ses victoires l'ayant rendu despotique et capricieux, les Romains le font périr au milieu d'un orage, répandent la nouvelle qu'il a été ravi dans le ciel, où il est adoré sous le nom de Quirinus, l'enterrent dans l'enceinte sacrée du Pomærium, et lui consacrent un temple sur le mont Quirinal (715).

L'hostilité de l'élément sabin et de l'élément latin dans la ville romaine disparaît avec Romulus. Numa, né à Cures, ville sabine, gouverne paisiblement la cité, où domine l'ascendant sabin jusqu'à l'avénement des rois étrusques. Son règne pacifique assure la prépondérance du Quirinal et du Capitole sur les habitants farouches du Palatin. Pas de guerres au dehors; mais au dedans institutions civiles, religieuses, et même militaires. Numa divise le peuple par métiers, adoucit la loi qui autorise les pères à vendre leurs enfants, change l'ordre des mois, qu'il fait partir de janvier, et construit le temple de Janus, qui doit être ouvert pendant la guerre et fermé pendant la paix. Pour la religion, il crée deux grands auspices, ajoute deux augures au nombre primitif, confie à cinq pontifes la présidence des sacrifices, établit les colléges des flamines, des saliens et des vestales, chargées d'entretenir un feu perpétuel dans le temple de Vesta, fait garder dans le temple de Mars les

Ancilies ou boucliers sacrés, dédiés au dieu de la guerre, et élève un temple à la Foi et au dieu Terme, protecteur des limites. Il institue les Fécials ou Féciaux, chargés de déclarer la guerre au nom du droit et de la justice.

L'imagination populaire s'est plu à entourer d'un prestige romanesque les institutions et la physionomie du roi Numa. Il était, dit-on, en communication avec une déesse, nommée Égérie, qui lui inspirait ses règlements et ses lois. On ajoutait que les peuples de l'Italie semblaient, sous ce règne bienheureux, respirer l'haleine salutaire d'un vent doux et pur, qui venait du côté de Rome, et que la sagesse de Numa était une vive source de biens qui rafraîchissait et fécondait toute l'Italie. Ce bonheur dura quarante ans. Numa meurt âgé de plus de quatre-vingts années (672).

Tullus, fils d'Hostus, étranger de Medullia, colonie d'Albe, est élu par le peuple après la mort de Numa, et maintient à Rome l'influence sabine. Il crée la discipline militaire et l'art de la guerre. La rudesse des mœurs nationales adoucie par Numa reprend le dessus. Bien que Tullus dédie un temple à la Peur et à la Pâleur, son règne est signalé par de sanglants et terribles exploits. Il fait une guerre acharnée à la ville d'Albe, chef-lieu de la confédération latine, afin de préparer l'asservissement du Latium. Après plusieurs combats, où les deux armées albaine et romaine sont tour à tour victorieuses, trois frères de part et d'autre, les Horaces et les Curiaces, immortalisés par Tite-Live et par Corneille, sont chargés de la destinée des deux empires. La lutte commence. Les trois Curiaces sont blessés, deux Horaces sont tués. Le troisième feint de prendre la fuite et, divisant ses ennemis, qui le suivent, chacun selon ses forces, à des distances inégales, il les immole l'un après l'autre. Mais il souille bientôt sa victoire d'un fratricide. Il voit sa sœur Horatia pleurer un des Curiaces, son fiancé : il la perce de son épée. Condamné à mort par le roi qui siége dans le Comitium, au pied du Capitole, Horace va être pendu ; mais son père s'élance, en appelle au peuple, et obtient par ses éloquentes supplications que son fils soit absous, à la condition de passer sous la poutre de la sœur (*tigillum sororium*), pour être purifié de son fratricide (667).

La paix faite avec les Albains n'est pas de longue durée. On accuse de ligues secrètes leur chef Metius Suffetius, dont la conduite contre les Fidénates a paru équivoque, et Tullus le condamne à un horrible supplice. Attaché entre deux chars, il est écartelé par des chevaux fougueux. Albe n'est pas plus épargnée : Tullus la fait raser et en transporte à Rome les habitants et les richesses. Le nombre des citoyens est doublé et le mont Cœlius ajouté à la ville. Telle est déjà la politique romaine admirée par Bossuet et par Montesquieu. Rome détruit les cités rivales : Albe, Véies, Capoue, Tarente, Carthage ; mais elle augmente le nombre de ses habitants en ouvrant ses portes aux vaincus. Parmi les grandes familles, transportées d'Albe dans Rome, était celle des Julii, de laquelle devait un jour sortir Jules César (665).

Tullus détruit plutôt qu'il ne bâtit. Cependant son nom demeure attaché à un édifice de la plus grande importance, la Curia Hostilia, principal lieu des assemblées du sénat jusqu'au moment où elle est incendiée pendant les querelles de Clodius et de Milon. La fin de ce roi est singulière. On dit que voulant pratiquer l'art d'attirer la foudre, il fut frappé et consumé par un éclair (640).

A Tullus Hostilius succède le petit-fils de Numa, que le poëte Lucrèce appelle le bon Ancus. Il aimait la paix comme son grand-père, mais les Latins le forcent à prendre les armes, et il donne le premier une extension réelle au territoire romain, du côté des montagnes et du côté de la mer, au sud et nord. Il détruit ou prend Politorium, Ficana, Tallène, villes latines, établit une colonie à Medullia et à Cameria, bat les Sabins et les Étrusques, et enlève à ceux-ci la forêt Masia et les *Septem pagi* ou les Sept bourgs. Après avoir mis en exploitation dans le voisinage d'Ostie des salines, où l'on travaille encore aujourd'hui, il fonde aux embouchures mêmes du Tibre (*Ostia*) un port, dans lequel la Rome future des consuls, et des empereurs recevra les blés de la Sicile et de l'Égypte qui devront la nourrir. Tullus Hostilius avait transporté sur le Cœlius la population latine d'Albe : Ancus Martius transplante de même sur l'Aventin, et dans la vallée qui le sépare du Palatin, la population des villes latines soumises à ses armes : c'est l'origine de la plèbe romaine, *plebs romana*, rivale future des patriciens. Enfin, il place sur le Janicule une citadelle qu'il rattache à la ville par le pont Sublicius, pont de bois, le premier qui fut construit à Rome, et il fait élever la prison Mamertine au-dessus du Forum. Ancus est le dernier des trois rois sabins qui succèdent à Romulus. Il avait accordé sa confiance à un étrusque de Tarquinies, nommé Lucumon ou Tarquin, petit-fils du Corinthien Démarate, qu'une révolution avait forcé à quitter sa patrie avec toutes ses richesses. Au moment où Tarquin entrait dans Rome, la légende raconte qu'un aigle lui avait enlevé sa coiffure et l'avait ensuite replacée sur sa tête. C'était le présage de sa grandeur. A la mort d'Ancus (616), Tarquin, conseillé par l'ambitieuse Tanaquil, sa femme, envoie à la chasse les deux fils du roi, dont il est le tuteur, et, pendant leur absence, séduit le peuple par un discours : il est élu roi.

L'influence étrusque commence avec Tarquin l'Ancien. Les édifices, les rites sacrés et les institutions de l'Etrurie élèvent Rome au rang d'une capitale florissante. Après avoir soumis les peuples voisins, Sabins, Latins ou Étrusques, ligués contre lui, Tarquin jette les fondements du temple de Jupiter sur le mont Tarpéien, qui prend dès lors le nom de Capitole. On dit qu'on y trouva, en creusant la terre, une tête coupée (*caput Oli*) la tête d'Olus, un chef étrusque, et les devins conclurent que là devait être la *tête*, le *chef-lieu*, la *capitale* du monde. Tarquin construit aussi le grand cirque, où il fait lutter des chevaux et des pugilistes venus d'Étrurie. Il crée un système d'égouts, qui excitait l'admiration de Pline, et dont un reste très-imposant, le grand égout (*cloaca maxima*), excite encore la nôtre: « On commen-

çait déjà, dit Montesquieu à bâtir la ville éternelle. »
Des portiques s'élèvent autour du Forum, un mur de
pierre autour de la ville. Les Romains apprennent des
Étrusques l'usage des chiffres, de la monnaie, des cloches, des moulins à bras, du pugilat, des courses de
chevaux et de chars, des représentations dramatiques.

Cependant les fils d'Ancus vivaient encore, prêts à se
venger de l'usurpateur étrusque. Ils apostent deux prétendus bûcherons, qui, armés de leur serpe, viennent, sur
le midi, devant la maison du roi, située au sommet de la
Velia, quartier des Sabins, et commencent à se quereller en demandant justice. Le roi sort pour les accorder :
ils se jettent sur lui, le tuent, et s'enfuient vers la montagne, sans être arrêtés (578).

Tarquin laissait un gendre. Tanaquil, sa belle-mère,
en fait un roi. Le véritable nom de Servius est Mastarna. Fils d'une captive de Corniculum, Ocrisia, esclave
de Tanaquil, il était venu à Rome en compagnie d'un
aventurier, Cœles Vibenna, qui s'était installé avec ses
hommes sur le mont Cœlius. Après la mort de Tarquin, Tanaquil, dans une harangue au peuple, prétend
que le roi n'est que blessé, et annonce que son gendre
exercera jusqu'à nouvel ordre les fonctions royales. En
même temps, Mastarna sort, escorté de douze licteurs,
et convoque le sénat, qui le salue roi, sous le nom
de Servius Tullius. Un des premiers actes de Servius
est d'ériger un temple à la Fortune : il était juste qu'il
se montrât reconnaissant envers cette déesse. Il fortifie
ensuite l'enceinte de Rome, en ajoutant au mur un fossé
de trente pieds, large de cent, et présentant au dedans
un relèvement de terre, *agger*, encore visible en plusieurs endroits. Mais c'est peu pour lui de donner à
Rome une sorte d'unité topographique, il crée l'unité politique de la cité. Pour cela, il partage la ville et la campagne en un certain nombre de districts ou régions
nommées *tribus* : quatre urbaines et vingt-six rurales.
Les tribus se subdivisent en cantons, *vici*, dans la ville,
et *pagi*, dans la campagne. A cette distribution de la
population d'après le sol, Servius en ajoute une autre

d'après la richesse. Elle se répartit en cinq classes, selon le revenu, *census;* et ces cinq classes sont, à leur tour, divisées en cent quatre-vingt-treize *centuries* : chevaliers ou cavaliers, artisans ou prolétaires. A partir de cette époque, les *comices*, ou réunions du peuple, sont convoqués par centuries et deviennent les grandes assemblées romaines. Chacune des cent quatre-vingt-treize centuries, quel que soit le nombre d'individus dont elle se compose, a un suffrage, c'est-à-dire une voix. La prépondérance des votes n'appartient donc ni à l'aristocratie ni à la multitude, mais à la propriété. Les comices votent les lois, les impôts, et nomment les magistrats. La contribution et le service militaire incombent à tous ceux qui possèdent. Tout citoyen est soldat de dix-huit à soixante ans. Les hommes jeunes, de dix-huit à quarante-six ans, sont appliqués aux guerres lointaines ; les plus âgés à la défense des foyers.

La mort de Servius, vieilli dans les fonctions royales, est sombre et tragique. Il avait deux filles, appelées toutes deux Tullia, mariées aux deux fils de Tarquin l'Ancien, Tarquin et Aruns. Tarquin, ambitieux et emporté, avait pour femme Tullia, honnête et douce ; Aruns, sans ambition et sans orgueil, était le mari de la violente et parricide Tullia. Tarquin tue sa femme et Tullia son mari ; puis, unis l'un à l'autre, ils forment une conspiration contre Servius, avec une partie de la noblesse mécontente. Au temps de la moisson, quand le peuple est aux champs, Tarquin paraît dans le sénat, revêtu des insignes royaux. Le vieux roi accourt et reproche à Tarquin d'être un séditieux. Tarquin saisit le vieillard et le précipite au bas des degrés de la curie. Servius, la tête meurtrie par les pierres, essaie de se relever : les serviteurs du roi l'achèvent et laissent le cadavre étendu dans le sang. Tullia, au milieu du trouble, arrive sur son char, traîné par des mulets. Le corps de son père l'empêche de passer : le conducteur et les mulets reculent : Tullia ordonne d'aller en avant : le sang du père jaillit sur le char et sur les vêtements de la fille. Le meurtre s'était accompli au pied du mont Viminal, à l'extrémité du *Vicus Cyprius* : ce fut dès lors le *Vicus Sceleratus*, la rue Scélérate, la voie maudite (533).

Arrivé au pouvoir par un parricide, Tarquin le Superbe, c'est-à-dire despote, se montre digne de son nom. Entouré de soldats, seul juge des causes capitales, il gouverne tout, sans consulter le sénat ni le peuple, opprimant les grands par des confiscations et des meurtres, le reste par des travaux et des guerres, qui tournent néanmoins à l'utilité commune. Il achève le cirque, les égouts et le temple de Jupiter Capitolin, commencés par son aïeul. Allié des Étrusques, il cimente la confédération avec les Latins par des sacrifices célébrés sur le mont Albain et nommés *féries latines.* Il soumet les Volsques, prend d'assaut Suessa Pometia, Gabies par la trahison de son fils Sextus, et place des colonies dans les villes de Signia et de Circeii.

Quelques prodiges menaçants le déterminent à envoyer consulter l'oracle de Delphes. Deux de ses fils, Titus et Aruns, partent pour la Grèce, accompagnés de l'un de leurs parents Junius, surnommé *Brutus*, à cause de sa stupidité réelle ou simulée. Le père de Brutus avait été mis à mort par Tarquin. Quand les trois jeunes gens ont reçu la réponse de l'oracle, ils demandent au dieu quelle sera leur destinée. Celui-ci leur prédit que le premier d'entre eux qui embrassera sa mère deviendra roi. Brutus tombe alors, comme par accident, et embrasse la terre, la mère commune. On dit que dans le bâton, qu'il avait offert au dieu pour présent, il avait placé un bâton d'or, symbole de son âme héroïque cachée sous les apparences d'un corps stupide et grossier

A leur retour, Titus, Aruns et Brutus trouvent Tarquin et Sextus assiégeant Ardée, ville forte des Rutules. Une discussion s'élève sur la vertu de leurs femmes avec Tarquin Collatin, chef de la petite ville de Collatie. La dispute s'échauffe : on se décide à faire une chevauchée jusqu'à Rome. On y trouve les femmes occupées de leur plaisir ou de leur parure. On se rend ensuite à Collatie. A une heure tardive de la nuit, la belle et vertueuse Lucrèce, femme de Collatin, est au milieu de ses servantes, filant la laine et dirigeant les travaux. Sextus se prend pour elle d'une passion coupable, revient, le lendemain, armé dans la chambre de Lucrèce et la menace de déshonorer sa mémoire, si elle ne partage pas son amour. Lucrèce désespérée est contrainte de céder, mais le matin suivant, elle rappelle chez elle son père, son époux, Brutus et ses autres parents, leur raconte l'affront qu'elle a subi, leur fait jurer vengeance et se plonge un poignard dans le cœur. Brutus rejette alors son déguisement, comme Ulysse ses haillons, saisit le poignard sanglant et jure la ruine de la maison royale. Un pacte est conclu sur le cadavre de Lucrèce : on porte la victime sur la place de Collatie : de là, on se rend à Rome : le peuple se soulève à la voix de Brutus et prononce l'exil éternel des Tarquins. La royauté est abolie et l'autorité souveraine confiée à deux consuls (509). « Ainsi, dit Florus, l'odieuse tyrannie de Tarquin le Superbe, soulevant le peuple contre une domination injurieuse, et l'enflammant de l'amour de la liberté, devint pour Rome le plus grand des bienfaits. »

CHAPITRE III

INSTITUTIONS PRIMITIVES DE ROME.

Topographie de Rome. — Famille romaine, type de l'État. — Cité romaine : le Roi, le Sénat, le Peuple, les Chevaliers. — Système religieux. — Organisation militaire. — Situation agricole. — Droit et justice.

OUTES les traditions s'accordent à dire que la cité latine primitive, appelée Roma, ne comprenait que le mont Palatin et une portion du terrain situé au-dessous. Elle était entourée de murs et de forme carrée ; d'où l'épithète de *quadrata*. Les Sabins habitaient le Quirinal et le Capitolin, sur lequel s'élevait l'*Arx*, ou citadelle sabine. Les Étrusques, fixés d'abord sur le Cœlius et sur l'Esquilin, descendirent plus tard dans la plaine appelée de leur nom *Vicus Tuscus*, quartier des Étrusques. Accrue sous les rois du Viminal et de l'Aventin, Rome finit par occuper les sept collines qu'elle a rendues immortelles.

Depuis le règne de Servius Tullius jusqu'à celui d'Auguste, Rome palatine fut divisée en quatre régions 1° *Suburana*, comprenant tout l'espace depuis le Subura, vallée très-populeuse entre l'Esquilin et le Quirinal, jusqu'au Cœlius ; 2° *Esquilina*, comprenant la colline de l'Esquilin ; 3° *Collina*, s'étendant sur le Quirinal et sur le Viminal ; 4° *Palatina*, comprenant le mont Palatin. Le Capitole et l'Aventin, consacrés aux divinités, étaient en dehors des quatre régions. Les flancs abrupts des collines, reliés par des murailles où s'ouvraient un grand nombre de portes, formaient la défense de la ville, à laquelle donnaient accès plusieurs ponts jetés sur le Tibre. Le pont le plus ancien était le Sublicius, construit sur pilotis et sur l'étai naturel d'une île du Tibre, et qui, jusqu'aux derniers temps, fut toujours fait de solives (*subliccs*), sans un seul morceau de fer. A l'intérieur, de grandes places (*fora*), des terrains libres, couverts de gazon et plantés d'arbres (*campi*), servaient de lieux de marché et de réunions publiques. Le Forum proprement dit était destiné aux assemblées populaires, aux affaires judiciaires et commerciales. C'est dans le plus vaste des campi, le Champ de Mars, riante et large plaine, au sud-ouest de la colline hortulane, sur la rive gauche du Tibre, que la jeunesse romaine venait s'instruire aux exercices de la guerre. Les maisons isolées (*domus*) ou groupées (*insulæ*) composaient les rues (*viæ*) et les quartiers (*vici*). Les temples les plus célèbres étaient ceux de Jupiter, de Vesta, de Mars, de Janus et de Bellone.

Le père et la mère, unis par le mariage, les fils et les filles, l'habitation urbaine et le domaine agricole (*villa*), les esclaves et le mobilier domestique composent le faisceau de la famille romaine, base de l'unité sociale et de l'ordre politique. Le père de famille (*pater familias*) dirige et conduit sa maison selon la loi absolue de sa volonté. Prêtre, juge et guerrier, il a l'autel et la lance : il parle au nom des dieux et de la force : tout lui obéit, la femme comme l'enfant, le bœuf comme l'esclave : il a sur tous les êtres qui l'entourent droit de vie et de mort. La mère, exclusivement soumise à son époux, exerce, à son tour, en maîtresse souveraine, une haute surveillance sur toute la domesticité.

Des familles réunies en peuplades s'étaient formées dans l'origine trois classes ou tribus. Plus tard chaque tribu se divisa en dix curies, composées d'un nombre égal de *gentes* ou parentés. La gens demeure l'élément patricien, d'où sortent les patrons, autour desquels se groupent des clients ou protégés, élément plébéien. Le patron doit défendre son client en justice, lui expliquer la loi, l'aider de ses conseils : le client doit déférence à son patron, qu'il assiste, au besoin, de son argent. Au-dessous du client est l'esclave, propriété, véritable chose du maître : il peut toutefois se racheter au moyen de son pécule et devenir affranchi.

L'État romain reposant sur l'élément de la famille en adopte les formes. Mais comme il n'existe pas dans la communauté politique un chef selon la loi de la nature, la loi civile choisit un roi. La royauté se trouve ainsi restreinte par la volonté du peuple, que manifestent soit les assemblées populaires, soit les pleins pouvoirs transférés au sénat. Le roi, une fois élu, exerce une autorité illimitée comme chef de l'armée, de la religion et de la justice. Vêtu de pourpre, avec des brodequins rouges, une couronne d'or et un bâton d'ivoire surmonté d'une aigle, il rend la justice, assis sur une chaise curule.

A côté du pouvoir royal s'élève le sénat, conseil de trois cents vieillards (*senes*) choisis par le roi. Le Sénat participe au gouvernement : il discute les propositions soumises à l'assemblée du peuple sur la guerre, la paix, la législation et édicte ses décisions dans des sénatus-consultes. La continuité héréditaire de ses maximes de conduite fut une des principales causes de la grandeur de Rome. La toge sénatoriale est bordée d'une large bande de pourpre, nommée laticlave, et la chaussure est ornée d'une demi-lune.

Le peuple (*populus*) se compose de l'ensemble des citoyens. Les droits réservés à ses comices sont l'élection du roi, l'adoption et le rejet des lois, l'admission au droit de cité, la grâce des citoyens qui lui font appel, la décision de la paix et de la guerre. Ses résolutions prennent le nom de plébiscites. Tous les citoyens romains, libres et ingénus, sont obligés au service militaire : ils jouissent d'une parfaite égalité de droits, et portent la toge de laine blanche serrée par une ceinture.

Les chevaliers (*equites*) ou cavaliers, au nombre de trois cents, constituent une classe intermédiaire entre le peuple et le sénat. Ils servent à cheval et sont montés aux frais du trésor public. Leur costume se distingue de celui des sénateurs par l'angusticlave, bande étroite de pourpre, et de celui du peuple par un anneau d'or au doigt.

Avant que Rome soit envahie par les idées mythologiques de la Grèce, sa religion se compose de traditions étrusques, et de cultes légendaires empruntés aux Latins et aux Sabins.

Les dieux étrusques se divisent en deux ordres : les douze dieux supérieurs, innomés, mystérieux, qui n'agissent que dans les grandes convulsions de la nature, et les douze dieux *consentes,* qui forment le conseil de Tina ou Jupiter, et l'aident à gouverner le monde. Les principales de ces divinités sont Cura ou Héra, la même que Junon, Meurfa ou Minerve, Vertumnus répondant à Bacchus, Nortia ou la Fortune, Silvanus dieu des forêts. Les dieux Pénates et les dieux Lares président au foyer domestique. Chaque homme a un *génie* particulier qui s'attache à lui dès sa naissance. Les âmes des trépassés (*manes*) vont habiter sous terre un lieu de délices ou d'épouvante, suivant qu'elles ont bien ou mal vécu. L'art de prévoir et de prédire l'avenir s'exerce par le vol des oiseaux, la foudre, l'inspection des entrailles de la victime.

Parmi les principaux dieux latins figurent *Tellus,* la terre, *Fortuna,* la déesse du destin, *Saturne,* le dieu des semailles, Jupiter, Junon, Vesta, Janus ou Dianus, le soleil, le dieu du jour, Diana, la lune, la déesse de la nuit. Mars (*mors*) est la mort divinisée. Faunus, Picus, Pilumnus et Lupercus, noms expressifs, sont des divinités des forêts et des champs.

La tige des dieux sabins est le devin Sancus, père de Sabin ou Sabinus. Diespiter ou Jupiter, Feronia, déesse des fleurs et des moissons, le Soleil, la Lune et Mars sont l'objet d'un culte analogue à celui des divinités latines.

A la tête de l'organisation religieuse des Romains sont placés les pontifes (constructeurs de ponts), qui connaissent le secret des mesures et des nombres. Ils dirigent le calendrier de l'État, annoncent au peuple la nouvelle et la pleine lune, veillent à l'accomplissement fixe de tout acte religieux ou judiciaire, conservent, sous le nom d'*annales,* le souvenir des grands événements et ébauchent les premiers linéaments du droit. Les rites et les sacrifices sont confiés à des prêtres nommés *flamines*. Le service de Mars est présidé par le collége sacerdotal des Saliens (sauteurs), qui exécutent, en chantant, la danse des armes. Les frères Arvals (*arvum*, champ) servent Janus, Jupiter, Junon et la Terre, qu'ils invoquent en mai pour la prospérité des semences. Les vestales veillent à l'entretien perpétuel du feu sacré.

Cinq cohortes de quinze manipules ou pelotons, à deux centurions, composent la fameuse légion romaine, véritable place de guerre ambulante, dont Végèce regarde la création comme inspirée par un dieu. Elle était formée de cinq à six mille soldats, choisis parmi les citoyens, d'un corps d'auxiliaires, au moins aussi nombreux, et d'une aile de cavalerie de trois cents hommes. Un drapeau rouge, surmonté d'une aigle, appelait aux armes les fantassins ; un drapeau bleu, les cavaliers. Les armes offensives étaient le javelot, la pique, l'épée, la lance, l'épieu, la broche, l'arc et la fronde ; les armes défensives, le casque, la cuirasse, les cuissards et le bouclier. L'éducation du soldat romain était rude et continuelle, la discipline inflexible. Tout combattant devait vaincre ou mourir. A cette loi guerrière s'ajoutait une supériorité réelle dans l'art de la tactique et de la stratégie. L'ordre de bataille des Romains, cause principale de leur suprématie, reposait sur la combinaison des trois grands principes de guerre : 1º organisation d'une réserve ; 2º réunion du combat corps à corps et du combat à distance ; 3º offensive et défensive également faciles au soldat.

Une autre cause de la prépondérance de Rome sur les champs de bataille, c'est que l'armée se recrutait surtout dans la classe agricole. L'agriculture est la meilleure préparation à la vie militaire. Ce que les Romains avaient conquis, soldats, à la pointe de l'épée, colons, ils l'utilisent par la charrue, puis ils l'augmentent par de nouvelles conquêtes.

La vie pastorale des premières peuplades de l'Italie fait progressivement place à la vie agricole. La politique guerrière et conquérante des Romains a son point d'appui le plus solide dans la propriété foncière. La richesse des classes rurales consiste en terres arables, en troupeaux et en esclaves. Les céréales, les vignes et les oliviers se partagent les soins du cultivateur. Il élève aussi dans sa métairie des porcs, de la volaille, des oies et des abeilles : le cheval, le bœuf, l'âne et le chien l'assistent dans ses travaux. Il va rarement à la ville, où il n'a qu'un pied-à-terre : il n'y séjourne point, sinon durant la canicule, lorsque la campagne est malsaine. Il est plus assidu aux foires, surtout à celle du mont Soracte, sur la frontière des Étrusques, des Sabins et des Latins : il y vend ses produits et achète ceux des autres.

La juridiction civile se concentre primitivement dans le roi, image du père de famille. Du haut de sa chaise curule, entouré de licteurs, le roi ordonne, et ce qu'il a ordonné est le droit (*jus*, de *jubere*). Il prononce la peine capitale, gibet ou bûcher, contre les meurtriers et les incendiaires, la peine des verges et l'amende (*multa*) contre les autres malfaiteurs. Les dommages (*injuria*) corporels ou réels, faits à des particuliers, se règlent par l'indemnité ou par le talion. Les mesures les plus rigoureuses sont exécutées contre les débiteurs insolvables. La transmission héréditaire des biens par testament est entourée des garanties les plus efficaces.

Telles sont les institutions fondamentales des premiers temps de Rome. La suite de son histoire en fera voir es modifications.

SECONDE PARTIE

RÉPUBLIQUE

CHAPITRE PREMIER

Caractère de la révolution faite par Brutus. — Embarras de la République naissante. — Valerius Publicola substitué à Collatin. — Conspiration des fils de Brutus. — Guerre de Tarquin. — Mort de Brutus. — Mesures populaires de Publicola. — Guerre de Porsena : Horatius Coclès, Mucius Scævola, Clélie. — Guerre contre les Sabins. — Le Sabin Appius Claudius passe chez les Romains. — Soulèvement des Latins et des Volsques. — Dictature de Titus Lartius et d'Aulus Postumius. — Bataille du lac Régille. — Mort de Tarquin.

A révolution de 509 qui exile les rois et leur substitue des préteurs ou consuls annuels, est d'abord tout aristocratique. Le sénat est augmenté d'un certain nombre de pères conscrits. Les patriciens conservent seuls l'éligibilité aux fonctions civiles et sacerdotales : ils ne se marient qu'entre eux, composent une caste fermée aux plébéiens, et s'arrogent les priviléges les plus choquants et les plus absurdes. Mais cette exclusion même fait mieux sentir aux plébéiens la valeur des droits dont ils sont privés. Armés du droit d'élection et de celui de provocation, ils ne tarderont pas à s'en

servir pour revendiquer les autres et pour triompher dans les luttes entreprises au nom de l'égalité civile.

La nouvelle République ne s'établit pas sans de graves difficultés. Les deux premiers consuls étaient Brutus et Collatin, le mari de Lucrèce ; mais celui-ci, parent des Tarquins, fait ombrage au peuple : il abdique et se retire à Lavinium. On lui donne pour successeur Valerius, surnommé Publicola, l'ami du peuple, l'ennemi implacable de la royauté. Des agents du roi déchu, venus à Rome réclamer ses biens, profitent des délais nécessaires à l'examen de leur demande pour conspirer en faveur de Tarquin avec des jeunes gens appartenant aux familles Aquilia et Vitellia. Les fils mêmes de Brutus, Titus et Valerius, prennent part à la conjuration. Un esclave, nommé Vindicius, la révèle aux consuls. Les coupables sont condamnés à être battus de verges et décapités dans le Forum. Brutus assiste, impassible, au supplice de ses fils. Était-ce une vertu supérieure qui l'élevait au-dessus des affections humaines ou une passion outrée jusqu'à l'insensibilité ? Plutarque ne se prononce pas sur l'une ou l'autre de ces deux dispositions extraordinaires et qui ne sont pas dans la nature de l'homme. « La première, dit-il, est d'un dieu et l'autre d'une bête féroce. »

Cependant les biens de Tarquin sont livrés au pillage, sa maison et son palais sont rasés. Tarquin, plein de colère, marche sur Rome, aidé du secours des Tarquiniens et des Véiens. Brutus et Valerius vont à sa rencontre. Les deux armées se trouvent en présence sur le territoire sabin, dans un pré appelé Junius. Aruns, un des fils de Tarquin, et le consul Brutus fondent l'un sur l'autre : emportés par leur furie, ils se percent mutuellement de leurs lances. Valerius taille en pièces Tarquin et son armée. On décerne au consul vainqueur les honneurs du triomphe, et le premier il entre dans Rome sur un char à quatre chevaux. Cependant comme il ne se donne pas de collègue après la mort de Brutus, on l'accuse de vouloir rétablir la royauté. Sa conduite dément ces bruits calomnieux : Il démolit sa maison située sur la Velia, la partie la plus élevée du Palatin, fait abaisser les faisceaux devant le peuple, dévoue aux dieux la tête et les biens de quiconque voudra se faire roi, exempte les pauvres de tout impôt, permet l'appel au peuple du jugement de tous les magistrats, prend successivement pour collègues Lucretius, père de Lucrèce, et Marcus Horatius Pulvillus, et nomme deux questeurs annuels, chargés de la garde du trésor public déposé dans le temple de Saturne.

Tarquin, après la bataille où il avait perdu son fils Aruns, s'était réfugié chez Porsena, lars ou roi de Clusium, en Étrurie. Avec l'aide de ce prince, il déclare la guerre aux Romains, arrive à la tête d'une nombreuse armée, donne l'assaut avec vigueur, met les gardes en fuite et est sur le point de pénétrer dans la ville; mais Publicola prévient les ennemis, en s'élançant devant les portes, engage le combat auprès du fleuve, fait face à ses adversaires, tombe couvert de blessures et est emporté hors de la mêlée.

C'est en cet endroit que les traditions romaines placent l'héroïsme d'Horatius Coclès, de Mucius Scævola et de la jeune Clélie. Horatius Coclès (le borgne), résistant seul à l'armée assiégeante, donne à ses compagnons le temps de couper le pont Sublicius, en tête duquel il combat, se jette dans le Tibre tout armé et le passe à la nage. Mucius Scævola (le gaucher) pénètre dans le camp de Porsena pour le tuer : il se trompe et frappe un des courtisans. On l'arrête : il plonge sa main droite dans un brasier ardent : « Tu vois, dit-il au roi, à quel homme tu as échappé : nous sommes ainsi trois cents qui avons fait le serment de te donner la mort » Clélie, une des jeunes filles livrées en otage, se soustrait à ses gardiens, traverse le fleuve à cheval, revient aux Romains, qui, par bonne foi, la rendent à Porsena; mais le roi, luttant de générosité avec ses ennemis, permet à Clélie de rentrer dans Rome.

Cependant ces prodiges de courage effraient Porsena, qui conclut la paix avec Publicola guéri de ses blessures La fierté romaine a embelli de fictions cette période de combats pour la liberté naissante. Quelques écrivains, en effet, prétendent que Porsena ne consentit à faire la paix avec Rome qu'en lui imposant de rudes conditions. Quoi qu'il en soit, le roi des Étrusques se retire de la lutte, et ne sert plus les projets de Tarquin.

Peu de temps après, les consuls Valerius et Postumius remportent deux victoires sur les Sabins, vaincus une troisième fois par Spurius Cassius. Mais un avantage plus grand que ces victoires, c'est l'arrivée à Rome d'une opulente famille de Sabins, les Appius Claudius, suivis de cinq mille clients et admis dans les rangs des patriciens.

Une première révolte des Aurunces est comprimée par le consul Postumius qui reçoit les honneurs du petit triomphe, *ovatio*, où le vainqueur rentrait à pied dans la ville. Un second soulèvement des Sabins et des Volsques, suscité par les Tarquins, ayant pris un caractère très-menaçant pour Rome, le sénat, du consentement du peuple, crée une magistrature nouvelle. Publicola était mort : on nomme un dictateur à la place de l'éminent consul et de son collègue Postumius (498). Le dictateur est arbitre absolu et irresponsable de la paix et de la guerre : ses jugements sont sans appel; ses pouvoirs ne durent que six mois. Comme il combat à pied, il a sous ses ordres un maître de la cavalerie (*magister equitum*). Le premier dictateur est Titus Lartius. Il paraît sur le Forum, escorté de vingt-quatre licteurs, fait des levées, oblige les Latins à négocier une trêve et se démet de sa charge au bout de seize jours. Les Latins recommencent bientôt les hostilités. Un nouveau dictateur, Aulus Postumius, est chargé de combattre la confédération latine. Postumius et son maître de cavalerie Cossus rencontrent auprès du lac Régille les Latins commandés par Mallius de Tusculum. De nos jours, le temps a desséché le lac Régille, mais la bataille ne semble pas douteuse (496). Elle fut sanglante. Des deux fils de Tarquin, Titus est blessé, Sextus est tué. La légende populaire placent Castor et Pollux parmi les combattants romains. Les deux chefs vainqueurs reçoivent les honneurs du triomphe. Un monument spécial consacre le souvenir de cette victoire qui décide du sort de la République. Comme pour l'assurer mieux encore, le vieux roi Tarquin va mourir à Cumes, en Campanie, chez le tyran Aristodème (494).

CHAPITRE II

Troubles intérieurs à propos des dettes. — Diversion opérée par l'invasion des Volsques. — Nouveaux troubles. — Dictature de Manius Valerius. — Retraite sur le Mont-Sacré. — Menenius Agrippa. — Tribunat du peuple. — Édilité.

Aux guerres périlleuses que la République soutient à l'extérieur avec des ennemis très-rapprochés, tels que les Sabins, les Latins, les Étrusques, les Aurunces, viennent s'ajouter des luttes violentes au dedans entre les patriciens et les plébéiens. Il semble que ce soient deux races, deux villes en présence et en guerre. La question des dettes soulève les premières tempêtes. Le patricien avare prêtant au plébéien pauvre à l'intérêt énorme de douze pour cent, le plébéien ne peut s'acquitter. Dans nos sociétés modernes le commerce et l'industrie fournissent au travailleur endetté le moyen de payer le riche auquel il a fait un emprunt. A Rome, le riche n'a pas besoin du pauvre : le travail de ses esclaves lui suffit. Au contraire, le laboureur pauvre a besoin du riche pour compenser la perte de sa chaumière incendiée, de ses charrues, de ses bœufs enlevés par les Æques ou les Sabins. Et quelle est l'hypothèque qui garantit la créance ? Le propre champ du cultivateur soldat, qui compte sur une victoire pour payer. La victoire ne vient pas. La valeur du champ engagé est bientôt absorbée par les intérêts accumulés. Alors c'est la personne du plébéien qui répond de sa dette ; le débiteur devient la chose du créancier : il est lié, enchaîné, *nexus*.

Quelques patriciens impitoyables, poussant à bout les rigueurs de la loi, tiennent les *nexi* emprisonnés dans leurs maisons et les traitent comme des esclaves. Un jour, un vieillard paraît dans le Forum, couvert de haillons, maigre, pâle, la barbe longue, les cheveux en désordre : on dirait d'une bête sauvage. C'était un brave soldat, à la poitrine couverte de cicatrices. Il conte que dans la guerre des Sabins sa ferme a été brûlée, ses troupeaux pris par l'ennemi. Pour payer l'impôt, il a dû emprunter ; mais n'ayant pu payer, il a été enfermé dans l'ergastulum, la prison des esclaves : son créancier est devenu son bourreau : son dos saigne encore des coups de fouet qu'il a reçus. Un cri d'indignation s'élève. Les débiteurs prêtent main-forte au vieillard et s'ameutent. Les patriciens sont en péril. Les consuls Servilius et Appius se présentent au peuple. On réclame d'eux qu'ils rassemblent le sénat. Après de longues hésitations, l'esprit conciliant de Servilius l'emporte sur l'orgueil inflexible d'Appius. On incline vers des concessions qu'un incident imprévu rend encore plus nécessaires.

Pendant qu'on délibère, on annonce tout à coup que les Volsques viennent assiéger la ville. « Que les patriciens aillent combattre, s'écrient les plébéiens : à eux les dangers de la guerre, puisqu'ils en ont le profit !... » Le sénat, sur la proposition de Servilius, rend un décret par lequel il est défendu de tenir emprisonné un citoyen romain qui doit être inscrit comme soldat ; de posséder ou de vendre la terre d'un soldat sous les armes, de détenir sa propre personne ou quelqu'un des siens. Aussitôt les nexi donnent leurs noms, prêtent le serment, vont combattre les Volsques et reviennent vainqueurs (495). Les Sabins et les Aurunces sont battus dans la même campagne. Le butin distribué soulage les plébéiens indigents. Des colonies établies à Suessa Pometia, à Ecetra et à Vélitres, nouvellement conquises, débarrassent la cité d'une multitude misérable.

L'année suivante, le péril éloigné rend les patriciens plus sévères, plus cruels contre les débiteurs. L'influence de Servilius cède aux duretés d'Appius. L'irritation populaire se porte sur l'un et l'autre consul. Tous les deux se disputaient l'honneur de dédier le temple de Mercure.

Le peuple décerne ce privilége à un simple centurion, nommé Lætorius. La fermentation continue. Le Forum est plein de trouble et de bruit. Des assemblées nocturnes se forment sur l'Aventin, sur l'Esquilin, dans le quartier remuant de Subura. Quand le consul veut faire arrêter un citoyen turbulent, les licteurs sont repoussés et le mutin soustrait à la justice. Le sénat même est menacé. Appius Claudius propose de nommer un dictateur. Le sénat, par esprit de prudence, choisit M' Valerius, frère de Publicola. On s'enrôle sous ses ordres pour repousser les Volsques, les Sabins et les Æques, qui ont repris simultanément les armes. Les légions sont victorieuses. Le dictateur, au retour, veut qu'on adoucisse le sort des débiteurs. Le sénat s'y refuse, Alors invoquant le dieu de la bonne foi (dius Fidius), le dictateur abdique et rentre dans la vie privée, accompagné des applaudissements de la foule. Irrités de la perfidie des patriciens, les plébéiens, au nombre de quatre mille, prennent le parti de quitter Rome, sous la conduite de Sicinius Bellutus, et de fonder une autre ville sur le Mont Sacré, dans une prairie baignée par l'Anio. Au bout de quatre mois, les patriciens effrayés envoient des députés pour traiter avec les plébéiens. La légende attribue à Menenius Agrippa et à l'apologue des membres en querelle avec l'estomac le retour des plébéiens dans Rome. Ce qu'il y a de certain, c'est que les plébéiens ne consentent à revenir qu'après avoir obtenu la création de deux tribuns, tirés exclusivement de la plèbe et investis du pouvoir de la protéger contre les patriciens Les tribuns n'exercent aucune autorité; ils ne commandent point, ils ne jugent point, mais ils sont armés d'un droit d'opposition, *veto*, je m'oppose : et cette voix négative, cette unique parole leur permettra de conquérir toutes les libertés. Comme le lieu même qui a été le berceau de la liberté plébéienne, la personne du tribun est sacrée. Quiconque met la main sur un tribun est dévoué aux dieux. Les empereurs eux-mêmes garantiront plus tard leur inviolabilité par la puissance tribunitienne. Les deux premiers tribuns du peuple furent Licinius e

Albinus opposés aux deux consuls patriciens ; mais ils demandèrent et obtinrent trois autres collègues Sicinius Bellutus, Junius Brutus et Icilius.

Une autre magistrature plébéienne, l'édilité, inviolable comme le tribunat, prend naissance avec lui et lui sert d'auxiliaire. Chargés de la police intérieure, des édifices publics, du prix des denrées et de l'approvisionnement des marchés, les édiles veillent à ce que la plèbe ne meure pas de faim, tandis que les tribuns veillent à ce qu'elle ne soit plus opprimée.

CHAPITRE III

Continuation de la lutte du privilége et du droit commun. — Disette. — Coriolan. — Spurius Cassius, vainqueur des Herniques, propose la loi agraire et est précipité de la roche Tarpéienne. — Période obscure de l'histoire romaine. — Guerres incessantes contre les peuples voisins. — Commencement de la guerre contre Véies. — Les trois cent six Fabius. — Lutte de Volero et d'Appius. — Épidémie à Rome. — Loi Terentilla. — Herdonius s'empare du Capitole. — Jeux séculaires. — Cincinnatus. — Création des décemvirs. — Lois des Douze Tables. — Tyrannie d'Appius. — Siccius Dentatus. — Mort de Virginie. — Expulsion des décemvirs.

APAISÉE par la création du tribunat et de l'édilité, qui donne satisfaction aux réclamations populaires, la lutte du privilége et du droit commun se renouvelle avec l'acharnement le plus vif. La culture des terres avait été interrompue par la retraite des plébéiens sur le Mont Sacré à l'époque de l'année où il aurait fallu les ensemencer. Sous la menace d'une disette, les édiles envoient chercher du blé en Étrurie, à Cumes, en Sicile, et prennent des mesures pour le faire distribuer aux plébéiens. Il y avait dans la famille patricienne des Marcii un jeune homme distingué, Caius Martius, qui avait reçu le nom de Coriolanus, pour avoir pris Corioli, ville des Volsques. C'était une âme vigoureuse, inébranlable; mais il était implacable dans ses colères, d'un entêtement inflexible, plein de sauvage humeur et de morgue patricienne. Ces défauts de caractère ne pouvaient manquer de devenir un fléau public au milieu des déchirements civils. La popularité de Coriolan l'avait déterminé à briguer le consulat ; mais la faveur trop manifeste des patriciens lui avait nui dans l'esprit du peuple : il n'avait pas été élu. Profondément irrité de cet échec, Coriolan n'attendait qu'une occasion de se venger. Elle se présente. A la proposition de distribuer le blé aux plébéiens, Coriolan répond que le sénat ne consentira que si le tribunat est aboli.

Le peuple, en apprenant cette nouvelle, se précipite sur Coriolan à la porte de la curie. On est près de le mettre en pièces. Les tribuns le citent en jugement. Sicinius demande la mort. L'intervention des patriciens fait adoucir la sentence. Coriolan est condamné à un exil perpétuel. L'arrogant patricien n'est ni étonné, ni abattu; mais, prenant une résolution aussi conforme à la hauteur de son caractère que redoutable à sa patrie, il se rend à Antium, chez les Volsques, auprès de leur chef Tullus Amphidius. Tous deux marchent contre Rome, s'emparent d'un grand nombre de cités latines et s'arrêtent à cinq milles de la ville, aux fosses Cluiliennes, où s'était livré le combat des Horaces et des Curiaces. A l'approche de Coriolan, Rome est remplie de terreur. On lui envoie successivement en députation des sénateurs, les prêtres, les augures; mais l'implacable exilé ne veut accueillir aucun accommodement. Il aperçoit enfin un immense cortége de femmes, à la tête desquelles est sa mère Véturie, accompagnée de sa femme Volumnie et de ses petits enfants. En vain Coriolan cherche à demeurer ferme dans ses sentiments inflexibles : il cède à la tendresse; il vole au-devant de sa mère, la tient étroitement embrassée et se laisse emporter à l'effusion de son âme. Véturie lui adresse alors les plus touchantes paroles. L'âme fière et violente de Coriolan ne peut résister. Il donne le signal du départ et se retire avec les Volsques, qui le tuent et conservent les villes conquises. Selon d'autres, il mourut avancé en âge et répétant que l'exil est bien dur pour un vieillard (488). Un temple dédié à la Fortune des femmes (*Fortuna Muliebris*), consacre la délivrance de Rome et le triomphe moral de Véturie, immortalisés en outre par le récit de Tite-Live et par le beau drame de Shakspeare.

Délivrés de Coriolan, les Romains reprennent le dessus contre leurs ennemis journaliers, les Æques et les Volsques. La tribu montagnarde des Herniques (*hernæ*, roches), située entre le lac Fucin et le Trerus, leur oppose une vigoureuse résistance. Ils sont battus par Spurius Cassius, qui conclut une alliance importante entre Rome et le Latium (486). Grâce à cette trêve, Spurius Cassius, par un sage esprit de prévoyance, essaie de rapprocher les plébéiens des patriciens. Il revendique, pour être distribuée aux citoyens, une partie de l'ager publicus, terres arables et grands pâturages, dont les patriciens réclamaient exclusivement l'usufruit, comme un privilège de leur classe. Ce fut la première loi agraire. Les sénateurs combattent vivement cette libéralité de Cassius. Comme il avait proposé de la faire voter par les comices de tribu (*comitia tributa*), dans lesquels se trouvaient compris les alliés admis au droit de cité, les patriciens l'accusent d'aspirer à se faire roi, avec le concours des tribus latines. Les tribuns se laissent prendre à cette accusation et se tournent contre Cassius. Convaincu de haute trahison, Spurius Cassius est condamné à mort et précipité du haut de la roche tarpéienne. La place où s'élevait sa maison reste déserte, et, quelques années plus tard (473), lorsqu'un tribun du peuple, Genucius, menace les consuls d'une plainte à cause de l'exécution incomplète de la loi cassienne, on le trouve, avant le procès, assassiné dans sa maison.

Durant cette période obscure de l'histoire romaine, les guerres au dehors, les troubles au dedans se succèdent avec une sorte d'uniformité monotone. Les peuples voisins, Étrusques, Volsques, Æques, Tusculans, repoussent ou subissent, après de sanglants combats, la domination de Rome. La ville étrusque de Véies oppose une résistance qui met en relief le courage héroïque de la famille sabine des Fabii. Cette *gens Fabia*, douée d'un grand cœur, bien que suspecte aux tribuns, semble avoir incliné vers la loi agraire. Lasse du rôle oppresseur des patriciens de Rome, elle demande à faire une guerre acharnée aux Véiens. Autorisés par le sénat, les trois cent six Fabius, suivis de cinq mille clients, sortent par la porte Carmentale, passent le Tibre, longent la rive droite, et, remontant le cours du fleuve, vont se porter sur une colline dominant la vallée de la Cremera, petite rivière aux eaux noires, qui se jette dans le Tibre. Là, ils s'établissent dans une position forte et se mettent à guerroyer pendant trois ans contre les Véiens. Un jour ils aperçoivent dans la campagne un troupeau de bœufs non gardés. Ils descendent pour l'enlever. C'était une embuscade. Les Fabius surpris, entourés par des forces supérieures, sont massacrés jusqu'au dernier (477). Un seul d'entre eux, resté à Rome, fut la tige des autres Fabius, parmi lesquels se distingue le vainqueur d'Hannibal. Le consul Menenius, accusé plus tard d'avoir laissé écraser les Fabius, est alors vaincu par les Véiens. Les Romains s'enfuient et rentrent dans la ville. Les Véiens s'emparent du Janicule, d'où la ville se montre tout à découvert. Ils descendent ensuite jusqu'au Champ de Mars, mais le consul Servilius les repousse avec un grand carnage. Il y avait alors trois cent mille citoyens en état de porter les armes. On conclut un armistice de quarante ans avec les Véiens (474).

De nouveaux troubles agitent le Forum et le Comitium, au sujet de la mort violente du tribun Genucius. Les plébéiens sont consternés. Un seul, Publius Volero, ose refuser le service militaire. Les consuls envoient un licteur l'arrêter. « J'en appelle aux tribuns. » s'écrie-t-il. Les tribuns ne paraissent pas. « J'en appelle au peuple, » s'écrie Volero. On accourt ; Volero est délivré, et lorsque les centuries s'assemblent dans le Champ de Mars, il est élu tribun. On lui donne pour collègue un vaillant soldat Lætorius. De leur côté, les patriciens élèvent au consulat Appius Claudius, fils du premier Claudius, aussi odieux aux plébéiens que son père, et un homme modéré, de la famille Quinctia, Titus Quinctius Cincinnatus (le frisé). La lutte s'engage par une proposition de Volero qui demande que les tribuns et les édiles soient nommés dans les comices par tribus. Malgré la violente opposition d'Appius, la loi passe, et Appius, sorti de charge, est mis en jugement. Il prévient une condamnation certaine en se donnant la mort (470.)

Une guerre contre les Volsques et les Sabins suspend un moment les troubles de la place publique. L'ennemi est repoussé par Cincinnatus qui s'empare d'Antium. Moins heureux, le consul Spurius Furius est assiégé dans son camp (464); mais délivré par son collègue Postumius. Une maladie contagieuse ajoute aux malheurs de la ville. Les deux consuls sont enlevés par le fléau, et ce sont les édiles qui exercent le pouvoir consulaire. Le mal passé et les ennemis de nouveau repoussés, les attaques recommencent contre les consuls. Un tribun, Terentillus Arsa, propose de nouveau une loi destinée à restreindre leur autorité. La proposition est d'abord ajournée. Reprise, elle est écartée par une incursion des Æques. Les tribuns déclarent que cette incursion n'est qu'une fable. Le fils de Cincinnatus, Quinctius Cæso, fier de sa grande taille et de sa force, les chasse du Forum et met les plébéiens en déroute. Le tribun Virginius, plus ardent que les autres, intente contre Cæso une accusation capitale pour avoir violé la sainteté tribunitienne. En vain Cincinnatus demande grace pour la jeunesse de son fils. Cæso est arrêté, gardé à vue pendant qu'on délibère et obligé de donner une caution de trente mille as, afin de quitter le Forum. Il sort de la ville pendant la nuit. Cincinnatus, pour payer la caution de son fils, est contraint de vendre ses biens et d'aller cultiver au delà du Tibre ses quatre arpents de terre, nommés plus tard les prés de Quinctius. La proposition de Terentillus est encore présentée; mais, un matin, le bruit se répand que des exilés, Cæso peut-être et des esclaves, au nombre de quatre à cinq mille, se sont emparés la nuit du Capitole. Ils avaient à leur tête un Sabin, Appius Herdonius, qui avait eu sans doute la pensée de profiter des divisions de la République pour s'emparer de Rome. La ville comptait alors près de cent vingt mille citoyens en état de porter les armes

Le consul Valerius fait appel au patriotisme des Romains. On accourt, on refoule les envahisseurs dans le temple de Jupiter. Valerius périt vaillamment : Herdonius est tué. Les hommes libres faits prisonniers sont décapités, les esclaves mis en croix. Cincinnatus est nommé consul (459).

C'est à l'année 457 qu'on rapporte l'établissement des Jeux séculaires, institués pour conjurer la peste et les divinités malfaisantes. Tombés en désuétude, ils furent célébrés solennellement par Auguste l'an 27 avant J.-C. En 247, l'empereur Philippe l'Arabe les célébra pour la dernière fois en commémoration du millième anniversaire de la fondation de Rome. La même année on nomme dix tribuns au lieu de cinq. Mais l'événement le plus important de cette période est la dictature de Cincinnatus. Les Æques, après avoir ravagé les environs de Labicum, s'étaient établis sur le mont Algide, à l'est de Tusculum. Des envoyés romains viennent se plaindre de la rupture du traité. Le chef de la nation ennemie était assis près d'un chêne. « Parlez à ce chêne, dit-il, je suis occupé. » Alors les envoyés, s'adressant au chêne, le prennent à témoin du droit violé et appellent sur les parjures la vengeance divine. Le consul Minucius marche contre les Æques. Il est assiégé dans son camp par les ennemis qu'il allait combattre. Dans ce péril extrême on songe à nommer Cincinnatus dictateur : le vainqueur des Volsques labourait sa terre au delà du Tibre. Les envoyés du sénat le trouvent occupé à son travail champêtre, aidé de sa femme Racilia. Ils lui offrent les insignes de la dictature. Cincinnatus, essuyant la sueur de son front et la poussière de ses habits, accepte l'honneur de sauver l'armée et suit les envoyés. Il prend pour maître de cavalerie le patricien Tarquitius, proclame le justitium ou suspension de toutes les magistratures et ordonne à tous ceux qui sont en état de porter les armes d'être réunis au Champ de Mars avant le coucher du soleil, avec des vivres pour cinq jours et douze pieux pour les palissades. On part, on arrive vers le milieu de la nuit au mont Algide, et, au lever du jour, les Æques, qui avaient enveloppé le camp de Minucius, se voient enveloppés à leur tour. Ils demandent la vie. « Je n'ai pas besoin de votre sang, » dit Cincinnatus, et il les fait passer, privés de leurs armes, sous un joug formé de trois lances (457). Au bout de seize jours, Cincinnatus abdique et retourne à son champ.

Tant que les plébéiens n'étaient point initiés aux mystères du droit, dont les patriciens s'étaient réservé l'application et l'explication, ils désespéraient d'obtenir l'égalité civile pour laquelle combattaient les tribuns. La loi Terentilla, qui réclamait des institutions uniformes, un code écrit, finit par être votée, en même temps que le tribun Icilius faisait assigner aux plébéiens les terres publiques de l'Aventin. Ce ne fut pas sans quelques rixes sanglantes que ces deux motions triomphèrent, mais les partis, las de lutter, signèrent une sorte de trêve en envoyant dans la Grande Grèce, peut-être même à Athènes, des délégués, Postumius, Sulpicius et Manlius, chargés d'étudier la législation hellénique et d'en choisir ce qu'ils jugeraient le meilleur. A leur retour, les deux classes conviennent de faire déposer leurs charges à tous les fonctionnaires publics, consuls, tribuns, édiles, et d'investir dix patriciens d'un pouvoir absolu pour élaborer un code de lois. On donne à ces patriciens le nom de décemvirs (452). Le plus influent d'entre eux était Appius. Leurs lois, adoptées par l'assemblée du peuple et sanctionnées par le sénat, reçoivent le nom de Lois des Douze Tables, parce qu'elles étaient gravées sur douze tables d'airain. On les affiche en plein Forum, et chaque citoyen peut désormais prendre connaissance de la législation qui régit la cité.

Ce code, dont on n'a plus que des fragments, mais que Cicéron préférait à tous les traités de philosophie, se divisait en trois parties : droit sacré, droit public, droit privé. Il ne reste de la première partie que des règlements somptuaires relatifs aux funérailles : défense de faire oindre le cadavre par des mercenaires, d'avoir plus d'un lit de parade, plus de trois voiles de pourpre, d'étaler de l'or et des bandelettes flottantes, d'employer dans les bûchers des bois ouvragés, de l'encens, des aspersions parfumées de myrrhe, de faire accompagner le cortége par plus de dix joueurs de flûte, d'y amener des pleureuses, d'y donner des repas funéraires. Personne ne peut être enseveli ni brûlé dans l'enceinte de Rome. Point de couronne au mort; si elle n'a été gagnée par sa vertu ou son argent. Point d'or sur un cadavre : toutefois, s'il a les dents liées par un fil d'or, on ne l'arrachera point.

Le droit public a pour première garantie le caractère immuable de la loi qui garantit aussi le droit privé. Ce que le peuple a décidé en dernier lieu, est le droit fixe et la justice. Tout privilége est aboli. Si le patron machine contre le client, que sa tête soit dévouée. L'usurier est condamné à restituer au quadruple. Trois ventes simulées émancipent le fils de l'autorité absolue du père. Toutes les associations ou sodalités sont permises, s'il n'y a rien dans leurs règlements de contraire aux lois. Quiconque incendie une maison ou une meule de blé, périt par les verges et par le feu. La peine capitale n'est prononcée que par les comices curiates. Nul ne peut faire périr un citoyen sans jugement.

Quelques prescriptions de procédure ou de police fixent la largeur des rues à huit pieds et à seize dans le détour, à quelle distance de la limite dans chaque terrain on doit élever un mur, une maison, creuser un puits, planter un arbre. D'autres montrent que les patriciens ne se laissent pas arracher leur vieux droit sans protester et sans se défendre. Point de mariage entre les familles patriciennes et plébéiennes. Peine de mort contre les attroupements nocturnes. Peine de mort pour qui fera ou chantera des vers diffamants.

L'œuvre des décemvirs était accomplie. Leur devoir était de se retirer et de laisser fonctionner la constitution nouvelle. Mais ils abusent de leur pouvoir pour se livrer à des actes d'arbitraire et de violence. Ils opposent la prison, l'exil et la hache du bourreau à leurs antagonistes plébéiens. Les plus grandes cruautés sont exercées surtout par Appius Claudius, héritier de l'arrogance patricienne de ses ancêtres, jusqu'à ce que ces excès entraînent la chute du décemvirat. Il y avait dans les rangs de l'armée un brave soldat, nommé Siccius Dentatus, dont la franchise était odieuse à Appius. Il le charge d'aller combattre contre les Æques, qui étaient revenus sur l'Algide, pour épier les querelles des Romains. Les soldats de Dentatus, gagnés par les décemvirs, ne rougissent pas de devenir les assassins de leur chef, qui défend chèrement sa vie, mais qui finit par être écrasé sous les pierres. Le peuple ne se méprit pas sur les vrais auteurs de cette lâcheté, et il attendait l'occasion d'une vengeance. Appius la lui fournit bientôt. Virginius, centurion à l'armée de l'Algide, avait une fille d'une grande beauté, nommée Virginie, et fiancée au jeune Icilius. Appius conçoit pour elle une passion violente, comme celle de Sextus pour Lucrèce. Un jour que Virginie traverse le Forum avec sa nourrice pour se rendre à une école de lecture, un client d'Appius, nommé Marcus Claudius, met la main sur elle et la revendique comme esclave. Virginie épouvantée se tait; sa nourrice implore à grands cris la foi publique. Claudius entraîne les deux femmes au tribunal d'Appius, près de l'autel de Vulcain. Les amis de Virginius demandent qu'on attende, pour statuer sur la condition de Virginie, l'arrivée de son père qui peut venir en quelques heures. Appius, dissimulant ses coupables desseins, discute la question légale, et déclare que, en attendant le père, le réclamant ne peut perdre ses droits sur son esclave, mais qu'il doit garder la jeune fille jusqu'à ce qu'il ait été prononcé sur la paternité. En ce moment arrivent Numitorius, oncle de Virginie, et Icilius, son fiancé. Les licteurs les repoussent, et, tandis que la liberté est accordée provisoirement à Virginie, Appius, qui a déclaré que la jeune fille serait adjugée à Claudius, si son père ne venait la réclamer le lendemain, dépêche des affidés au camp de l'Algide pour faire refuser un congé à Virginius. Ces affidés n'arrivent qu'après le frère d'Icilius et le fils de Numitorius qui les avaient devancés en toute hâte. Aussi, le lendemain, lorsque Appius monte à son tribunal pour prononcer sur l'état de Virginie, il aperçoit la figure menaçante de Virginius. Mais bravant la colère et la douleur du père, il déclare la fille esclave. Virginius prend alors une résolution désespérée. Emmenant sa fille à l'écart comme pour lui faire ses adieux, il aperçoit et saisit un couteau sur l'étal d'un boucher. « Ma fille, s'écrie-t-il, je te revendique à la liberté par le seul moyen qui me reste. » A ces mots, il plonge le couteau dans le sein de sa fille, et, le dirigeant ensuite vers Appius : « Par ce sang innocent, je te dévoue toi et ta tête. — Qu'on l'arrête ! » s'écrie Appius. Mais Virginius, avec son couteau, se fait un chemin et regagne l'armée. Icilius et Numitorius soulèvent le cadavre de Virginie et le montrent au peuple. La foule indignée menace Appius, qui cherche vainement à faire arrêter Icilius. Deux consuls provisoires, Lucius Valerius et Marcus Horatius, se déclarent pour le peuple, qui redemande à grands cris la puissance tribunitienne. Appius se sauve dans sa maison. Virginius, qui a excité les soldats à la révolte et à la vengeance, revient à Rome suivi de ses compagnons d'armes qui s'établissent sur l'Aventin. On demande au sénat l'abdication des décemvirs. Le sénat hésite. Un ancien tribun, Duilius, propose de se retirer sur le Mont Sacré. Toute la population se met en marche avec lui. Les décemvirs vaincus sont forcés d'abdiquer. La population calmée rentre alors dans Rome. Le consulat et le tribunat sont rétablis. Appius, arrêté et cité en jugement, est jeté dans la prison Mamertine. Il se donne la mort avant de comparaître devant ses juges. Un de ses collègues, Oppius, se suicide également. L'affranchi Claudius est condamné à mort ; mais Virginius, élu tribun avec Numitorius, Icilius et Duilius, dédaigne de frapper un subalterne et l'autorise à s'exiler à Tibur (449).

CHAPITRE IV

Progrès des armes romaines dans le Latium et dans l'Étrurie. — Cornelius Cossus et les secondes dépouilles opimes. — Camille. — Prise de Véies, de Capène et de Faléries. — Nouveaux succès des plébéiens dans leur lutte pour l'égalité politique. — Loi consulaire : mariages libres entre les deux ordres. — Lois de Licinius Stolo. — Accession des plébéiens aux différentes magistratures. — — Tribuns militaires. — Censeurs. — Questeurs. — Lectisternium. — Spurius Mælius. — Exil de Camille.

 la faveur du calme qui succède à ces tragédies du Forum, les Romains continuent leurs guerres de conquête, et soumettent irrévocablement plusieurs de leurs ennemis les plus acharnés. Durant cette période, qui embrasse près d'une cinquantaine d'années, le consul Horatius termine la guerre contre les Sabins, Geganius défait les Volsques, qui s'étaient immiscés dans les troubles d'Ardée, le dictateur Postumius lutte avec courage contre les Æques et les Volsques réunis. Sur la rive droite du Tibre, les villes étrusco-sabines, Faléries, Capène, Véies, Fidènes opposent à Rome une résistance vigoureuse. Le roi de Véies, Lars Tolumnius, qui, au mépris du droit des gens, avait fait mettre à mort quatre députés romains, range en bataille l'armée alliée en avant de Fidènes. Le dictateur romain, Mamercus Æmilius, dispose ses troupes au confluent du Tibre et de l'Anio. Au milieu de la mêlée, Cornelius Cossus, tribun des soldats, pousse son cheval contre celui de Tolumnius, le renverse du choc, met pied à terre, abat le roi qui essaie de se relever, le dépouille et plante sa tête sur une pique. Ce furent les secondes dépouilles opimes (437). Les ennemis s'enfuient saisis d'effroi. Une peste,

qui ravage Rome, rend le courage aux Fidénates et aux Véiens. Les Romains, bravés jusque dans leurs murailles, en sortent, poursuivent et battent les ennemis près de Nomentum. Une imprudence du consul Sempronius avait failli perdre l'armée romaine engagée contre les Æques et les Volsques. Tempanius, décurion de la cavalerie, sauve son général des mains de l'ennemi et de la condamnation à laquelle l'avait exposé son échec. Les efforts réunis de Cossus et de Mamercus font tomber Fidènes au pouvoir des Romains. Labicum, Voles, Ferentinum, Anxur, succombent tour à tour.

Véies résiste davantage. C'était la plus puissante des douze cités de la confédération étrusque. Ses ruines attestent encore son ancienne grandeur. Pendant plus de trois siècles, elle avait soutenu, à elle seule, quatorze guerres distinctes contre Rome. Le dernier siège dura, dit-on, dix ans. Pour la première fois les légions passèrent l'hiver sous la tente et furent soldées trois as par jour à chaque fantassin, le double au centurion, le triple au cavalier. Les Romains avaient à leur tête le meilleur général de ce temps, Marcus Furius Camillus. On avait entouré la ville assiégée d'un fossé et d'un relèvement de terre continu. Il est détruit par les Véiens. Les Romains rivalisent de zèle et de patience. De nouveaux renforts sont envoyés et les travaux du siège repris avec ardeur. Un oracle ordonne de détourner les eaux subitement accrues du lac d'Albe : l'entreprise paraissait impossible. Le dictateur Camille suffit à tout. Il invente enfin un stratagème qui décide du sort de Véies. Il fait creuser avec le plus grand secret un souterrain qui conduit les assiégeants dans la citadelle. Véies est prise, livrée au pillage : les habitants sont égorgés ou vendus (395).

Les Capénates et les Falisques, alliés des Véiens, sont forcés de se soumettre. L'expédition contre Faléries est signalée par l'histoire légendaire du maître d'école qui veut livrer à Camille les enfants des notables de la ville, et que Camille fait punir par ses élèves mêmes de sa conduite déloyale (394).

A Rome, les plébéiens tendaient de plus en plus à l'égalité politique, et les luttes des deux classes de citoyens étaient toujours aussi animées. Le tribun du peuple Trebonius présente un projet de loi portant que le magistrat qui proposerait au peuple romain l'élection des tribuns, la proposerait jusqu'à ce que le peuple en eût nommé dix.

Un autre tribun, Canuleius fait décréter les mariages entre les deux ordres (445), tandis que Licinius Stolon propose le droit pour les plébéiens de partager le consulat avec les patriciens, et celui de limiter à cinq cents arpents les terres publiques que pourra posséder un citoyen (376-366). L'accession des plébéiens au consulat est d'abord déguisée sous le nom de tribunat militaire. Ces tribuns pouvaient être au nombre de six et choisis indistinctement dans les deux ordres (444); mais en 366, un des deux consuls, Sextius, est choisi parmi les plébéiens.

Les consuls, trop occupés au dehors, n'avaient pas le temps de faire tous les quatre ans le cens ou dénombrement des citoyens. On crée deux magistrats, nommés contrôleurs ou censeurs, investis d'un droit absolu d'enquête, qui s'étend peu à peu jusqu'aux mœurs publiques et privées. Les deux premiers censeurs furent les patriciens Papirius et Sempronius (434).

Il y avait dans le principe quatre questeurs ou payeurs, chargés de l'administration financière : tous étaient pris dans le patriciat : en 447, la nomination des questeurs est faite dans les comices par tribus.

C'est vers ce temps qu'a lieu la cérémonie appelée *lectisternium*. Pour se rendre les dieux favorables dans la guerre contre les villes étrusques de Tarquinies et de Volsinies, les décemvirs imaginèrent de dresser dans chaque temple trois lits ornés de tout ce qu'on pouvait connaître alors de magnificence, de coucher sur ces lits (*lectis sternere*) les statues d'Apollon, de Latone, de Diane, d'Hercule, de Mercure et de Neptune, et de leur servir pendant huit jours des festins propitiatoires. Les mêmes cérémonies sont répétées dans les maisons particulières et des tables hospitalières ouvertes à tout venant (391).

Cependant, l'an 440, un événement tragique renouvelle les scènes qui avaient déjà ensanglanté le Forum. Une famine était survenue. Un riche citoyen, le chevalier Spurius Mælius, se dévoue à la tâche d'alléger la misère du peuple. Il fait venir, il va chercher lui-même du blé en Étrurie et en Campanie, le vend à bas prix et le donne gratuitement aux pauvres. Le préfet de l'annone, Minucius Augurinus, jaloux de la popularité de Mælius, le dénonce comme ayant tenu chez lui des conciliabules, fait des amas d'armes et tout préparé pour être élu roi. Cette accusation ridicule est soutenue par les patriciens.

On va chercher à son champ le vieux Cincinnatus, qu'on nomme dictateur, comme lorsque les Æques avaient enveloppé l'armée du consul Minucius. Cincinnatus avait choisi pour maître de la cavalerie un jeune patricien, Servilius Ahala. A la tête d'une troupe de cavaliers, Servilius s'élance sur Mælius, qui ne cherchait nullement à se cacher, et le somme de comparaître devant le dictateur. Mælius prend peur et se réfugie dans un groupe de plébéiens. Servilius l'y poursuit. Renversé sous les pieds des chevaux, Mælius essaie une lutte inutile et est poignardé par Servilius. Les amis de Mælius soulèvent son cadavre et crient vengeance; mais le peuple effrayé cède aux injonctions de Cincinnatus et se retire. La mémoire de la victime est maudite, comme si l'accusation avait été vraie : sa maison est rasée et l'espace qu'elle occupait nommé Æquimelium. Minucius distribue au peuple les blés achetés par Mælius.

Spurius Mælius avait été accusé faussement par les patriciens ; un tribun du peuple ne craint pas d'attaquer le vainqueur de Véies, le grand Camille. Il venait de perdre un de ses deux fils. On ne respecte pas sa douleur. On lui reproche d'avoir usurpé une part du butin fait sur les Véiens, d'avoir mis des portes de bronze à sa maison. Camille rassemble ses amis, ses compagnons d'armes, et leur demande leur appui. Ils le lui refusent, offrant seulement de payer l'amende qui lui serait imposée. Camille n'accepte pas, embrasse sa femme et le fils qui lui reste, sort de Rome et se réfugie à Ardée. On dit que, arrivé à la porte Trigemina, il se retourna vers le Capitole et pria les dieux, si le traitement qu'il recevait des Romains n'était pas mérité, que ce peuple ingrat eût un jour besoin de Camille. La vengeance ne se fait pas longtemps attendre : les Gaulois étaient en marche sur Rome.

CHAPITRE V

Les Gaulois. — Bataille d'Allia. — Prise de Rome. — Siège du Capitole. — Manlius Capitolinus. — Rome est délivrée par Camille. — Manlius Torquatus. — Valérius Corvus. — Conquêtes en Étrurie. — Confédération latine. — Reconstruction de Rome. — Troubles dans Rome. — Manlius Capitolinus est précipité de la roche Tarpéienne. — Lutte de Camille contre les lois liciniennes. — Un des deux consuls est choisi parmi les plébéiens. — Questeur plébéien. — Édilité curule. — Peste dans Rome. — Mort de Camille. — Le clou sacré. — Dévouement de Curtius.

A race celtique, issue de la souche commune des rameaux grec, italien et germain, avait pénétré dans l'Europe occidentale et s'était fixée, avec plus ou moins de persistance, dans ces contrées qui sont aujourd'hui la France, les Iles Britanniques et l'Espagne. C'était un peuple essentiellement guerrier. Le vieux Caton l'a dépeint en deux mots. « Les Gaulois, dit-il, recherchent deux choses avec ardeur : la guerre et le beau langage, *rem militarem et argute loqui.* » Grands de corps sans beaucoup de muscles, les cheveux ramenés en touffes au sommet de la tête, les moustaches longues et épaisses, portant des sayons bariolés et chamarrés de broderies, avec un large collier d'or, sans casque, sans armes de jet, couverts d'un vaste bouclier, ils se précipitent sur l'ennemi avec une impétuosité violente, en brandissant leur longue épée de mauvaise trempe, leur poignard ou leur lance brillante d'ornements dorés. Avides de pillage, passionnés pour la renommée, ils se vantent de n'avoir peur de rien et de faire peur à tous. Une fois établis dans l'ouest, les Gaulois reviennent par petites masses

dans la direction opposée. On raconte que sous Tarquin l'Ancien (vers l'an 590), il y eut deux grandes migrations celtiques. L'une, commandée par Sigovèse, franchit le Rhin, la Forêt Noire et s'établit au nord du Danube. L'autre, ayant pour chef Bellovèse, descend par les Alpes Grées, dans la vallée du Pô, et bâtit Milan, sa capitale. Une troisième bande, origine des Cénomans, fonde Brixia et Vérone. Viennent ensuite d'autres peuplades gauloises, attirées par la fertilité du pays ou par les richesses de l'Étrurie, Insubres, Lingons, Boïens, Sénonais. Après deux siècles de migrations, la Gaule cisalpine est enfin constituée sur les deux rives du Pô. Elle étend alors ses mains sur l'Étrurie.

Au moment où Véies succombait sous les coups des Romains, Melpum, autre ville étrusque, succombait sous les coups des Gaulois. Il était impossible que les vainqueurs du nord et ceux du midi ne fussent pas bientôt en présence. Une armée de Sénonais, ayant franchi les Apennins, assiégeait Clusium sous la conduite d'un chef ou *brenn*, dont les Romains ont fait le nom propre de Brennus. Les Clusiens invoquent la protection de Rome. Les Romains envoient en députation au brenn gaulois trois Fabius, qu'il reçoit avec hauteur. Les Fabius, irrités et oubliant leur caractère, se mettent à la tête des Clusiens, et, dans une sortie, l'un d'eux renverse un chef gaulois de son cheval et le tue. Le brenn demande satisfaction. Le peuple romain refuse. Les Gaulois laissent là Clusium, et, au nombre de cent soixante-dix mille, se précipitent sur Rome. On raconte qu'un Romain, Marcus Cæditius, revenant le soir par la rue neuve et passant entre le bois sacré et le temple de Vesta, avait entendu une voix plus forte qu'une voix humaine lui dire. « Va, Marcus Cæditius, avertis les chef de l'État que l'arrivée des Gaulois est proche. » Les Romains courent au-devant de l'ennemi. La rencontre a lieu dans une plaine qui s'étend entre le Tibre et les collines crustuminiennes, à douze milles de Rome. Cette plaine est baignée par l'Allia, un affluent du Tibre. Les Gaulois se jettent sur les Romains, avec leur furie habituelle. Les Romains qui n'étaient pas accoutumés à ces hommes de grande taille, bondissant comme des sauvages et poussant des cris terribles, éprouvent une déroute complète et s'enfuient à Véies, à Cære et à Rome (18 juillet 390). Le lendemain, vers le soir, les Gaulois arrivent aux portes de la ville, qu'ils sont surpris de voir ouvertes. Craignant quelque embûche, ils s'arrêtent et établissent leur camp entre Rome et l'Anio. Une partie de la population romaine s'était enfuie sur le Janicule et dans la campagne environnante. Le reste suit la jeunesse guerrière sur le Capitole avec les trésors et les objets précieux. Les vieillards déclarent qu'ils mourront dans leurs maisons. A leur entrée dans Rome, les Gaulois effrayés d'abord de cette solitude, hésitent à commencer le pillage. Sous le vestibule des maisons étaient assis graves, sérieux, immobiles, revêtus de leurs insignes, les sénateurs résolus à mourir. On eût dit des statues. Un Gaulois, dit-on, pour s'assurer si ce sont des êtres vivants, passe la main sur la barbe du sénateur Papirius Manius, qui lui donne sur la tête un coup de son bâton d'ivoire. Le massacre commence ; la ville est pillée et inondée de sang. Les Gaulois se tournent ensuite du côté du Capitole, qu'ils essaient d'emporter par une vive attaque ; mais les Romains, commandés par Manlius, les arrêtent à demi-hauteur et les rejettent au pied de la colline avec un grand carnage. Les Gaulois changent de tactique ; ils forment la résolution de prendre le Capitole par la famine. Le blocus dure sept mois. Cependant les Romains réfugiés à Véies ne restent pas inactifs. Ils battent dans plusieurs rencontres les Gaulois répandus dans la campagne. Les habitants d'Ardée, dirigés par Camille, et ceux d'Antium les défont également en divers endroits. Trompant leur vigilance, le jeune Fabius Dorso traverse le camp gaulois pour aller accomplir un sacrifice sur le Quirinal. Ces succès enhardissent les Romains. Camille est élu dictateur par un décret que Pontius Cominius, au risque de sa vie, descend lui porter du Capitole.

Les Gaulois songent alors à frapper un grand coup. A la faveur d'une nuit épaisse, ils tentent une ascension jusqu'à la citadelle, et se soulevant, se tirant les uns les autres, ils y parviennent sans bruit. Les chiens de garde n'avaient pas aboyé. Mais les oies, consacrées à Junon, plus vigilantes que les chiens, crient et éveillent Manlius. On court aux armes, on s'élance vers les assaillants Les premiers, qui occupaient déjà le rocher, sont renversés sur leurs compagnons qu'ils entraînent dans leur chute. Le Capitole est sauvé. Malgré cet échec, le siège continue. Mais l'automne, qui amène la fièvre dans la campagne romaine, répand la maladie et la mort dans les rangs des Gaulois. Ils meurent par troupeaux. Le brenn, averti en même temps d'une invasion des Vénètes dans la Gaule transpadane, se décide à traiter avec les assiégés. La rançon des Romains est fixée à mille livres d'or.

On raconte que, au moment où l'on pesait cette somme, le chef gaulois mit son épée dans l'un des plateaux de la balance, en prononçant le mot célèbre : « Malheur aux vaincus! » Mais avant que le honteux marché soit accompli, Camille survient avec son armée, défait les Gaulois sur la route de Gabies et venge ainsi la défaite de l'Allia. De graves autorités démentent ce récit. Il paraît incontestable que les Romains achetèrent et payèrent argent comptant la paix faite avec les Gaulois. Mais l'orgueil romain aima mieux croire à une revanche, et Manlius, le défenseur du Capitole, porta fièrement le nom de Capitolinus (389).

Quand Rome est délivrée des Gaulois, les plébéiens veulent abandonner la ville ruinée et aller habiter Véies. Les patriciens combattent vivement ce projet, et Camille le fait rejeter. Une circonstance fortuite vient en aide aux protestations éloquentes de Camille. Pendant qu'il supplie les Romains de rester à Rome, un centurion, traversant la place avec ses soldats, dit au porte-étendard : « Plante ton enseigne : nous serons très-bien ici. » Ces mots sont regardés comme un avis du ciel, et on se met à reconstruire la ville.

On ramène de Cære les vases sacrés qu'y avaient portés les vestales, et en retour de cette hospitalité pieuse on accorde aux habitants le droit cærite, c'est-à-dire la franchise romaine sans le droit de voter. D'autres villes l'obtinrent plus tard. Les invasions gauloises n'étaient pas d'ailleurs tout à fait terminées. On les voit se prolonger encore pendant plus de quarante ans, de 387 à 346; mais les Romains sont constamment victorieux soit dans les batailles générales, soit dans les combats singuliers. Camille, inventeur d'une armure plus pesante et du pilum, bat les Gaulois auprès d'Albe. Le dictateur Titus Quinctius Pennus leur tient tête au pont de l'Anio et les force à descendre vers la Campanie. Un autre dictateur, Quintus Servilius Ahala, les défait devant la porte Colline. Un troisième dictateur, Sulpicius Peticus, leur fait subir un échec sanglant. La légende s'est plu à entourer ces combats de quelques faits héroïques ou merveilleux. Un jeune patricien, Titus Manlius, défié par un Gaulois d'une taille gigantesque, le perce de son épée espagnole, lui enlève son collier (*torques*) taché de sang et se le passe au cou : de là le glorieux surnom de Torquatus. Dans une autre campagne, un semblable défi fait entrer en lice Marcus Valerius. Pendant qu'il est aux prises avec son ennemi, un corbeau se place sur son casque, d'où il frappe du bec et des griffes les yeux et le visage du Gaulois qui tombe et est tué par Valerius, désormais surnommé Corvus (corbeau).

Cependant Rome poursuit ses conquêtes en Étrurie. Camille y contribue pour une large part. Il assure la frontière conquise au nord par la création des deux forteresses de Sutrium et de Nepete. Tarquinies, Cære et Faléries tentent vainement de se soulever. De rudes traitements et des colonies fortement organisées les rendent à jamais romaines. Toute l'Étrurie du sud jusqu'aux collines Ciminiennes subit le même sort.

L'alliance conclue avec les Herniques par Spurius Cassius en 486, avait été favorable à la prédominance de Rome dans le Latium. Mais, après la prise de Rome par les Gaulois, les Herniques et les Latins s'étaient de nouveau soulevés. Rome lutte avec son énergie accoutumée contre les Æques et les Volsques, bat les Prénestins, s'assure la possession des marais Pomptins, triomphe de Lanuvium, de Tusculum, de Vélitres, de Satricum, unit les diverses cités en une confédération dont elle est maîtresse souveraine, et, fixant les limites du Latium, en assure pour quelque temps la tranquillité.

A Rome, on travaille à la reconstruction de la ville incendiée par les Gaulois. Les temples et les monuments publics étaient restés debout, mais les maisons particulières n'étaient plus que des ruines. On les relève à la hâte plutôt que d'après un plan méthodique et suivi. De là jusqu'au temps d'Auguste et même de Néron, une physionomie irrégulière, des rues mal distribuées, des ruelles étroites, des alignements capricieux, un pêle-mêle incohérent.

En même temps des événements graves se passent sur le Forum. La misère des plébéiens, après la guerre gauloise, s'était accrue de la rigueur des créanciers. Les patriciens renouvellent les duretés qui avaient provoqué la retraite sur le Mont-Sacré. Un centurion, condamné pour dettes, étant traîné en prison, Manlius Capitolinus s'oppose à cet acte cruel, en s'écriant qu'il ne laissera pas priver de la liberté un compagnon d'armes, un sauveur du Capitole; puis il acquitte la dette du prisonnier. Il fait plus, il vend ses terres de Véies pour venir en aide aux pauvres et accuse les patriciens d'avoir gardé pour eux l'or destiné aux Gaulois. L'accusation visait directement Camille. L'ancien dictateur quitte l'armée, arrive au comitium, suivi de tous les sénateurs, et cite Manlius à son tribunal. Manlius est condamné à la prison. Comme il passait auprès du Capitole, il lève les yeux vers le temple et prend à témoin les divinités du traitement qu'on fait subir à celui qui les a délivrées des barbares. L'attitude menaçante du peuple engage le sénat à rendre la liberté à Manlius. Mais bientôt des tribuns, gagnés par le sénat, l'accusent de vouloir se faire roi. Manlius se défend avec le courage d'un homme qui n'a rien à se reprocher.

Il fait comparaître dans le Champ de Mars quatre cents citoyens qu'il a préservés de la ruine et de la prison, montre les dépouilles des ennemis tués de sa main, les récompenses militaires qu'il a reçues, découvre sa poitrine sillonnée de cicatrices, et, se tournant encore vers le Capitole, supplie Jupiter et les autres dieux de mettre dans l'ame des Romains les sentiments qu'ils avaient mis dans l'âme de Manlius quand il sauvait Rome. Les tribuns comprennent que les centuries plébéiennes, tant qu'elles verront le Capitole, ne condamneront pas Manlius. On remet le procès à un autre jour, on transporte la scène du jugement dans le bois Pætelinus, près de la porte Flumentane, et on fait prononcer la sentence par les curies patriciennes. Manlius est précipité de la roche Tarpéienne, « qui fut ainsi, dit Plutarque, le monument de ses plus heureux exploits et de ses plus grands malheurs. »

La lutte de Camille contre les plébéiens ne s'arrête pas là. Les guerres contre les Gaulois et les Latins avaient fait ajourner la discussion des lois liciniennes, tendant : 1° à retrancher sur le capital de toute dette la somme des intérêts payés ; 2° à restreindre toute propriété territoriale à cinq cents arpents; 3° à choisir toujours un des deux consuls parmi les plébéiens. Licinius et Sextius, auteurs de ces lois, s'efforcent de les faire voter par les comices. La discorde se réveille. Le vieux Camille, âgé de quatre-vingts ans, est nommé dictateur pour résister aux efforts des tribuns. Ceux-ci redoublent d'audace. Un jour que Camille rendait la justice, un appariteur des tribuns vient le sommer de le suivre. Il refuse : l'appariteur met la main sur lui. Les officiers de Camille repoussent l'insolent : le peuple le soutient. On en vient aux coups Camille, demeuré seul, se rend au sénat, lui fait comprendre que la violence est inutile et voue un temple à la Concorde. Le sénat imite cette sagesse, et consent à la proposition licinienne de choisir un des deux consuls parmi les plébéiens. Sextius le premier jouit de cet honneur (366). Pour compenser cette concession, Camille obtint du peuple la création d'une charge, la préture, réservée aux seuls patriciens. Le préteur rendait la justice en l'absence des consuls. On crée aussi deux édiles patriciens, nommés édiles curules, avec les mêmes attributions que les édiles plébéiens. Les magistratures curules, à savoir le consulat, la censure, la dictature, la préture et l'édilité, étaient ainsi nommées, parce que le dignitaire était porté sur un char ou chaise d'ivoire (*currus eburneus*). Elles donnaient entrée au sénat, et transmettaient aux descendants de ceux qui les avaient obtenues le titre de noble, mais non celui de patricien. Ce fut le dernier acte politique de Camille. La peste s'étant déclarée dans Rome, le vainqueur des Gaulois en est une des premières victimes; « et sa perte, dit Plutarque, cause plus de regrets aux Romains que la mort de tous ceux qu'emporte le fléau. » (365.)

Pour conjurer l'épidémie, on renouvelle en vain le lectisternium. On fait venir des ludions et des histrions de l'Étrurie, premiers essais de représentations dramatiques. Le fléau ne cédant pas davantage, on emprunte encore aux Étrusques l'antique cérémonie du clou sacré. C'était, suivant Tite-Live, un clou que le premier magistrat de Rome devait enfoncer aux ides de septembre, dans le temple de Jupiter Capitolin, pour marquer le nombre des années. Nous voyons qu'ici la plantation du clou sacré est une cérémonie expiatoire. Le dictateur Titus Manlius Imperiosus est chargé de ce soin religieux.

C'est à cette époque qu'il faut rapporter le dévouement proverbial de Curtius. En 362, la terre s'entr'ouvre subitement au milieu du Forum et y creuse un abîme béant. Les augures déclarent qu'il ne peut être comblé qu'en y jetant le trésor le plus précieux de Rome. Alors Mettius Curtius, jeune patricien, s'arme de pied en cap, monte sur son cheval, et, s'écriant que Rome ne possède rien de plus précieux qu'un brave et généreux citoyen, il se précipite dans l'abîme, qui se referme sur lui.

CHAPITRE VI.

Guerre des Samnites. — Description du Samnium et de la Campanie. — Capoue implore la protection des Romains. — Première campagne. — Les Samnites sont défaits. — Révolte et soumission de la légion de Capoue. — Défaite des Latins à Vézéries. — Manlius Torquatus condamne à mort son fils. — Dévouement de Decius. — Soumission des Antiates, les rostres. — Seconde campagne contre les Samnites. — Fourches caudines. — Papirius Cursor. — Représailles des Romains. — Construction stratégiques et colonies pour dominer le Samnium. — Les Romains franchissent la forêt Ciminienne. — Victoire du lac Vadimon, de Pérouse, de Bovianum. — Extermination des Æques. — Troisième campagne contre les Samnites. — Bataille d'Aquilonia. — Curius Dentatus conclut la paix. — Colonies romaines. — Équilibre politique entre les deux ordres. — Dictateur, censeur et préteur plébéien. — Réduction de l'intérêt. — Modération de Papirius Cursor envers Fabius. — Révélation des formules de droit par Flavius. — Loi Ogulnia.

Les historiens, qui ont comparé le peuple romain à un homme parcourant les quatre âges de la vie, ont placé son enfance et sa jeunesse sous les rois et sous les premiers consuls. Rome lutte alors contre les nations étrusques, latines et gauloises, voisines de son berceau. Les guerres contre les Samnites sont l'époque de son adolescence et le commencement de sa virilité. En soumettant l'Italie centrale, le peuple romain prélude aux guerres puniques et à la conquête du monde.

Le Samnium, bordé au nord par les Marses, les Péligniens et les Maruccins; à l'ouest par le Latium et la Campanie, au sud par la Lucanie, à l'est par l'Apulie et les Frentans, se compose de chaînes montueuses et boisées, de pics neigeux et glacés, qui se rattachent aux Apennins. C'est un pays sauvage, avec des vallées sombres et pluvieuses, des défilés ténébreux où s'engouffrent les torrents, des landes désolées où quelque maigre filet d'eau roule sur les cailloux. Les Samnites étaient une branche des Sabins, sœur des tribus sabelliques dont ils étaient environnés. Pasteurs farouches, habitant des lieux fortifiés par la nature et isolés des autres peuplades, ils restèrent longtemps enfermés au fond des forêts ou sur les montagnes. L'accroissement de leur jeunesse rendant peu à peu les pâturages trop étroits, ils songent à descendre dans les vallées. Sous leurs yeux s'étendait la plus belle contrée de l'Italie et même de l'univers, la Campanie, la Terre de labour. « Point de climat plus doux, dit Florus ; il embellit l'année des fleurs d'un double printemps. Point de sol plus fertile : aussi dit-on que Cérès et Bacchus y rivalisent de prodigalité. Point de mer plus hospitalière : là s'ouvrent tous ces ports fameux, et Misène, et Caïète, et Baies aux sources toujours tièdes ; là s'étendent le Lucrin et l'Averne, bassins tranquilles, où la mer semble venir se reposer. Là s'élèvent ces monts tapissés de vignobles, le Gaurus, le Falerne, le Massique, et le plus majestueux de tous, le Vésuve, ce rival des feux de l'Etna. Là sont enfin tant de villes maritimes, Formies, Cumes, Puteoli, Naples, Herculanum, Pompeii et Capoue leur souveraine, Capoue, jadis comptée au rang des trois premières cités de l'univers, avec Rome et Carthage. »

C'est à l'occasion de cette contrée et de cette ville que la guerre s'allume entre Rome et les Samnites. Elle dure plus de cinquante ans. La Campanie était une belle proie, faite pour tenter des montagnards pauvres et avides. Les Samnites la convoitaient depuis longtemps ; mais la colonie grecque d'Arpi et l'empire des Étrusques contenait leur invasion. Arpi étant tombée en décadence et les Étrusques ayant subi le joug des Romains, les bandes samnites se mettent en campagne, descendent jusqu'au littoral de l'Italie méridionale, s'emparent de Capoue (424), s'y installent, en font la métropole du Samnium campanien, prennent insensiblement les mœurs amollies, les goûts fastueux des cités grecques, les armures d'or et d'argent, et excitent la jalousie des Samnites de la montagne. Menacés par eux d'une attaque à main armée, les Sidicins de Teanum et les Campaniens de Capoue appellent les Romains à leur secours (343).

Les Romains refusent d'abord, sous prétexte d'une ancienne alliance avec les Samnites, mais Capoue s'étant mise entièrement sous la protection romaine, les légions passent le Liris, frontière de la Campanie et du Latium. Le récit des événements qui se succèdent offre beaucoup de confusion dans les historiens latins. Les voici tels qu'il est possible de les démêler à travers une tradition dépourvue de critique et peu soucieuse d'une exacte chronologie.

Les deux consuls Marcus Valerius Corvus et Aulus Cornelius Cossus entrent en Campanie (343). Valerius remporte une victoire sanglante sur les Samnites au pied du Mont Gaurus. Cossus les défait après avoir failli succomber dans un défilé, mais le tribun militaire Publius Decius, campé sur une colline, d'où il dominait l'ennemi, attaque les Samnites et change en victoire le péril de son général. Un troisième combat, plus décisif encore, est livré par les deux consuls à l'entrée des Fourches Caudines, près de Suessula. Les Samnites laissent quarante mille boucliers sur le champ de bataille. Les Romains, leur accordant la paix, abandonnent Teanum et gardent la possession de Capoue (341).

Mais bientôt la garnison qu'ils ont laissée dans cette ville se révolte, comme enivrée par les délices des contrées méridionales. Le complot est découvert, et les coupables, craignant d'être punis, marchent contre Rome sous la conduite de Titus Quinctius, vieux soldat, boiteux des suites d'une blessure. Ils arrivent ainsi au huitième mille de la voie qui fut plus tard la voie Appienne. Le dictateur Valerius Corvus, au lieu de les combattre, essaie de les désarmer par des paroles conciliantes. Ils cèdent, et le Sénat accorde le pardon à ces soldats égarés.

Cependant les Latins, mécontents de se voir frustrés

du droit de cité et de la participation au consulat, se liguent avec les Sidicins et les Campaniens, déjà las de la domination romaine. Les Romains, appuyés par les Péligniens et quelques tribus de Samnites montagnards, s'avancent en Campanie. Les Latins et leurs alliés sont défaits à Véséries, près du Vésuve (340). Les historiens romains ont orné ces combats de légendes héroïques. Manlius Torquatus condamne à mort son fils coupable d'avoir vaincu contre son ordre. Decius Mus se dévoue aux dieux infernaux, se jette au milieu des Latins et meurt comme une victime qui doit sauver sa patrie. Le Latium et Capoue sont punis par la perte de leur territoire. On le distribue au petit peuple, en y joignant les terres de Priverne et celles de Falerne. Les Laurentins sont exceptés de la punition. Les habitants de Lanuvium reçoivent le droit de cité romaine, ainsi que les chevaliers campaniens. Aricie, Nomentum et Pedum obtiennent le même privilége. Vélitres, qui s'était révoltée plusieurs fois, est traitée avec une grande rigueur. On abat ses murs, on lui ôte son sénat et on assujettit ses habitants à s'établir au delà du Tibre. Les Antiates, vaincus par Menius, sont transformés en colonie romaine; mais on retire de leur port tous les vaisseaux longs et on leur interdit toute navigation maritime. Des galères d'Antium une partie est transportée à Rome, le reste est brûlé. On en retire seulement les éperons (*rostra*), dont on décore la tribune aux harangues (338). D'autres villes, Fundi, Formies, Cumes et Suessula sont récompensées par le droit cærite des secours qu'elles ont prêtés à Rome. Des colons sont établis à Terracine, la même qu'Anxur. Deux citadelles, Calès et Frégelles, surveillent l'une Capoue et Teanum, l'autre le passage du Liris. Sora, sur la rive droite de ce fleuve, est occupée par une forte garnison romaine (328).

Cependant le feu de la guerre samnite n'est qu'assoupi. La ville grecque de Parthenope, divisée en deux parties Palæopolis (la vieille ville) et Neapolis (la nouvelle ville, Naples), fournit aux combattants l'occasion de le rallumer. Les Samnites ayant jeté une garnison dans

Palæopolis, les Romains en font le siége. Les habitants traitent avec eux et se débarrassent par ruse des troupes samnites. Les autres villes grecques, Nola, Nuceria, Herculanum, Pompeii se déclarent aussi pour les Romains. Réduits à leurs propres forces, abandonnés des Lucaniens qui s'allient avec Rome, les Samnites font appel aux cantons montagneux de l'est. La guerre se poursuit au cœur même de leur pays. Les Romains, commandés par Spurius Postumius et Titus Veturius, s'emparent d'abord de quelques places et continuent leurs avantages. Les Samnites, désespérant de lutter en bataille attirent l'armée romaine dans un défilé, près de Caudium, et appelé pour ce voisinage Fourches Caudines. Elle est prise tout entière comme dans un filet, entre deux rocs à pic, couronnés de forêts pleines d'ennemis. Le généra samnite, Caïus Pontius pouvait l'écraser sans combat. Il hésite et demande conseil à son vieux père Herennius : « Tuez-les tous, lui répond le vieillard, ou renvoyez-les tous avec honneur : détruisez vos ennemis ou faites-en des amis. » Pontius ne suit ni l'un ni l'autre conseil. Les Romains sont dépouillés de leurs armes, presque de leurs vêtements. On plante dans le sol deux lances, au sommet desquelles on en lie transversalement une troisième, et les Romains, la vie sauve, passent sous ce joug ignominieux (321). L'affront était mortel. Le Sénat ne veut point ratifier le traité et les vaincus ne songent plus qu'à la vengeance. Leur politique patiente attend deux ans que les colonies romaines d'Apulie et de Campanie soient devenues assez fortes pour serrer leur ennemi dans les montagnes. Rome met alors à la tête de ses légions le héros homérique, l'Achille de ces guerres, Lucius Papirius Cursor (le coureur). Tout succède à l'heureux dictateur. Maître de Nuceria, il fait passer à son tour sous le joug la garnison samnite (319).

Durant les années suivantes la guerre s'étend sur les pays voisins du Samnium (319-317) Les Apuliens et les Frentans sont châtiés comme auxiliaires des Samnites. De nouveaux traités sont conclus avec les habitants de Teanum et de Canusium. Satricum, ville latine, est punie de sa défection. Saticula est enlevée à l'ennemi. Cependant Nuceria et Nola se révoltent : la garnison romaine est chassée de Sora : les Ausones préparent un soulèvement. Mais les Romains opposent partout une résistance ou une attaque des plus énergiques. Tout rentre dans le devoir. Des exécutions sanglantes à Capoue et à Frégelles effraient les Samnites ou leurs alliés, et des forteresses érigées en Campanie et en Lucanie les tiennent en respect.

La grande voie militaire, la reine des routes romaines, construite en 312 par le censeur Appius Claudius et partant de Rome pour aboutir à Capoue au travers des marais Pomptins, complète le réseau de places fortes et de routes stratégiques qui enserre désormais les nouvelles conquêtes. Un aqueduc monumental entre Rome et Préneste accompagne cette admirable construction.

Quelques peuplades de l'Italie centrale et méridionale, appuyées par les Étrusques-Ombriens, se mettent encore en mouvement. En 310, le consul Quintus Fabius Rullianus, formé dans les guerres du Samnium, porte hardiment ses armes dans l'Étrurie propre et traverse pour la première fois la forêt Ciminienne. Le mont Ciminus, grande chaîne boisée, dont on aperçoit de Rome la masse bleuâtre, inspirait aux Romains une sorte de terreur superstitieuse. « Mais rien, dit Florus, n'épouvante le général. Il envoie son frère en avant pour reconnaître les abords de la forêt. Celui-ci, sous un habit de berger, observe pendant toute la nuit et revient annoncer que le passage est sûr. Ainsi Fabius sait trouver sans péril le dénouement d'une guerre si périlleuse. Les ennemis étaient répandus en désordre dans les campagnes. Il les surprend, et, maître des hauteurs, il les foudroie comme un nouveau Jupiter. »

A cette victoire succède bientôt celle du lac Vadimon, si célèbre dans les souvenirs populaires, puis celle de Pérouse, gagnée encore par Fabius (308). De son côté, Papirius est vainqueur à Longula, où les confédérés perdent l'élite de leur armée (309). Les Samnites retrouvent quelques alliés, Ombriens, Marses, Péligniens;

Herniques : la défaite d'Anagnia rompt cette alliance passagère (305). Deux armées consulaires se mettent alors en marche. L'une, conduite par Tiberius Minucius, et, après sa mort, par Marcus Fulvius, franchit les cols des montagnes ; l'autre, sous Lucius Postumius, part du littoral de l'Adriatique et remonte le Tifernus. Elles se réunissent devant Bovianum et livrent une bataille où le général samnite, Statius Gellius, est fait prisonnier (304).

Plus près de Rome, les Æques se remuent : ils sont exterminés, et leurs quarante bourgades, ruinées en une campagne (302).

Cependant l'indépendance des Samnites touche à sa dernière heure. En 298, les deux consuls Fabius et Decius marchent contre eux : ils sont vainqueurs, le premier à Tifernum, le second à Maleventum, qui devient Bénévent. Les Samnites font un effort désespéré. Soutenus par les Étrusques, les Marses et les Ombriens, ils mettent trois armées en campagne. Les Romains ont recours, comme eux, aux moyens extrêmes : ils arment les hommes mariés, les affranchis. Une bataille décisive a lieu près de Sentinum, au pied du contrefort oriental de l'Apennin. A l'aile droite, commandée par Fabius, la lutte reste indécise ; à l'aile gauche, l'héroïsme héréditaire de Decius, qui se dévoue aux dieux Manes, décide la victoire (295).

L'année suivante, les Samnites vaincus, mais indomptés, renouvellent la guerre. Les armées consulaires, entrées dans le Samnium, rencontrent partout la résistance la plus acharnée. Marcus Acilius subit un échec à Nuceria. Mais Lucius Papirius Cursor, le fils du vainqueur de Longula, et son collègue Spurius Carvilius livrent une grande bataille à Aquilonia. L'élite de l'armée samnite, c'est-à-dire la légion du lin, formée de seize mille guerriers vêtus d'une casaque blanche, d'un bouclier d'argent, d'un casque rehaussé d'une aigrette, y périt jusqu'au dernier soldat (292). Ces armures vont orner le Forum. Les Samnites retranchés dans leurs montagnes continuent une guerre de partisans : ils lut-

contre les Romains en détail. Un de leurs chefs, Caïus Pontius, le fils peut-être du vainqueur des Fourches Caudines, remporte sur eux un grand avantage. Les Romains, vainqueurs à leur tour, font prisonnier Pontius et le mettent à mort dans un cachot (291).

Le reste de l'Italie demeure immobile. Les Samnites font un appel inutile aux Tarentins, qui jouent dans toute cette guerre un rôle équivoque d'expectative ou d'arbitrage. Leur dernière armée est détruite par Curius Dentatus, ce modèle de la frugalité et de la vertu antiques, qui aimait mieux commander à des riches que d'être riche. C'est lui qui conclut la paix avec les Samnites épuisés (280). Rome se montre, dans ces négociations, d'une douceur habilement calculée. Sûre de sa conquête, elle ne l'écrase pas d'impôts onéreux : elle se contente de l'enfermer dans des colonies et dans des municipes taillés, en quelque sorte, à l'image de Rome. Sur la côte Minturnes et Sinuessa, dans les Abruzzes Hatria, dans l'intérieur des terres Venouse, où Rome envoie vingt mille colons, contiennent les peuples avoisinants ou interceptent le passage entre les plus puissants ennemis de Rome. Ainsi, à la fin de la guerre samnite, le territoire romain touche au nord la forêt ciminienne, à l'est les Abruzzes, Capoue au sud ; et deux postes avancés, Nuceria et Venouse le défendent du côté de l'orient et du midi. C'est le beau moment de la République romaine : elle est dans une voie de prospérité croissante. Au triomphe de Papirius sur les Samnites, on porte deux millions six cent soixante mille livres pesant de cuivre en lingots, produit de la vente des prisonniers, et deux mille six cent soixante marcs d'argent. Le tout est déposé dans le trésor. Le recensement de 289 donne deux cent soixante douze mille citoyens en état de porter les armes.

A Rome, durant cette période, l'équilibre politique s'établit entre les deux ordres : les patriciens n'oppriment plus ; les plébéiens ne dominent pas. Le premier dictateur plébéien, M. Rutilius, justifie ce choix en triomphant des Tarquiniens et des Falisques (356). Un premier censeur plébéien Marcius Rutilus est nommé en 351 ; et un premier préteur plébéien, Publilius Philo, en 337. Dix ans plus tard (327) on lui proroge le commandement consulaire dans la guerre samnite, sous le nom de proconsul. Deux nouvelles tribus, Pomptina et Publilia, sont créées et mises en possession du territoire volsque (332); accroissement qui porte à vingt-sept le nombre total des tribus. Pour améliorer la situation des débiteurs, Duilius et Mænius réduisent l'intérêt de l'argent à un pour cent par an (357). Dix ans plus tard (347), le consul Plautius Hypsæus le réduit à un demi pour cent, et, en 326, la loi Petilia-Papiria défend de retenir en prison un débiteur, même insolvable.

Papirius Cursor, le héros des guerres Samnites, donne alors un grand exemple de la modération des patriciens. Dictateur, il avait pour maître de la cavalerie Fabius, fils de Rullianus. Une cérémonie sacrée l'ayant contraint d'aller à Rome, il défend à Fabius d'attaquer l'ennemi pendant son absence. Fabius désobéit, remporte une victoire et en adresse la nouvelle non au dictateur, mais au sénat. Papirius revient à l'armée, plein de colère et de menaces. Fabius supplie les soldats de le protéger contre le dictateur : ils lui promettent de le défendre. Le dictateur arrive, cite Fabius devant son tribunal et appelle le licteur. Fabius parvient à s'échapper auprès de son père, Rullianus, qui avait été dictateur et trois fois consul. Rullianus convoque le sénat. Il commençait à se plaindre de la violence de Papirius, quand celui-ci paraît, ordonnant de saisir le coupable. Fabius est emmené par le licteur. Rullianus s'écrie qu'il en appelle au peuple. Les tribuns se déclarent en sa faveur et résistent au dictateur. Papirius inflexible invoque la nécessité de la discipline, la majesté du commandement, les conséquences fatales de la désobéissance impunie. Alors, par un mouvement unanime, les tribuns et le peuple passent de la résistance à la prière, Fabius et son père tombent aux genoux du dictateur, qui pardonne au nom de l'autorité reconnue et respectée. (325.)

La connaissance exclusive du droit était une des principales forces du patriciat. En 304, un certain Flavius, fils d'affranchi et scribe des pontifes, brigue l'édilité curule. Il est élu malgré l'opposition des patriciens. Pour se venger d'eux, il publie le calendrier qui indiquait les jours religieux, les jours de procès et de comices, il divulgue aussi les formules de procédure, gardées soigneusement comme un secret et qu'un petit nombre de jurisconsultes ne communiquaient qu'avec des abréviations mystérieuses.

La loi Ogulnia propose, en 300, que quatre pontifes et cinq augures, choisis parmi le peuple, soient ajoutés au corps sacerdotal. On crée bientôt après trois flamines plébéiens, et Curius Dentatus fait décider pour toujours qu'un des consuls sera plébéien (299).

L'égalité politique est désormais établie et la constitution romaine fixée. L'Italie du nord et du centre, réduites à l'impuissance, se décident à suivre les destinées du peuple romain : l'Italie méridionale, en voulant se heurter contre une force si solidement organisée, va se livrer d'elle-même à la nation qu'elle insulte, sans avoir les ressources nécessaires pour la combattre et pour en triompher

CHAPITRE VII.

Guerre contre Pyrrhus. — Coalition contre Rome anéantie par Dolabella. — Les garnisons romaines arrivent jusqu'à Rhegium. — Tarente insulte une escadre romaine. — Rome lui déclare la guerre. — Intervention de Pyrrhus. — Bataille d'Héraclée et d'Asculum. — Cinéas à Rome. — Fabricius. — Pyrrhus en Sicile. — Son retour en Italie. — Il est défait à Bénévent par Curius Dentatus. — Pyrrhus est tué à Argos. — Domination de Rome sur toute l'Italie centrale et méridionale.

ENDANT que la domination de Rome, victorieuse du Latium, de l'Étrurie et des peuples sabelliques, étendait ses progrès vers l'Italie du midi, de grands événements s'accomplissaient en Grèce et en Orient. Philippe, roi de Macédoine, asservissait la Grèce, et son fils Alexandre conquérait la Perse, pour en laisser les lambeaux à ses lieutenants. Leurs luttes coïncident avec les guerres samnites. Leurs armées licenciées ou errantes se répandent jusque dans l'Italie méridionale. Il manquait un chef à ces espèces de condottieri : ils en trouvent un dans un brillant aventurier, Pyrrhus, roi d'Épire, surnommé l'Aigle par ses sujets. Pyrrhus était par son père, Alexandre le Molosse, cousin d'Alexandre le Grand. Il eut, de même que lui, moins le génie, les vastes désirs et le goût des lointaines entreprises. Échappé comme par miracle aux meurtriers de son père, recueilli par le roi des Taulantiens Glaucias, chassé à dix-sept ans de son royaume par Cassandre, fils d'Antipater, il accompagne en Asie son beau-frère Démétrius Poliorcète, assiste à la bataille d'Ipsus (301), où il déploie un grand courage, se rend en Égypte auprès du roi Ptolémée Lagus, qui lui donne sa belle-fille en mariage et des forces pour

6.

reconquérir ses États. Pyrrhus réussit, essaie la conquête de la Macédoine, obtient une part du trône de Lysimaque, mais en est dépossédé après sept mois de règne. Il revient alors en Épire, où son ardeur aventureuse subit avec peine la nécessité du repos. Tourmenté par cette soif de conquêtes, qu'a rendue proverbiale son dialogue avec Cineas, il brûle d'exécuter en Occident les exploits dont le vainqueur de Darius a étonné l'Orient Tarente lui en offre l'occasion.

Une coalition nouvelle avait surgi contre Rome. La ville grecque de Thurium, l'ancienne Sybaris, devenue ville romaine, avait été attaquée par une armée de Tarentins, de Samnites, d'Étrusques, d'Ombriens et de Gaulois (285). Treize mille Romains, commandés par le préteur Lucius Cæcilius, sont défaits par les Sénonais sous les murs d'Arretium. Le sénat réclame. Britomar, chef des Sénonais, fait massacrer les envoyés de Rome. Le consul Publius Cornelius Dolabella tire de ce crime une vengeance éclatante. Vainqueur des Sénonais, il en passe une partie au fil de l'épée et chasse le reste hors du pays (283). Les Boïens, unis aux Étrusques, ne craignent pas de marcher sur Rome. Dolabella les bat près du lac Vadimon et sous les murs de Populonia (283, 282). La coalition est anéantie. Sena, jadis port et capitale des Sénonais, devient colonie romaine. Les Lucaniens et les Bruttiens qui ont continué le siége de Thurium sont ensuite défaits par le consul Caius Fabricius Lucius, qui fait prisonnier leur général Statilius (282). Aussitôt toutes les petites villes doriennes de la Grande Grèce, Locres, Crotone, Rhegium ouvrent leurs portes aux garnisons romaines. Rome se trouve ainsi en face de Tarente, dont la conduite hésitante pendant la guerre contre les Samnites avait fait douter si elle était alliée ou ennemie.

Tarente, colonie lacédémonienne, était la cité la plus puissante et la plus florissante de la Grande Grèce. Située sur la côte occidentale de la presqu'il de Calabre et sur une baie d'environ cent stades de circuit, elle offrait un excellent port de relâche dans le golfe auquel elle a donné son nom.

En 281, une flotte romaine, passant de la mer Tyrrhénienne dans l'Adriatique vient jeter l'ancre dans le port même des Tarentins. Ils étaient assemblés dans leur théâtre, d'où l'on découvrait la mer. A la vue des dix vaisseaux latins, un orateur cher au peuple, Philocharis, se lève et soutient qu'un ancien traité défend aux Romains de doubler le promontoire de Junon Lacinienne. La foule excitée court sus aux vaisseaux : un est coulé à fond, cinq sont capturés et les matelots tués ou vendus comme esclaves : le chef de la flotte périt dans la mêlée. Des envoyés de Rome viennent réclamer contre cette lâche agression. Ils sont accueillis par des huées : un Grec même ose souiller d'urine la toge de Postumius. Tout le monde se met à rire : « Riez, riez, dit le Romain, votre sang lavera mes habits. » La populace tarentine comprend la portée de sa folle conduite. Il était trop tard. Le consul Lucius Æmilius entrait, par le Samnium, sur le territoire de Tarente. C'est alors que les Tarentins appellent le roi Pyrrhus. Ils avaient eu déjà recours à de semblables appels. En 338, pressés par les Lucaniens et d'autres peuple du voisinage, ils avaient été secourus par Archidamus, fils d'Agésilas, qui périt dans la bataille livrée pour les défendre le jour même où Philippe gagnait la bataille de Chéronée. En 326, Alexandre, roi d'Epire, était aussi venu à leur aide ; mais, après des succès considérables, il avait été tué par les Bruttiens, près de Pandosie, sur les bords de l'Achéron (332). Les Tarentins écrivent à Pyrrhus que avec les Lucaniens, les Messapiens et les Samnites ils peuvent lever vingt mille chevaux et trois cent cinquante mille fantassins. Pyrrhus promet son aide à la condition d'être le maître absolu dans Tarente. On consent. Milon, lieutenant de Pyrrhus, débarque avec trois mille Épirotes et vient occuper la citadelle. Pyrrhus laisse la garde de son royaume à Ptolémée son fils aîné, et se met en mer. Battu par une tempête désastreuse pour son armée et pour ses munitions, il arrive accompagné de son confident le Thessalien Cineas, élève de Démosthène, et de ses deux jeunes fils Alexandre et Helenus.

Son armée composée de ses troupes à lui, Molosses, Thesprotiens, Chaoniens et Ambraciotes, puis de fantassins de Macédoine, de cavalerie thessalienne et de bandes mercenaires d'Étoliens, d'Acarnaniens et d'Athamaniens, comptait en tout vingt mille soldats disposés en phalange, deux mille archers, cinq cents frondeurs, trois mille hommes de chevaux et vingt éléphants, soit vingt cinq mille cinq cents soldats. Pyrrhus commence par établir une discipline sévère et intraitable dans la ville efféminée et turbulente. Il fait fermer les gymnases et les théatres, supprime les banquets et les réunions populaires, met des gardes aux portes pour empêcher de quitter la ville et fait transporter en Épire les mutins et les récalcitrants.

En face d'un ennemi si redoutable, Rome agit avec décision et avec vigueur. On place des garnisons dans les villes suspectes. Les chefs du parti de l'indépendance nationale y sont arrêtés ou envoyés à la mort. Tel fut le sort des sénateurs prénestins. On lève une contribution de guerre : les contingents des alliés sont exigés en entier : les prolétaires sont appelés sous les armes : trois armées sont mises sur pied. La première reste dans la ville comme réserve. La seconde, conduite par le consul Tiberius Coruncanius, va réduire les cités étrusques de Vulci et de Volsinie. La troisième, forte de cent cinquante mille hommes, commandés par le consul Publius Lævinus, marche à la rencontre de Pyrrhus, après avoir franchi le Siris. La bataille a lieu près d'Héraclée (280). Les Romains attaquent vigoureusement l'ennemi. La victoire leur semble d'abord acquise : Pyrrhus est renversé de cheval; mais il se relève, se met à la tête de son infanterie et le combat recommence. Sept fois les phalanges et les légions s'entrechoquent, et le bruit court que Pyrrhus est mort. Mais tout à coup les éléphants, gardés en réserve, effraient les chevaux et les hommes. Les Romains, qui n'avaient jamais vu ces bêtes monstrueuses, que dans leur simplicité ils appellent des bœufs de Lucanie (*boves lucas*), s'enfuient en désordre et repassent le Siris. Pyrrhus vainqueur trouve sept mille

Romains morts ou blessés sur le champ de bataille : il avait fait deux mille prisonniers. Mais l'armée grecque avait éprouvé des pertes considérables. Quatre mille des meilleurs soldats du roi et plusieurs lieutenants éprouvés avaient péri dans la mêlée. Aussi, comme on le félicitait de sa victoire : « Encore une pareille, dit-il, et e retourne seul en Épire. »

La défaite de Rome tourne contre elle les peuplades récemment soumises. A l'exception de Rhegium, opprimée par une bande de brigands campaniens, toutes les cités italiques passent du côté de Pyrrhus. Le roi songe pourtant à négocier avec les vaincus. Après avoir honorablement traité ses prisonniers, il envoie à Rome son conseiller Cineas proposer au sénat l'évacuation et la liberté des cités gréco-italiennes de Lucanie et de Campanie, la restitution de leur territoire aux Samnites, aux Dauniens, aux Lucaniens et aux Bruttiens, et la remise de Nuceria et de Venouse. Le sénat hésite un moment; mais Appius Claudius, jadis censeur et consul, et constructeur de la voie Appienne, aujourd'hui vieillard aveugle et blanchi par les années, ranime les courages incertains, et s'écrie qu'on ne traitera de la paix avec Pyrrhus que quand il sera hors de l'Italie. Le sénat a honte de son hésitation et Cineas retourne auprès de son maître sans avoir rien obtenu.

On dit que Pyrrhus lui ayant demandé ce qu'il pensait de Rome et du sénat, il répondit que Rome lui avait paru un temple et le sénat une assemblée de rois. On raconte que, quelque temps après, le médecin de Pyrrhus offrit aux Romains de l'empoisonner pour de l'argent. Le consul Fabricius qui était venu traiter du rachat des prisonniers, en donna généreusement avis au roi qui prononça ces paroles : « Il serait plus facile de détourner le soleil de sa route que Fabricius du sentier de la justice et de la probité. »

Ce qui paraît plus certain que ces légendes, c'est que ni le consul Lævinus, ni les Romains ne perdirent courage. Deux nouvelles légions accourues de Rome couvrent la capitale, à huit milles de laquelle Pyrrhus s'était avancé. Des hauteurs de Préneste, il regarde la ville à l'horizon ; mais aucune des cités du Latium n'ouvre ses portes au roi d'Épire. Cependant la fortune le favorise encore à la bataille d'Asculum (279). L'armée grecque comptait soixante-dix mille hommes de pied, huit mille chevaux et dix-neuf éléphants ; l'armée romaine, soixante-dix mille fantassins, huit mille cavaliers, et, pour repousser les éléphants, des chars de combats armés de barres, de réchauds et de pointes de fer. Les forces étaient égales. Pyrrhus, vaincu le premier jour, est vainqueur le second. Les éléphants assurent la victoire. Mais elle n'a rien de décisif. Les pertes sont peu considérables et les alliés de Rome ne bougent pas. Pyrrhus, pour opérer une diversion, tourne ses projets vers la Sicile. Gendre d'Agathocle par un second mariage, il espérait y réaliser la fortune heureuse de ce fils de potier, devenu général.

La Sicile était alors envahie par les Carthaginois, qui, maîtres d'Agrigente, menaçaient Syracuse. Les Syracusains appellent Pyrrhus à leur secours. Les Carthaginois, pour tenir tête à ce nouvel ennemi, songent à convertir en alliance offensive et défensive avec les Romains les traités de commerce qu'ils avaient antérieurement contractés. (509 et 347). Ce pacte est conclu. L'armée romaine et carthaginoise essaie d'enlever Rhegium, mais l'attaque ne réussit pas. La flotte phénicienne, cinglant alors vers Syracuse, la bloque par mer, tandis qu'une forte armée l'investit par terre. Pyrrhus arrive à ce moment (278). Il débarque malgré la flotte punique, débloque Syracuse, refoule les Carthaginois à Messine et les Mamertins leurs alliés à Lilybée. Carthage, demande la paix que Pyrrhus lui refuse. Le roi d'Épire règne dans l'île en maître souverain ; mais, abusant bientôt du pouvoir, il soulève contre lui l'esprit mobile des Siciliens et se voit forcé de revenir en Italie.

Milon était resté à Tarente, et Alexandre, fils de Pyrrhus, occupait Locres. Attaqué par les Romains, Milon, habile tacticien leur résiste et les repousse. Moins heureuse, la garnison Locrienne est massacrée par trahison.

Pyrrhus, descendu sur la côte italienne, se jette sur Locres, l'enlève, pille le temple de Proserpine pour remplir sa cassette et arrive à Tarente avec vingt mille fantassins et trois mille cavaliers. Mais les Italiens n'ont plus en lui la confiance qu'ils lui avaient d'abord témoignée, et les Romains, par leurs défaites mêmes, ont appris à le vaincre. A l'ouverture du printemps de 275, Pyrrhus rencontre près de Bénévent l'armée du consul Mucius Curius Dentatus. La division grecque qui devait prendre les Romains en flanc s'étant égarée dans les bois, les forces de Curius s'en trouvent comme doublées; et les éléphants, mis en désordre par les archers préposés à la garde du camp, se tournent cette fois contre les troupes royales. Les vainqueurs s'emparent du camp de Pyrrhus, font treize cents prisonniers, et prennent quatre éléphants, les premiers que Rome eût jamais vus, sans compter un butin immense, dont le produit est appliqué à la construction d'un aqueduc menant de Tibur à Rome les eaux de l'Anio. Sans soldats, sans argent, Pyrrhus demande vainement du secours aux rois d'Asie et de Macédoine; il est forcé de retourner en Grèce, se jette dans les entreprises les plus périlleuses, gagne encore quelques batailles, et va périr misérablement dans une rue d'Argos écrasé par une tuile qu'une vieille femme lance sur lui du haut de sa maison. Un soldat nommé Zopyre lui coupe la tête (272). Aucune fondation durable ne subsiste après lui. « A qui léguerez-vous votre héritage? lui disaient ses enfants. — A l'épée qui percera le mieux. »

La victoire de Curius et la retraite de Pyrrhus livrent aux Romains tout le centre et le midi de l'Italie. Milon négocie avec Lucius Papirius, pour sortir librement de Tarente avec armes et bagages. Les Campaniens, établis à Rhegium, y sont forcés; trois cents d'entre eux conduits à Rome, sont battus de verges et décapités. Les Samnites, les Lucaniens et les Bruttiens rendent les armes : s'ils résistent, l'épée et le gibet en ont définitivement raison. Rome, fidèle à son système de colonisation, construit dans sa nouvelle conquête des forteresses et des routes nouvelles En Lucanie, s'élèvent Pæstum et Cosa ; Bénévent et Æsernia enchaînent le Samnium ; Arsinium est jetée en avant pour contenir les Gaulois. La grande voie Appienne est continuée. Passant entre Capoue et Venouse par la station intermédiaire de Bénévent, elle aboutit aux deux ports de Tarente et de Brindes. Une colonie occupe cette dernière ville, dont la politique romaine fait la rivale et l'héritière commerciale du marché tarentin. Tarente avait été condamnée à remettre ses vaisseaux et ses armes et à détruire ses remparts. Ses richesses, transportées à Rome, donnent à la république le moyen de frapper pour la première fois une monnaie d'argent (269).

Les Romains n'acquirent pas seulement du territoire en combattant contre Pyrrhus. « Cette guerre, dit Saint-Évremond, leur ouvrit l'esprit. Avec un ennemi, qui avait tant d'expérience, ils devinrent plus industrieux et plus éclairés. Ils trouvèrent le moyen de se garantir des éléphants qui avaient mis le désordre dans les légions au premier combat ; ils évitèrent les plaines et cherchèrent les lieux avantageux contre une cavalerie qu'ils avaient méprisée mal à propos. Ils apprirent ensuite à former un camp sur celui de Pyrrhus, après avoir admiré l'ordre et la distinction de ses troupes. »

A partir de ce moment, Rome, maîtresse de l'Italie depuis le Rubicon jusqu'au détroit de Messine, entre dans le cercle des événements politiques où se meut le reste du monde, c'est-à-dire la Grèce et l'Orient. Carthage s'est faite alliée des Romains : le roi d'Égypte, Ptolémée Philadelphe, leur envoie une ambassade. En même temps la vertu rigide, les mœurs austères, la simplicité de la vie écartent la richesse et le luxe. Curius et Fabricius meurent pauvres comme Aristide. Fabius Maximus est enterré aux frais de ses amis. La probité et la grandeur d'âme donnent seules le rang et la considération : patriciens et plébéiens rivalisent d'héroïsme et de bravoure. Par l'extension des frontières romaines, les assemblées populaires perdent de leur importance, et lautorité se concentre dans le sénat, l'expression la plus noble de la nation, la première corporation politique de tous les temps, dont le patriotisme, l'esprit de suite, la prudence et l'unité parviennent à concilier l'énergie du despotisme avec les franchises de la liberté.

Pyrrhus avait dit, en quittant la Sicile : « Quel beau champ de bataille nous laissons aux Romains et aux Carthaginois ! » Rome est plus qu'en état de se mesurer avec Carthage, elle peut la vaincre : la louve romaine est assez forte pour arrêter l'essor du coursier libyen.

CHAPITRE VIII.

Première guerre punique. — Carthage, son territoire, sa constitution, son commerce, sa puissance, ses armées. — Les Mamertins. — Les Romains en Sicile. — Démêlés avec Carthage. — Guerre déclarée. — Victoire navale des Romains à Myles remportée par Duilius Nepos. — Résistance d'Hamilcar. — Regulus en Afrique. — Xanthippe bat les Romains. — Regulus prisonnier. — Défaite d'Appius Claudius Pulcher à Drépane. — Revanche auprès des îles Ægates. — Traité de paix entre Rome et Carthage.

Un siècle avant la fondation de Rome (853), une colonie phénicienne de Tyr vient construire, sur une hauteur fertile, chargée d'oliviers et d'orangers, au fond d'une des baies les plus septentrionales du nord de l'Afrique, une citadelle nommée Betzura ou Bosra (château). Le nom de Bosra, changé par les Grecs en Byrsa (cuir, peau), donne lieu à la légende de la peau de bœuf que la reine Didon découpe en lanières assez minces pour tracer sur une presqu'île l'enceinte d'une grande cité. La situation était admirable. Le pays, traversé par le Bagradas, abondait en céréales. L'eau douce descendait jusqu'au rivage. La côte offrait un vaste golfe, ouvert pour deux ports, l'un intérieur (*Côthôn*, coupe), de forme concave, réservé aux vaisseaux de guerre avec une île au milieu; l'autre extérieur, de forme carrée, séparé du Côthôn par une langue de terre, ancrage sûr pour les vaisseaux marchands et donnant accès à la darse intérieure par un goulet de soixante-dix pieds de largeur. La ville, construite auprès du château de Bosra, prit le nom phénicien de *Karthada* (ville neuve), que les Occidentaux appellent Carthage. Le grand faubourg de Magar ou Magalia se rattachait à la ville. Ses monuments étaient dignes de sa grandeur. On y remarquait le temple du dieu de la santé Aschmoûn (Esculape); celui du Soleil, recouvert de lames d'or valant mille talents et le manteau ou peplum d'Astarté, leur grande déesse, qui en avait coûté cent vingt.

Secondée par l'activité, l'intelligence et le génie mercantile de ses habitants, Carthage rend tributaires les peuplades africaines du voisinage, force les autres colonies libyphéniciennes, Utique, Hippone, Hadrumète, Thapsus, les deux Leptis, à former une confédération sous sa dépendance, soumet les colonies tyriennes au sud de l'Espagne et dans la plupart des îles de la Méditerranée, en Sicile, en Corse, en Sardaigne, à Malte et aux îles Baléares, et fonde de nombreux comptoirs. Tout le commerce de l'ancien monde passe par ses mains, l'or et les perles de l'Orient, la pourpre tyrienne, les esclaves, l'ivoire, les peaux de lion et de panthère, l'encens d'Arabie, le lin d'Égypte, les poteries et les vins de Grèce, le cuivre de Cypre, l'argent de l'Espagne, l'étain de l'Angleterre et le fer de l'île d'Elbe.

Mais le caractère sombre et dur de la race sémitique, sa religion cruelle, offrant à Moloch des sacrifices humains, le mépris du droit des gens et de la vie humaine, l'absence d'idées sympathiques et sociables, la culture exclusivement positive des sciences et des arts, tiennent les Carthaginois en dehors du mouvement civilisateur de la Grèce et de l'Italie.

Leur constitution tout aristocratique rappelle celle de Venise au moyen âge. Un petit conseil choisi dans la noblesse de naissance, et un grand conseil de cent notables choisi dans la noblesse d'argent, présidés par deux *Schofeth* ou suffètes, analogues aux rois de Sparte, possèdent le pouvoir législatif, et dirigent l'administration de la justice, l'armée et le gouvernement. Les cas extraordinaires seuls sont soumis à la décision de l'assemblée du peuple. Le conseil des Cent surveille l'État et demande compte aux généraux et aux fonctionnaires de leur gestion. De la sorte le gouvernement est tout entier aux mains des riches. Entre la classe dominante des marchands et des propriétaires, chefs de l'État et la plèbe pauvre, vivant au jour le jour, il n'y a pas de classe moyenne, dont l'influence pondératrice maintienne l'équilibre entre l'oligarchie et la démagogie. La faction pacifique des Hannon et la faction belliqueuse des Barca sont toutes les deux aristocratiques.

En matière de finances, Carthage a le premier rang dans l'antiquité. Polybe l'appelle la plus opulente cité de l'univers. Et de fait, son industrie agricole et son commerce maritime font affluer chez elle les capitaux de l'ancien monde.

Sa puissance navale est incomparable. Des arsenaux bien garnis d'engins et de machines, des galères à cinq ponts de rameurs, des matelots admirablement exercés, des capitaines instruits et pleins d'audace, lui assurent une supériorité marquée. Ses armées de terre sont parfaitement équipées et composées de soldats éprouvés par la guerre. Mais c'est là qu'est l'endroit faible, le côté vulnérable de la puissance carthaginoise. Quoique les Carthaginois aient constamment spéculé sur la guerre, ils n'étaient rien moins que braves. « La vie d'un marchand industrieux, d'un Carthaginois, dit Michelet, avait trop de prix pour la risquer, lorsqu'il pouvait se substituer avec avantage un Grec indigent ou un barbare espagnol ou gaulois. Carthage savait, à une drachme près, à combien revenait la vie d'un homme de telle nation. Un Grec valait moins qu'un Campanien, celui-ci plus qu'un Gaulois ou un Espagnol. Ce tarif du sang bien connu, Carthage commençait une guerre comme une spéculation mercantile. Elle entreprenait des conquêtes, soit dans l'espoir de trouver de nouvelles mines à exploiter, soit pour ouvrir des débouchés à ses marchandises. Elle pouvait dépenser cinquante mille mercenaires dans cette entreprise, davantage dans telle autre. Si les rentrées étaient bonnes, on ne regrettait point la mise de fonds ; on rachetait des hommes et tout allait bien. On peut croire qu'en ce genre de commerce, comme en tout autre, Carthage choisissait les marchandises avec discernement. Elle usait peu des Grecs, qui avaient trop d'esprit et ne se laissaient pas conduire aisément. Elle préférait les Barbares, l'adresse du frondeur baléare, la furie du cavalier gaulois (la *furia francese*), la vélocité du Numide, maigre et ardent comme son coursier, l'intrépide sang-froid du fantassin espagnol, si sobre et si robuste, si ferme au combat, avec sa saie rouge et son épée à deux tranchants. » Cette organisation militaire, ingénieuse et solide en apparence, était vicieuse et faible en réalité. Comment faire une armée compacte, homogène de ces masses confuses ? Comment pénétrer d'un sentiment patriotique, national, ces soldats de patries, de nations différentes ? Les milices romaines, au contraire, unies par les liens du sang, par l'amour d'une patrie commune, sont, à tout instant, prêtes à se mettre en marche, à se sacrifier pour une idée. *Les mercenaires de Carthage n'ont pour stimulant que l'honneur militaire ou plutôt la cupidité : les légions de Rome ont pour but la grandeur et la gloire de leur pays.* « Ainsi, dit Montesquieu, les Romains sont ambitieux par orgueil et les Carthaginois par avarice ; mais l'or et l'argent s'épuisent ; la vertu et la constance, la force et la pauvreté ne s'épuisent jamais. » Ajoutons que Carthage commençait à vieillir au temps des guerres puniques et que Rome était dans toute la fleur de la puberté.

En 282, les Mamertins, peuple osque de Campanie, avaient été envoyés en Sicile par leurs concitoyens sous la protection du dieu Mars ou Mamers. Établis à Messine par Agathocle, ces mercenaires pillards se rendent maîtres de la ville, tuent les habitants mâles et s'emparent des femmes, des enfants et des propriétés. Hiéron de Syracuse, roi sage et courageux, leur déclare la guerre. Il allait occuper Messine, lorsque les Mamertins font appel au sénat romain et réclament ses secours, comme enfants du dieu Mars. Rome venait de faire mourir sous la hache, dans le Forum, trois cents des mercenaires campaniens qui s'étaient emparés de Rhegium ; mais elle décide qu'elle ira au secours des Mamertins, qui avaient fait la même chose à Messine. La politique n'admet que la raison des faits : aussi méconnaît-elle souvent les limites étroites qui séparent le juste de l'injuste. Hiéron se retire prudemment devant l'intervention romaine. Les Carthaginois, qui redoutent de les voir s'immiscer dans les affaires de Sicile, en contestent la légalité. Leur général Hannon était maître de la citadelle de Messine et pouvait faire résistance. Mais les Romains, commandés par le consul Appius Claudius Caudex, s'empressent de profiter de l'occasion qui leur est offerte. Ils débarquent à Messine (265), partie sur les vaisseaux des Grecs d'Italie, partie sur des radeaux. Hannon veut entamer des négociations : on s'empare de lui : il donne ordre à sa flotte de mettre à la voile : on lui rend la liberté, et il part avec ses vaisseaux. Les Romains ont désormais pris pied dans l'île. A Carthage, les chefs de l'État, indignés de tant de faiblesse, font mettre Hannon en croix et déclarent la guerre aux Romains.

En moins de dix-huit mois, les Romains, favorisés par les Siciliens, s'emparent de soixante-sept places et de la ville d'Agrigente, malgré les efforts d'Hannibal, fils de Giscon. L'île tout entière se trouve alors dans la main de Rome, à l'exception des places maritimes, où Hamilcar lutte contre la faim et les assauts de l'ennemi. Mais, pour rester maîtres de la Sicile, les Romains devaient l'être de la mer. Ils se créent une flotte de combat. C'est une erreur de croire qu'ils n'eussent pas eu jusque-là de marine, et qu'ils aient en ce moment touché une rame pour la première fois : mais ils manquaient de navires de guerre à cinq ponts, pareils à ceux qui formaient la flotte navale de Carthage. Une quinquérème, échouée à la côte, sert de modèle aux constructeurs romains. Les alliés italiens leur fournissent des officiers de marine expérimentés. Dès l'ouverture de la campagne de 260, Rome est en état de mettre à la mer une flotte de guerre de cent vingt voiles. Mais les hommes d'État de Rome, comprenant qu'ils ne peuvent avoir ni officiers, ni rameurs aussi solides que les Carthaginois, complètent l'armement de chaque navire par deux engins utilement inventés. Le premier est un lourd éperon de fer placé à la proue, destiné à enfoncer et à couler bas le vaissseau ennemi. L'autre, imaginé, dit-on, par Duilius Nepos, est une espèce de pont-volant, disposé à l'avant du navire, pouvant s'abaisser dans tous les sens, garni d'un parapet à chacun des côtés et donnant passage à deux hommes de front. La lutte à l'abordage transforme ainsi le combat naval en une bataille sur la terre ferme.

La première rencontre entre la flotte romaine et la flotte carthaginoise a lieu près de Panorme (261): Les Romains ne sont pas heureux. Hannon les bat et fait prisonnier le consul Cnæus Cornelius Scipion, avec les dix-sept vaisseaux de son escadre. Mais l'armée principale arrive, sous les ordres du consul Duilius Nepos, inflige quelques pertes à une escadre carthaginoise envoyée en reconnaissance sur les côtes d'Italie, et remporte, à la hauteur du promontoire de Myles, près des îles Lipari, la première victoire navale gagnée par les Romains. Les Carthaginois y perdent cinquante vaisseaux. Le consul vainqueur a, sa vie durant, le privilége de se faire reconduire le soir avec des flambeaux et des joueurs de flûte. Pour perpétuer le souvenir de son triomphe, on lui élève dans le Forum une colonne en bronze, ornée d'éperons de vaisseaux (*rostra*), dont le piédestal subsiste encore : l'inscription qu'on y grava est un des plus anciens monuments de la langue latine.

Les années suivantes, des combats partiels, sans résultat décisif, ont lieu dans les eaux de la Corse et de la Sardaigne. En Sicile, les Romains ne font pas de progrès. Hamilcar leur tient tête à Panorme et à Drépane. Mais en 256 le sénat, pour agir avec vigueur, décide l attaque immédiate de l'Afrique. Une flotte de trois cent trente navires à trois cents rameurs et un nombre proportionnel d'hommes de combat, part pour les côtes libyennes, avec quatre légions placées sous la conduite de deux capitaines éprouvés, Lucius Manlius.

Vulso et Marcus Atilius Regulus. Les Carthaginois mettent à la mer trois cent cinquante voiles et barrent le passage aux Romains. Les flottes ennemies se rencontrent à la hauteur d'Ecnome : leurs armements formidables se heurtent avec une violence furieuse. Après une bataille acharnée, soixante-quatre navires carthaginois pris à dos sont enveloppés et capturés. Vingt-quatre vaisseaux romains et trente vaisseaux carthaginois avaient été coulés bas. Ce qui reste de la flotte punique se hate de courir la côte africaine et se reforme dans le golfe de Carthage, pour une seconde bataille. Mais les Romains, au lieu d'aborder sur le rivage occidental de la presqu'île placée au-devant de la rade, vont prendre terre à l'est dans la baie de Clypea. Ils y débarquent sans obstacle, Regulus organise son campement naval, parcourt et ravage le pays, défait les généraux Hasdrubal, Bostar et Hamilcar réfugiés dans les montagnes, et fait vingt mille prisonniers qui sont envoyés à Rome. Les peuplades libyphéniciennes et numides abandonnent la cause de Carthage, qui, se voyant à demi perdue, implore la paix. Le vainqueur lui impose pour condition de renoncer à la Sicile et à la Sardaigne, de se reconnaître dépendante de Rome, et, dans les guerres à venir, de renforcer de ses vaisseaux la flotte romaine. Ces conditions humiliantes auraient dû être appuyées d'une armée nombreuse et prête à agir. Les Romains commettent une faute grave. Ils laissent Regulus seul en Afrique, à Tunes, avec la moitié de ses forces. Les Carthaginois reprennent quelque espoir et se préparent à la résistance. Ils renforcent leurs troupes d'excellents cavaliers numides et de mercenaires grecs, et confient la guerre défensive au lacédémonien Xanthippe. C'était un général expérimenté, un tacticien habile. Une heureuse disposition de troupes lui donne l'avantage sur Regulus dans une rencontre près du port de Tunes (255). Les Romains sont vaincus. De leur belle armée, deux mille hommes seulement parviennent à s'échapper; les autres sont tués ou faits prisonniers de guerre avec le consul. Les Carthaginois usent de représailles terribles contre les tribus qui les ont abandonnés : trois mille chefs numides sont mis en croix. Après cette victoire, Xanthippe ne reparaît plus. Les uns disent qu'il fut mis à mort par les Carthaginois jaloux de son succès ; les autres qu'il s'en retourna librement et entra au service de l'Égypte. Regulus prisonnier est emmené à Carthage. Les Romains n'étaient pas à la fin de leurs revers. Deux flottes, qu'ils envoient successivement sur la côte africaine, sont détruites par la tempête près du cap Palinure et dans la petite Syrte. En Sicile, le général Karthalo leur reprend Agrigente, tandis qu'Adherbal fait essuyer à Appius Claudius Pulcher, auprès de Drépane, la plus grande défaite navale de toutes les guerres puniques (249). Le consul échappe, mais il perd quatre-vingt-treize vaisseaux, plus des trois quarts de la flotte du blocus et l'élite de ses légions.

C'est vers ce temps qu'on place l'ambassade de Regulus à Rome pour l'échange des prisonniers. Regulus est le modèle du Romain des beaux temps de la République, lorsque florissait la simplicité des mœurs, la modération dans les désirs, l'amour exclusif de la patrie. La tradition rapporte que, au moment où il était en plein cours de conquête, il demanda son rappel au sénat pour aller soigner, dans le champ pupinien, sa ferme, dont le produit était nécessaire à l'existence de sa famille. Prisonnier de Carthage, il est envoyé à Rome, pour traiter de la paix, avec promesse de revenir, s'il ne réussissait pas. Arrivé dans la Curie, il refuse de s'asseoir parmi les sénateurs, cinq ans de captivité lui ayant fait perdre son titre. Le sénat l'invite à parler, et, dans un discours, dont une des plus belles odes d'Horace reproduit les idées, il donne le conseil de rejeter les propositions des Carthaginois. Le poète le montre ensuite repoussant les sollicitations du sénat et de ses amis les plus chers, les prières les plus tendres de Marcia, sa femme, et les baisers de ses enfants. Rien ne peut fléchir son courage ni retarder son départ. Fidèle à la parole jurée, il retourne vers les supplices affreux qui l'attendent à Carthage, « aussi calme que si, après avoir jugé le procès d'un client, il se rendait aux champs du Vénafre ou à Tarente colonie de Lacédémone. »

Après la bataille de Drépane, la guerre se traîne en longueur, au milieu de combats et d'entreprises sans importance, jusqu'à ce que le général Hamilcar Barca (l'Éclair), père d'Hannibal, lui donne une impulsion nouvelle. Retranché d'abord sur le mont Heircté, près de Panorme, dans un terrain fertile, il observe tout ce qui passe dans la plaine, protégé du côté de la mer et de la terre, par des précipices inaccessibles. Les Romains essaient en vain de le chasser de son aire. Il s'empare de la citadelle d'Eryx et assure à ses soldats un asile commode, où Drépane peut lui fournir des vivres. De là il ne cesse, pendant trois ans, de donner aux Romains de terribles alarmes, désolant toute la côte d'Italie et poussant même jusqu'à Cumes. Le sénat restait dans l'inaction. On eût dit qu'il s'accoutumait à cette guerre qui durait depuis plus de vingt ans. De riches patriotes romains veulent en finir : ils équipent une flotte à l'aide de contributions volontaires. Deux cent soixante voiles et soixante mille matelots sont dirigés vers la Sicile, sous la conduite du consul Caius Lutatius Catulus. Ils rencontrent la flotte carthaginoise, commandée par Hannon, auprès des îles Ægates, sur la côte occidentale de la Sicile, entre Drépane et Lilybée. Catulus, retenu à terre par une blessure, cède le commandement au préteur Publius Valerius Falto. Carthage subit alors une défaite qui venge Rome du désastre de Drépane (10 mars 241) Cinquante vaisseaux puniques sont coulés à fond, soixante-dix capturés et emmenés par le vainqueur dans le port de Lilybée. Hannon, de retour à Carthage, est mis en croix. Hamilcar est autorisé à traiter. L'héroïque général a la douleur de signer une paix humiliante. Il remet aux nouveaux maîtres de la Sicile les forteresses que Carthage y possédait depuis au moins quatre cents ans, e s'engage à payer mille talents d'argent pour les frais de la guerre et deux mille deux cents autres dans l'espace de dix ans; à céder, avec la Sicile, toutes les îles voisines; à ne jamais faire la guerre aux alliés de Rome, à empêcher tout vaisseau de guerre d'entrer dans un pays appartenant aux Romains ; à renvoyer sans rançon tous les prisonniers et les transfuges. Forts de ce traité, les Romains ne songent pas cependant encore à renverser la ville ennemie. « La ruine de sa citadelle et de ses murs, dit Florus, leur parut une rigueur inutile : Carthage avait été détruite sur la mer. »

CHAPITRE IX.

Rome et Carthage dans l'intervalle de la première à la seconde guerre punique. — Relations pacifiques de Rome avec la Grèce. — Combats de gladiateurs. — Voie Flaminienne et cirque Flaminien. — Défaite des pirates illyriens, de la reine Teuta, des Liguriens, des Insubriens, des Boiens. — Gaule cisalpine réduite en province romaine. — Guerre des mercenaires de Carthage. — Hamilcar en Espagne. — Fondation de Carthagène. — Vastes projets d'Hamilcar. — Il est tué; son fils Hannibal lui succède.

La première guerre punique est suivie d'un intervalle de repos, pendant lequel Rome semble reprendre haleine. Le temple de Janus est fermé pour la seconde fois depuis la fondation de la ville (235). De nouvelles tribus sont créées. Les Romains, qui commencent à cultiver les lettres et les arts, sont admis par les Grecs aux jeux isthmiques et aux Mystères d'Éleusis. Le premier combat de gladiateurs, ce jeu féroce, que Cicéron croit bon à entretenir le courage guerrier, a lieu dans le Forum boarium. Les consuls commencent l'année de leur gouvernement aux ides de Mars. Flaminius, qui devait périr à la bataille de Trasimène, construit la voie Flaminienne et le cirque Flaminien. La voie Flaminienne (aujourd'hui une partie de la rue du Corso) se dirigeait vers le pays des Ombriens et des Étrusques. Antérieurement Flaminius avait proposé le partage des terres conquises sur les Sénonais.

Cependant Rome ne renonce pas à ses habitudes belliqueuses. Des pirates illyriens infestaient les côtes de l'Adriatique. Pour faire droit aux prières de leurs alliés, victimes de ces corsaires, les Romains font adresser des remontrances au roi d'Illyrie, Agron, par les deux frères Caius et Lucius Coruncanius. Agron mort, ils pressent la reine Teuta, sa veuve, de leur donner satisfaction. Une flotte de deux cents vaisseaux entre dans les eaux de Scodra et d'Apollonie : elle écrase ou disperse les embarcations des pirates et force Teuta d'accepter les conditions que lui dicte Rome. Demetrius de Pharos, qui était à la tête des troupes de la reine, est installé dans les iles et sur les côtes de Dalmatie, à titre d'allié des Romains (226).

Vient ensuite la guerre avec les Liguriens. « Ce peuple, dit Florus, caché au pied des Alpes, entre le Var et la Macra, dans des lieux hérissés de buissons sauvages, était plus difficile à trouver qu'à vaincre. Race d'hommes agiles et infatigables, peuples moins guerriers que brigands, ils mettaient leur confiance dans la vitesse de leur fuite et la profondeur de leur retraite. Tous ces farouches montagnards, Salyens, Décéates, Oxyliens, Euburiates, Ingaunes, échappèrent longtemps à nos armes : enfin le consul Fulvius incendia leurs repaires, Bebius les fit descendre dans la plaine, et Postumius les désarma complétement. » (225.)

Plus pénible est la guerre avec les Insubriens. Un bruit avait couru que les Gaulois allaient prendre possession du sol romain. On enterre vifs deux Gaulois pour accomplir l'oracle. Mais les Gaulois n'en menacent pas moins Rome. Ces peuples, d'une taille gigantesque, étaient terribles au premier choc ; seulement, suivant Florus, ils ressemblaient à la neige des Alpes. A peine échauffés par le combat, ils fondent en sueur et s'amollissent aux rayons du soleil. Ils font serment, sous leur chef Britomar, de ne point délier leurs baudriers avant d'avoir escaladé le Capitole. Lucius Æmilius les bat à Clusium (225).

Les Gaulois Boiens, qui étaient soutenus par les Gaisates, peuplade alpestre, armée de gais ou d'épieux, se soulèvent à leur tour. Ils arrivent à trois journées de Rome, tuent six mille hommes aux Romains et se retirent avec leur butin jusqu'à la hauteur du cap Télamon, en Etrurie.

Les Romains les poursuivent, et, par un étonnant hasard, une armée romaine, qui revenait de Sardaigne, ayant débarqué près des Gaulois, ceux-ci se trouvent enfermés. Ils font face des deux côtés à la fois, mais l'infériorité de leurs armes donne l'avantage aux Romains. Le sabre gaulois ne frappait que de taille, et sa trempe mauvaise le faisait plier au premier coup. Quarante mille Gaulois restent sur le champ de bataille et dix mille prisonniers au pouvoir des vainqueurs (224). Enhardies par ces succès, les légions passent le Pô pour la première fois, sous la conduite de Flaminius (223), entrent dans le pays des Insubriens, et remportent sur eux une grande victoire. Le successeur de Flaminius, Marcus Claudius Marcellus, qui doit jouer un rôle brillant dans la seconde guerre punique, prélude à sa renommée par un glorieux exploit. A Clastidium, il tue en combat singulier le brenn Virdumar et consacre à Jupiter Férétrien les troisièmes dépouilles opimes (222). C'est la dernière victoire de ce genre. La Gaule Cisalpine est réduite en province romaine. A partir de ce moment, la domination des Romains s'étend sur toute l'Italie, depuis les Alpes jusqu'au golfe de Tarente. Ils sont maîtres de deux mers qui les séparent de l'Espagne et de la Grèce, enlèvent la Sardaigne et la Corse aux Carthaginois, et enferment dans leur empire la mer Adriatique et la mer Tyrrhénienne.

Carthage était moins heureuse que sa rivale. Les mercenaires condamnés au repos, après la paix honteuse des îles Ægates, reviennent en Afrique tout prêts à se mutiner. Hamilcar Barca, qui les dominait par son autorité et par son énergie, s'était retiré du commandement. La faction hannone, plus financière que guerrière, n'avait plus de quoi payer ces bandes, qui ne vivaient que de combats. La vue des richesses de Carthage excite leurs convoitises. Déjà divers excès ont lieu la nuit et même le jour. Les Carthaginois effrayés prient les chefs des mercenaires de mener leurs troupes à Sicca, près du fleuve Bagradas, en donnant à chaque homme une pièce d'or pour les besoins les plus urgents. Hannon vient alors les haranguer, leur parle de la lourdeur du tribut qui pèse sur Carthage et essaie d'obtenir la remise d'une partie de leur solde. Mais ce camp était un foyer d'anarchie. Un Campanien, Spendius, et un Libyen, Mathos, élus chefs par leurs compagnons d'armes, ne veulent accepter aucune transaction. Le général Giscon tente sur eux un nouvel effort. Il échoue comme Hannon et demeure prisonnier des mercenaires. Carthage se tourne alors vers Hamilcar. Aussi habile que brave, Hamilcar détache des rangs des mercenaires un numide appelé Naravas, en lui promettant sa fille. Naravas amène avec lui deux mille Numides rangés sous ses ordres. Sûr de cet appui, Hamilcar accepte la bataille. Il est vainqueur, tue dix mille hommes et fait quatre mille prisonniers, qu'il incorpore à ses troupes. Spendius s'était enfui. Un chef gaulois, nommé Autarite, qui avait l'avantage de bien parler la langue phénicienne, pousse alors les mercenaires aux plus cruelles violences. Giscon et les autres prisonniers sont conduits hors des retranchements; puis, quand ils sont à une petite distance du camp, on leur coupe les mains, on les mutile, on leur brise les jambes et on les jette encore palpitants dans une fosse. La guerre se prolonge trois ans au milieu de ces horreurs renouvelées sur tout Carthaginois qui tombe aux mains des mercenaires. Hamilcar, usant d'horribles représailles, fait jeter aux bêtes tous les mercenaires prisonniers, et, avec les secours d'Hiéron et même des Romains, il donne la chasse à ses sauvages ennemis, les refoule peu à peu de la plaine dans les montagnes et finit par enfermer une de leurs deux armées dans le défilé de la Hache. Là, ils ne peuvent ni fuir, ni combattre, et ils se trouvent réduits à l'épouvantable nécessité de se manger les uns les autres. Spendius et Autarite demandent à traiter avec Hamilcar. Il accepte, et convient avec eux que, sauf dix hommes à son choix, il renverra tous les autres Le traité fait, il leur dit : « Vous êtes des dix que je choisis. » et il les retient. Les mercenaires étaient si bien enveloppés que de quarante mille pas un n'échappe. L'autre armée commandée par Mathos, est exterminée dans une grande bataille. Mathos, amené à Carthage, est livré à la populace qui le met en pièces après mille tortures. La guerre des mercenaires est une des plus effrayantes de l'antiquité, qui l'a surnommée avec raison *la guerre inexviable* (238).

L'année suivante, Hamilcar conçoit et exécute un grand dessein. Il part pour l'Espagne, afin de conquérir de nouvelles terres à Carthage, d'exploiter les richesses minérales du pays et d'y former des armées capables de lutter contre celles de Rome. L'avenir s'ouvrait plein de promesses pour ce jeune général de trente ans. Cependant il semble qu'il ait eu le pressentiment que d'autres exécuteraient ses projets. On raconte que, en quittant Carthage, il conduisit son fils Hannibal, âgé de neuf ans, devant l'autel du plus grand des dieux de la ville, et lui fit jurer une haine éternelle au nom romain. Il l'emmène ensuite à l'armée, avec ses deux autres plus jeunes fils, Hasdrubal et Magon, espérant que « ses lionceaux », comme il les appelait, hériteraient de ses desseins et de sa haine. Il franchit la mer aux colonnes d'Hercule, débarque en Espagne, accompagné de son gendre Hasdrubal, qui commandait la flotte, et entre aussitôt en lutte avec les Celtes qui habitaient la pointe sud-ouest de la Péninsule. Deux frères, chefs de cette peuplade, sont tués dans un premier combat. Indortès, qui leur succède, est défait avec cinquante mille hommes et mis en croix. dix mille prisonniers sont renvoyés libres. Hamilcar soumet ainsi toute la côte occidentale, baignée par l'Océan. Il allait recueillir les fruits de son génie, à la fois aventureux et organisateur, lorsqu'il tombe dans une embuscade dressée par les Vettons, et y trouve la mort (221). Hasdrubal (favori de Baal), gendre d'Hamilcar, continue pendant huit ans l'œuvre de son beau-père, bâtit Carthagène sur un promontoire, au pied duquel s'ouvre un des plus beaux ports du monde, conclut avec Rome le traité qui fixe l'Èbre comme limite des possessions romaines et carthaginoises, et exploite des mines d'argent qui donnent à Carthage plus de neuf millions par année. En même temps, il attire à lui par la séduction de ses manières et de son langage un grand nombre de chefs barbares. Un coup imprévu l'arrête, comme Hamilcar, au milieu de ses projets. Il avait fait périr en trahison un chef lusitanien : un esclave gaulois de ce chef venge son maître en tuant Hasdrubal au pied des autels. Hannibal, fils aîné d'Hamilcar, est placé à la tête de l'armée et du gouvernement de l'Espagne. C'est de sa main que vont partir les coups les plus rudes qui aient été portés à la puissance romaine.

8.

CHAPITRE X.

Seconde guerre punique. — Hannibal brûle Sagonte, franchit les Pyrénées, traverse la Gaule, passe les Alpes et descend en Italie. — La Trébie, le Tésin, Trasimène. — Dictature de Fabius. — Cannes. — Héroïsme des Romains. — Capoue. — Marcellus. — Carthage abandonne Hannibal. — Siège et prise de Syracuse par Marcellus. — Scipion en Espagne. — Siège de Capoue. — Hannibal menace inutilement la ville de Rome. — Prise de Capoue. — Hasdrubal essaie de joindre ses troupes à celles d'Hannibal. — Entreprise hardie de Claudius Néron. — Victoire des Romains au Métaure et mort d'Hasdrubal. — Hannibal refoulé jusqu'à l'extrémité de l'Italie. — Descente de Scipion en en Afrique. — Bataille de Zama. — Mort d'Hannibal et de Scipion.

La seconde guerre punique, dit Montesquieu, est si fameuse, que tout le monde la sait. » Jamais, en effet, duel plus émouvant et plus dramatique n'eut lieu entre deux cités rivales, et l'enjeu de cette partie sanglante était l'empire de l'univers. Rome a pour champions ses plus illustres capitaines Marcellus, Fabius, Paul Émile, Claudius Néron, Scipion l'Africain ; Carthage n'a qu'un seul jouteur, mais c'est Hannibal, un homme de génie, le plus grand général des temps anciens. Rome essuie les défaites les plus terribles, la Trébie, le Tésin, Trasimène et Cannes, mais elle les venge et les répare toutes par la prise de Syracuse, la victoire du Métaure et celle de Zama.

Hannibal (la faveur de Baal) avait vingt et un ans lorsque mourut son beau-frère Hasdrubal. « Le fils d'Hamilcar, dit Michelet, était né, pour ainsi dire, tout armé ; il avait grandi dans la guerre et pour la guerre. Sorti de Carthage à treize ans, étranger à cette ville, nourri, élevé dans le camp, formé à cette rude guerre d'Espagne, au milieu des soldats d'Hamilcar, il avait commencé par être le meilleur fantassin, le meilleur cavalier de l'armée. Tout ce qu'on savait alors de stratégie, de tactique, de secret de vaincre par la force ou la perfidie, il le savait dès son enfance. On s'est inquiété de sa moralité, de sa religion, de sa bonne foi. Il ne se peut guère agir de tout cela pour le chef d'une armée mercenaire. Il ne faut pas chercher un homme dans Hannibal : sa gloire est d'avoir été la plus formidable machine de guerre dont parle l'antiquité. »

Dès qu'il a le commandement de l'armée espagnole, le jeune Hannibal, doué d'une admirable nature de soldat et d'une trempe incomparable de caractère, songe à exécuter les larges vues de son père. Mais avant d'aller attaquer Rome au cœur de l'Italie, il s'assure des barbares de l'intérieur de l'Espagne. La victoire, qu'il remporte auprès du Tage sur les Olcades, les Carpétans, et les Vaccéens, lui permet, au printemps de 219, d'aller mettre le siége devant Sagonte, ville alliée des Romains. Les Sagontins résistent pendant huit mois. Forcés de capituler, ils élèvent un immense bûcher sur la place publique et y périssent avec leurs familles et leurs richesses par le fer et par le feu. Les soldats d'Hannibal, en rentrant dans Sagonte, ne trouvent à piller que des ruines. Les Romains s'étaient émus du désastre de Sagonte. Une première députation demande aux sénateurs carthaginois qu'on livre Hannibal, violateur des traités ; une seconde, si c'est de leur aveu que leur général a ruiné une ville romaine en pleine paix. Le sénat de Carthage fait une réponse évasive. Alors Quintus Fabius, relevant un pan de sa toge : « Je vous apporte ici, dit-il, la paix ou la guerre ; choisissez. — Choisissez vous-même, » répondent les Carthaginois. Fabius laissant retomber sa toge : « Je vous donne la guerre, » s'écrie-t-il. — et les Carthaginois : « Nous l'acceptons et nous saurons la soutenir. » (219.)

Les événements se succèdent dès lors avec une sorte

de continuité logique, comme une tragédie dont chaque acte conduit au dénouement. A l'ouverture de la saison militaire de 218, Hannibal réunit sous Carthagène toutes les troupes composant son armée, à savoir : quatre-vingt-dix mille hommes d'infanterie, douze mille chevaux et trente-sept éléphants : les deux tiers de ses soldats sont Africains, le reste Espagnols. Arrêté tout d'abord par les peuplades voisines de l'Èbre, il les écrase, arrive aux Pyrénées, les franchit sans difficulté, se fraie un chemin à travers la Gaule méridionale dans la région de Narbonne et de Nîmes, et arrive près du Rhône en face d'Avignon. Le Rhône passé, grace à l'opposition tardive d'une division de l'année romaine commandée par Scipion, Hannibal entreprend le mémorable passage des Alpes. On était au mois d'octobre : la neige cachait les routes : les glaces éternelles s'élevaient au-dessus des forêts de sapins. L'armée de Carthage est saisie de terreur : ces soldats ignorants croient que les montagnes touchent le ciel et leur opposent un mur impénétrable. Hannibal, leur présentant des voyageurs qui les avaient franchies, les rassure par son sang-froid, son autorité et la connaissance qu'il a ou qu'il paraît avoir du passage à travers lequel il a entrepris de les conduire en Italie. Était-ce le Mont Cenis ou le Petit Saint Bernard ? La question est indécise. La science moderne penche pour le Petit Saint Bernard. Hannibal, après avoir traversé le massif déprimé, nommé l'île des Allobroges débouche dans le haut val de l'Isère, passe la dent du Chat, descend vers le lac du Bourget, se repose dans la vallée de Chambéry, puis il côtoie l'Isère, gagne par un étroit défilé le col du Petit Saint Bernard, atteint la Roche Blanche et fait halte sur ce haut plateau. Ses soldats qui avaient lutté contre les montagnes et les montagnards par des chemins impraticables, des pics glacés, des ravins en précipices, commençaient à perdre courage. Il les fortifie par son exemple, son espérance inaltérable, ses paroles fermes et convaincues: Ils avaient grand besoin de patience et de force. On avait devant soi la descente ; mais le revers italique des Alpes est plus raide et plus court que l'autre. La neige fraîche, en couvrant les bords de la Doire, avait détruit toute trace de sentiers. Hommes et animaux s'égarent, perdent pied, roulent dans les abîmes. L'infanterie passe; mais les éléphants et les chevaux sont arrêtés : il faut tailler un chemin dans le roc vif, en employant le fer et le feu. Enfin, le quinzième jour, l'armée, diminuée de plus de moitié et privée entièment de bêtes de somme et de trait, arrive dans la haute Italie. Vingt-quatre jours de repos et de bons soins dans la plaine d'Eporedia, sur le territoire des Salasses, refont les soldats épuisés par les privations et par d'épouvantables fatigues.

Rome était alors dans toute sa force guerrière. Elle pouvait mettre sur pied de nombreuses armées. Aussi le premier plan du sénat avait-il été de porter la guerre en Afrique, d'envoyer une seconde armée en Espagne, une troisième dans la Gaule Cisalpine. La célérité d'Hannibal oblige Rome à rappeler la première armée arrivée déjà en Sicile. Sans attendre des renforts, le consul Publius Scipion, qui commandait l'armée d'Espagne et qui était arrivé trop tard pour arrêter Hannibal au passage du Rhône, revient de Massalie en Italie, traverse le Pô et marche contre les Carthaginois en remontant la rive gauche. Hannibal opérait son mouvement en avant. La cavalerie africaine, qui descendait le fleuve, rencontre la cavalerie romaine dans une plaine située entre le Tésin et la Sesia, près de Verceil (218). Malgré son courage, Scipion, inférieur en nombre, est vaincu, blessé, et il eût été tué sans le dévouement de son fils âgé de dix-sept ans, qui dégage le consul l'épée au poing. « Ce jeune homme, dit Florus, est le Scipion qui croît pour la ruine de l'Afrique, et qui tirera son nom des malheurs de ce pays ! »

L'armée romaine se retire sur la rive droite du Pô et se porte vers les collines au pied desquelles coule la Trébie. Là, le second corps venu de Lilybée, sous la conduite de Tiberius Sempronius Longus, se réunit à celui de Scipion, malade de ses blessures, et forme un total de quarante mille hommes. Hannibal, encouragé par son premier succès, par la révolte contre Rome de plusieurs tribus gauloises et par la vanité présomptueuse de Sempronius, lui offre la bataille. La journée était froide et pluvieuse, les soldats romains mourants de faim et harassés de fatigue. Sempronius ne les conduit pas moins au combat. Une défaite terrible punit son imprudence. Trente mille Romains sont tués, et Hannibal ne perd qu'un petit nombre de soldats (218). La Gaule Cisalpine se déclare tout entière pour le général carthaginois, qui se trouve à la tête de quatre-vingt-dix mille hommes.

Hannibal songe alors à passer l'Apennin. Au mois de mars 217, quoique battu, par un affreux ouragan, il en traverse les âpres défilés de manière à déboucher dans la contrée située entre l'Auser et l'Arno. Il y pénètre en effet ; mais il la trouve inondée par la fonte des neiges et les pluies du printemps. Pendant quatre jours et trois nuits, les soldats marchent dans la vase et dans l'eau jusqu'à la ceinture. Leurs souffrances sont inouies. L'infanterie gauloise, découragée, prête à se mutiner, aurait peut-être déserté en masse, si Magon, frère d'Hannibal, fermant la marche avec la cavalerie, n'eût empêché toute tentative de fuite. Les chevaux périssent, la maladie décime les hommes. Hannibal, monté sur le seul éléphant qui lui reste, se tire à grand peine de la fange et perd un œil par la fatigue des veilles et l'humidité des nuits Il parvient cependant où il veut arriver, devant Arretium. Là, il feint d'éviter une rencontre avec l'armée de Flaminius, qui se met à sa poursuite. Hannibal secondé par Magon, attire le consul sur un champ de bataille habilement choisi. C'était un défilé étroit, dominé des deux côtés par de hauts rochers : une colline surplombe à la sortie ; à l'entrée s'étend le lac de Trasimène, avec les joncs de ses marais. Un brouillard épais dérobe aux Romains leurs ennemis postés sur la colline du fond et sur les hauteurs du défilé. Les légions s'engagent dans cette impasse qu'ils croient libre. Ce ne fut pas un combat. Enveloppés de tous côtés par les troupes de Magon et d'Hannibal, les Romains, leur consul en tête, sont massacrés ou précipités dans les eaux du lac. Il en périt quinze mille : quinze mille sont faits prisonniers. Tel fut l'acharnement des combattants qu'ils ne s'aperçurent pas d'un tremblement de terre qui, dans ce moment même, détruisit des villes, renversa des montagnes et fit refluer des rivières (217). Hannibal passe dans l'Ombrie, attaque inutilement la colonie romaine de Spolète, et, ne voyant aucune ville se déclarer pour lui, attend pour marcher sur Rome que ses troupes se soient refaites dans le riche pays du Picenum.

À Rome, le peuple est saisi d'épouvante en apprenant le désastre de Trasimène : le sénat conserve son calme et songe à faire face au danger. On se prépare à une lutte extrême, on abat les ponts du Tibre et on nomme dictateur le froid et prudent Fabius Maximus. Après avoir demandé le secours des dieux par un lectisternium, le dictateur, accompagné de son maître de la cavalerie, le pétulant Minucius, réunit sous ses ordres l'armée d'Ariminium avec deux légions de formation nouvelle, et se porte bientôt sur les flancs d'Hannibal. La tactique de Fabius embarrasse singulièrement le chef carthaginois. Résolu à ne rien abandonner au caprice de la fortune et à ne se fier qu'à la prudence, Fabius se tient constamment sur les hauteurs, temporisant avec une lenteur calculée, se glorifiant du surnom de *Cunctator*, usant les forces de son ennemi qui se raille avec amertume, mais en vain, de son pédagogue et de cette armée « cachée dans la nue à l'ombre des bois, comme un troupeau qu'on mène paître l'été sur la montagne. » Cependant le parti belliqueux de Rome finit par se lasser de cette prudence flegmatique, qui laisse l'incendie dévaster les belles campagnes de Falerne et la ruse Carthaginoise lui en imposer par un grossier stratagème. Hannibal, enfermé dans un bois en Campanie, s'était échappé des mains de Fabius en lachant la nuit dans la montagne des bœufs portant aux cornes des fagots enflammés. Les mécontents font accorder à Minucius des pouvoirs égaux à ceux du dictateur. Minucius en profite pour liver à Hannibal un combat où il aurait péri, si Fabius ne fût arrivé à son secours. Fabius persiste plus que jamais dans son système de temporisation. Cependant l'armée finit par s'irriter de cette inaction méthodique : elle brûle de sortir de la défensive. Deux consuls avaient remplacé le dictateur : l'un Paul Émile, élu par les patriciens, admirateur et élève de Fabius; l'autre Terentius Varron, fils d'un boucher, choisi par les plébéiens, et déterminé à lutter quand même contre Hannibal.

Hannibal était en Apulie. Au printemps de 216, il prend l'offensive et s'empare du bourg de Cannes, où les Romains avaient leurs principaux approvisionnements. Paul Émile et Varron, à la tête de soixante-seize mille hommes de pied et de six mille cavaliers, ont l'ordre formel de combattre l'armée carthaginoise, forte de quarante mille hommes et de dix mille chevaux. La rencontre a lieu près d'un bourg de l'Apulie, inconnu jusque-là ; mais cette quatrième blessure, près d'être mortelle pour Rome, sauve de l'oubli le nom de Cannes « devenu trop fameux, dit Florus, par le carnage de quarante mille Romains. » « Là, continue l'historien latin, tout semble concourir à la perte de notre malheureuse armée, le général ennemi, la terre, le ciel, l'air, la nature entière. Non content d'avoir rempli notre camp de faux transfuges qui massacrent nos soldats par derrière, le rusé carthaginois, observant le champ de bataille, reconnaît que c'est une vaste plaine, brûlante et poudreuse, où souffle périodiquement un vent d'Orient. Il range donc son armée de manière à laisser aux Romains tous les désavantages de la position; et, comme s'il eût disposé du ciel même, il se donne pour auxiliaires le vent, la poussière et le soleil. Deux grandes armées sont taillées en pièces : l'ennemi s'assouvit de carnage : Hannibal même est obligé d'ordonner aux siens d'épargner les vaincus. Des deux consuls l'un fut tué, l'autre survécut; et l'on ne sait lequel montra la plus grande ame : Paul Émile eut honte de vivre, Varron ne désespéra pas. Les ondes de l'Aufide longtemps sanglantes, un pont de cadavres élevé sur le torrent de Vergelles, les anneaux de nos chevaliers envoyés en deux boisseaux à Carthage et les pertes de l'ordre équestre estimées à cette étrange mesure furent les témoignages de notre défaite (216). En réalité, ce fut la tactique savante d'Hannibal qui gagna la bataille. Attirés sur un coin mince de Gaulois placés en tête de l'armée punique, les carrés romains se trouvent enveloppés, après un premier succès, dans le croissant des ailes carthaginoises qui se replient en cercle, et d'où pas un ennemi ne peut échapper. Jamais peut-être armée aussi nombreuse ne fut aussi complétement anéantie sans pertes sensibles pour le vainqueur. La bataille de Cannes n'avait pas coûté à Hannibal plus de six mille hommes, dont les deux tiers étaient des Gaulois tombés sous le premier choc des légions. Mais des soixante-seize mille Romains mis en ligne, soixante-dix mille gisent à terre, et, parmi eux, le consul Paul Émile, le proconsul C. Servilius, les deux tiers des officiers supérieurs et quatre-vingts personnages de rang sénatorial. Varron, grâce au parti qu'il avait pris de fuir et à la vigueur de son cheval, s'était réfugié à Venouse avec quelques cavaliers. La garnison du grand camp, comptant dix mille hommes environ, tombe presque tout entière dans les mains des Carthaginois. Quelques milliers de soldats, échappés du camp ou de la bataille, vont s'enfermer dans Canusium.

En présence de cette affreuse boucherie, Rome, selon la belle expression de Montesquieu, « fut un prodige de constance. » Elle fut sauvée par sa puissante organisation politique et militaire. Le sénat, et c'est là pour lui un titre d'honneur impérissable, s'élève à la hauteur de la grande tâche qui lui est imposée. Faisant taire toutes les récriminations, toutes les haines de parti, il songe, avant tout, à rétablir l'union et la confiance, à rendre le courage aux citoyens, l'espérance aux soldats. Sous l'inspiration généreuse de Fabius, les sénateurs vont au-devant de Varron, qui rentrait dans Rome, et le félicitent, sans jactance et sans ironie, de n'avoir pas désespéré de la République. On interdit à la foule de se rassembler aux portes, on limite le deuil à trente jours, on arme les adolescents, les débiteurs, les criminels, les esclaves, on réorganise les débris de l'armée sous les ordres de deux braves tribuns militaires, Appius Claudius et Publius Scipion, fils du vaincu du Tésin. On place ensuite ces troupes sous le commandement du proconsul Marcellus, qui s'était illustré par son duel avec un brenn Gaulois, et qui, robuste de corps, prompt de la main, ami des combats, avait à la fois de l'expérience et de la fougue, de la prudence et de l'élan. En un mot, on fait mieux que d'organiser la défense, on prépare la victoire.

Ces mouvements n'échappent pas à la sagacité pénétrante d'Hannibal. Ce qui caractérise surtout ce grand homme, c'est la netteté de ses vues, son coup d'œil pratique et précis. Après tous ses succès et la journée de Cannes, il n'est nullement ébloui, il ne se fait aucune illusion. Il ne se dissimule pas que ses triomphes l'affaiblissent, et que, s'il ne reçoit des secours d'hommes et d'argent, la proie qu'il a saisie dans ses ongles finira par lui échapper. Quelques historiens, plus rhéteurs que clairvoyants, lui reprochent de n'avoir pas marché sur Rome après Cannes, d'avoir su vaincre et de n'avoir pas su profiter de la victoire, d'avoir conduit son armée à Capoue, où elle s'amollit dans les délices des quartiers d'hiver. Le bon sens de Montesquieu a fait justice de ces déclamations. Les alliés de Rome, faisant cause commune avec elle, ses colonies, ses municipes, demeurés fidèles à la mère patrie, montrent au chef carthaginois la situation réelle. Il ne perd donc pas son temps à marcher inutilement sur Rome, mais il songe à s'établir solidement dans la Campanie, dont la capitale s'était déclarée pour lui, d'y refaire ses soldats, d'attendre des renforts d'Afrique, et de tenir tête à Marcellus et à ses collègues. Il était dans le vrai.

Trois armées romaines entrent en Campanie, au printemps de 214. Marcellus s'appuie sur Nola et Suessula, comme front d'attaque ou de défense. Le consul Tiberius Sempronius Gracchus se place à Liternum, sur la côte tyrrhénienne, pour couvrir Naples et Cannes. L'autre consul, Fabius Maximus, se porte à Calès, sur la rive droite du Vulturne. Ces deux derniers chefs ont pour plan d'envelopper Capoue et Hannibal. La fortune revien aux légions romaines conduites avec résolution, mais avec prudence, par le *bouclier de Rome* Fabius et par son *épée* Marcellus. Gracchus joue aussi un rôle important. Il bat les Campaniens qui se sont avancés pour surprendre Cumes, facilite à Marcellus une grande victoire près de Nola (214), et remporte celle de Bénévent avec des *légions d'esclaves* (214). Hannibal se sent menacé et incapable de se porter désormais en avant. Si l'Afrique, l'Espagne, la Sicile, la Macédoine, unissaient contre Rome leurs forces combinées, il pourrait soulever ou combattre le Latium et Rome succomberait isolée, épuisée, vaincue. Mais l'élan belliqueux que les Carthaginois avaient montré après Cannes, fait place aux calculs de l'inertie ou aux délais de l'insouciance. La faction hannone reprend le dessus et se déclare contre une guerre entreprise sans sa volonté et sans son concours actif. Peut-être aussi craignait-elle qu'Hannibal, vainqueur des Romains, ne revînt asservir sa patrie. A la demande de subsides que Magon, envoyé par son frère, fait au sénat de Carthage, Hannon répond : « Si Hannibal exagère ses succès, il ne mérite pas de secours ; s'il est vainqueur, il n'en a pas besoin. » On finit pourtant par lui envoyer, comme une aumône ou comme un aliment à la guerre qui tient son ambition éloignée de Carthage, un peu d'argent, quatre mille Numides et quarante éléphants.

En Espagne, Hasdrubal, frère d'Hannibal, est trop occupé de se défendre contre les Scipions pour détacher des renforts en Italie. La nation des Celtibères et d'autres peuples considérables s'attachent à la fortune des généraux romains, qui, vainqueurs à Illiturgi et à Intibili, occupent les passages des Pyrénées et trouvent dans les Massaliotes de *zélés* gardiens des côtes de la Gaule.

En Macédoine, Démétrius de Pharos, chef des colonies romaines d'Illyrie, abandonne ses alliés pour Hannibal, et négocie un traité avec Philippe V, qui promet de jeter une armée sur la côte orientale d'Italie. Mais la mollesse du roi de Macédoine ne sert qu'à provoquer contre lui la colère vengeresse des Romains.

En Sicile, Hiéronyme, successeur d'Hiéron, s'était déclaré pour Carthage, mais la mort de ce jeune étourdi et la prise de Syracuse sont autant de coups portés à la situation déjà périlleuse d'Hannibal. C'est Marcellus qui a le triste honneur de s'emparer de cette cité, la plus riche et la plus populeuse de la Sicile, de la livrer au pillage et d'en transporter les dépouilles à Rome, après un siége de deux ans, prolongé par la résistance du célèbre inventeur Archimède, qui périt dans le massacre (212). Ce succès des armes romaines est compensé par de cruels revers. Tarente est prise par Hannibal. Sempronius Gracchus est tué dans une bataille contre Magon, en Lucanie. En Espagne, les deux proconsuls Cneius et Publius Scipion, habiles capitaines, excellents administrateurs, après avoir noué des intelligences avec Syphax, roi de Numidie, allié de Carthage, sont tués l'un après l'autre en combattant contre trois chefs carthaginois, Hasdrubal, fils d'Hamilcar, Hasdrubal, fils de Giscon, Magon, frère d'Hannibal, et le numide Masinissa (213, 212). Un chevalier romain, Caius Marcius, lieutenant et ami des Scipions, recueille les débris de leur armée et les maintient en sûreté jusqu'à l'arrivée de leurs nouveaux chefs, d'abord le propréteur Claudius Néron, puis le consul Publius Cornelius Scipion.

Il semble, au moment où ce jeune officier, de vingt-sept ans à peine, vient venger son père et son oncle, que tout change de face dans la péninsule espagnole. La prise de Carthagène, brillamment enlevée, donne aux Romains dix-huit galères, soixante-trois navires de charge, d'immenses approvisionnements, plus de six cents talents, un grand nombre d'otages espagnols, alliés de Carthage, et dix mille prisonniers (209). L'Espagne citérieure et ultérieure, jusqu'à Gadès, se soumettent au vainqueur, qui remporte à Bœcula une importante victoire sur Hasdrubal (208).

De leur côté, les troupes d'Italie pressent le siége de Capoue. Elles y mettent un acharnement redoutable pour cette ville rebelle et significatif pour Hannibal. Voulant opérer une diversion en faveur des assiégés, et dégager son alliée, le chef carthaginois se dirige sur Rome. Mais, d'après les conseils de Fabius, le sénat se contente de détacher de l'armée campanienne un corps qui éclaire la marche d'Hannibal. Celui-ci, gagnant de vitesse, arrive sur les bords de l'Anio; mais le consul Fulvius l'a prévenu et est entré dans Rome pour la défendre d'un coup de main. La terreur y était grande. Hannibal, suivant une tradition italienne, avait établi son camp à quatre lieues de la ville, presque au sommet du mont Cavi, sur un plateau assez étendu, qui fut jadis un cratère. On l'appelle encore de nos jours le camp d'Hannibal. C'est un demi-cercle, dont le diamètre est entièrement dégagé, avec vue sur toute la campagne, et dont la partie circulaire est bordée d'un amphithéâtre de collines boisées. De là, le vainqueur de Cannes, suivi d'une troupe de cavaliers, fait une reconnaissance sous les murs mêmes de Rome, depuis la porte Colline jusqu'au temple d'Hercule. On croit déjà voir l'étendard carthaginois planté au milieu de Subura et les Numides descendre les pentes de l'Aventin. Fulvius s'écrie qu'on ne peut souffrir cette chevauchée insolente. Une vigoureuse sortie refoule la cavalerie carthaginoise. Le lendemain, Hannibal offre la bataille aux Romains, mais deux jours de suite une pluie torrentielle, mêlée de grêle, empêche les armées de se joindre. Hannibal, jugeant inutile la diversion faite en faveur de Capoue, retourne vers cette ville, que la faim et les discordes intestines livrent aux consuls Appius et Flaccus (211). Vingt-sept sénateurs, entraînés par les paroles énergiques et par l'exemple de Vibius Virrius, s'empoisonnent pour ne pas tomber vivants entre les mains de leurs sanguinaires vainqueurs. Cinquante-trois meurent sous la hache du bourreau. Les citoyens sont réduits à l'esclavage et leurs biens donnés à des étrangers. Tous les trésors de Capoue sont transportés à Rome et ses droits civiques pour jamais anéantis.

La chute de Capoue et le châtiment qui la suit produisent partout une impression profonde. L'ascendant d'Hannibal, le prestige de ses victoires diminue chaque jour. Tarente, qui avait tenu longtemps contre le vieux Fabius, lui échappe et donne aux Romains une nouvelle occasion de montrer comment ils traitent leurs sujets révoltés. Tout ce qui leur tombe entre les mains, citoyens ou soldats, est passé au fil de l'épée; les maisons sont pillées, trente mille Tarentins vendus comme esclaves, trois mille talents versés dans le trésor public (209). Ni la mort de l'octogénaire Fabius, ni celle de Marcellus, tué dans une embuscade, ne peuvent, aux yeux d'Hannibal, compenser les pertes qu'il subit sans être en état de les réparer.

Ses espérances se tournaient encore vers l'Espagne. Quoique vaincu par Scipion, son frère Hasdrubal avait passé les Pyrénées avec tout l'argent et tous les hommes dont il avait pu disposer, et il se hâtait d'opérer sa jonction en Italie avec Hannibal. Des lettres où il annonce le point de cette jonction à Narnia tombent entre les mains du préteur L. Porcius. Rome est au comble de l'effroi. Quels dieux seront assez propices pour la sauver? Voilà deux guerres puniques à soutenir, deux Hannibal à combattre! Le consul Claudius Néron campait en Apulie, devant Hannibal, et Livius Salinator était posté dans l'Ombrie, prêt à lui barrer la route du nord. Claudius Néron conçoit un dessein des plus audacieux et le plan d'une des campagnes les plus mémorables de cette guerre. Il détache six mille hommes de son armée en présence d'Hannibal, qu'il parvient à tromper, part de l'extrémité méridionale de l'Italie pour aller joindre son collègue, arrive à Sena, après six jours de marche forcée, unit ses troupes à celles de Livius et offre la bataille à Hasdrubal, qui allait passer le Métaure. Hasdrubal veut éviter le combat et défile sur le flanc des Romains, mais il s'égare, abandonné par ses guides, et il essuie une défaite complète. Voyant la bataille perdue, Hasdrubal se fait tuer bravement (207). Le lendemain, Néron retourne à son poste en Apulie et fait jeter dans le camp d'Hannibal la tête sanglante d'Hasdrubal. C'était répondre par un acte cruel à la conduite généreuse du chef carthaginois qui avait rendu les honneurs funèbres à Gracchus et à Marcellus. Mais la haine est aveugle et barbare. On dit que, en voyant la tête livide et ensanglantée de son frère, Hannibal s'écria : « Je reconnais la fortune de Carthage ! » A Rome la joie est extrême, comme l'avait été la frayeur. Lorsque les consuls y rentrèrent à la fin de la campagne, Livius reçut les honneurs du triomphe. Néron, qui n'avait pas eu le commandement en chef, suivait à cheval le char de Livius, et le peuple répétait sur son passage : « Voyez ce cavalier ! En six jours il a traversé toute la longueur de l'Italie, et il a livré bataille en Gaule à Hasdrubal, au moment où Hannibal le croyait campé près de lui en Apulie. Ainsi un seul consul a tenu en échec, aux deux bouts de l'Italie, deux capitaines, deux chefs d'armée, opposant à l'un son génie, à l'autre sa personne. Le nom seul de Néron a suffi pour retenir Hannibal dans ses lignes ; et Hasdrubal, quelle autre cause que l'arrivée de Néron l'a écrasé, anéanti ? Que l'autre consul s'avance donc debout sur un char, attelé de tous les chevaux qu'il voudra ; le vrai triomphe est porté sur un seul cheval ; et Néron, marchât-il à pied, assure à son nom par la gloire acquise dans cette guerre, ou dédaignée dans ce triomphe, un souvenir immortel ! »

Hannibal s'enferme alors dans le pays des Bruttiens, à l'angle de l'Italie. Son plus jeune frère Magon essaie de renouveler la tentative d'Hasdrubal : ses efforts sont inutiles. Carthage comprenait enfin la nécessité de secourir Hannibal, mais il n'était plus temps : Scipion, le conquérant de l'Espagne, le favori du peuple, débarquait en Afrique, avec trente mille hommes, quarante navires de guerre et quatre cents de transport (203). Les Carthaginois s'y attendaient. Ils forment une armée de vingt mille fantassins, de six mille chevaux et de cent quarante éléphants. Lorsque Scipion était en Espagne, il avait espéré, dans une entrevue témérairement cherchée, faire incliner vers l'alliance romaine, Syphax, roi de Numidie ; mais ce roi s'était déclaré pour les Carthaginois, tandis que Masinissa, son rival en amour auprès de Sophonisbe, tenait pour les Romains. L'arrivée de Syphax, à la tête de cinquante mille hommes de pied et de dix mille cavaliers, force Scipion à lever le siége d'Utique et à se retrancher dans son camp naval. Un hardi coup de main le venge de ce revers. Par une belle nuit, il se jette sur le camp des Africains : les huttes de roseaux des Numides sont incendiées en un instant. Les Carthaginois volent à leur secours, mais, dans le même moment, leurs tentes sont aussi la proie des flammes. La fuite les livre aux détachements romains qui les passent au fil de l'épée. On songe alors à rappeler Magon et Hannibal, mais ce rappel est rejeté. Il venait d'arriver des renforts de Macédoine et de Celtibérie. Scipion ne refuse pas la bataille qui lui est offerte dans les *Grands champs,* voisins d'Utique : il est victorieux (203).

A Carthage, le parti de la paix, voyant s'évanouir peu à peu ses espérances, entame des négociations stériles. Le parti de la guerre fait revenir Magon et Hannibal. Magon, battu par les Romains dans le nord de l'Italie et blessé grièvement, meurt avant d'arriver aux côtes de l'Afrique. Hannibal s'arrache, en pleurant de douleur, à cette terre sur laquelle, pendant dix-sept ans, s'étaient exércés son génie et sa haine, et il vient débarquer à Septis, sur le rivage de la Libye qu'il revoyait après trente-six ans d'absence. L'événement, qu'il s'était efforcé de prévenir, s'accomplissait enfin. Rome était en face de Carthage, toute prête à lui dicter ses lois, et Hannibal, qui avait été sur le point d'écraser la rivale de sa patrie, était contraint de traiter avec Scipion. La conférence a lieu près de Zama. « A la vue l'un de l'autre, dit Florus, le vainqueur de l'Italie et le vainqueur de l'Espagne restent quelque temps immobiles, saisis d'une mutuelle admiration, mais ils ne peuvent s'accorder, et la trompette donne le signal. » On combat des deux parts avec un admirable courage. Hannibal paie de sa personne, s'acharnant sur Scipion et sur Masinissa à deux moments décisifs. Chaque fois, il a son bouclier percé de leurs javelots; chaque fois, il jette son adversaire à bas en lui tuant son cheval. Mais les auxiliaires de Carthage, Liguriens, Gaulois, Baléares et Maures, après une résistance opiniâtre, sont forcés de se replier. Les Romains les poursuivent et désespèrent d'enfoncer les vétérans d'Hannibal, noyau solide de son armée, lorsque la cavalerie numide de Rome, commandée par Lælius et par Masinissa, prend à dos cette troupe, la disperse et fixe la victoire (202).

Hannibal s'échappe avec peine, arrive à Hadrumète et ensuite à Carthage. On ne songe point à lui reprocher sa défaite, on l'autorise à faire la paix. Scipion l'accorde aux conditions suivantes : « Les Carthaginois garderont leurs lois et ce qu'ils possédaient en Afrique avant la guerre; mais Rome gardera l'Espagne et les îles de la Méditerranée. Ils livreront les prisonniers et les transfuges, ainsi que leurs éléphants et tous leurs vaisseaux à l'exception de dix galères. Ils ne feront aucune guerre sans l'autorisation du peuple romain. Ils paieront pendant cinquante ans dix mille talents euboïques (près de deux millions). Ils rendront à Masinissa les maisons, terres, villes et autres biens qui lui ont appartenu à lui ou à ses ancêtres. Ils donneront cent otages choisis par le consul entre leurs jeunes citoyens pour assurance de leur fidélité » (201).

C'en est fait désormais de Carthage. Cinq cents vaisseaux carthaginois, livrés à Scipion, et brûlés dans le port même, réduisent en fumée son empire militaire. Il lui reste plusieurs vaisseaux de commerce, avec lesquels elle soutiendra quelque temps sa vie industrieuse; mais Rome ne la laissera durer qu'autant qu'il lui plaira, et déjà même sa ruine est résolue.

Rentré dans sa patrie, vaincu, humilié, mais toujours fier, Hannibal essaie d'en réformer le système politique, agricole et financier; mais la jalousie des Romains et l'inimitié de la faction hannone le forcent à s'exiler de sa ville natale. Il quitte l'Afrique, « cherchant, dit Florus, par toute la terre, un ennemi au peuple romain. » Ni le roi Antiochus, chez lequel il se réfugie d'abord, ni le roi Prusias, qui lui donne ensuite un asile, ne sont capables de s'inspirer de ses conseils, ni de sa haine toujours vivace contre Rome. Le faible Prusias, cédant à l'autorité de Flamininus, consent à lui livrer le fugitif. Hannibal était retiré dans un petit village de Bithynie, nommé Libyssa. Toujours en défiance contre la faiblesse de son hôte et les vengeances de Rome, il avait fait pratiquer plusieurs issues à sa maison. On lui apprend qu'elle est cernée. Voyant qu'il est impossible de fuir, il se résigne à la mort. Les uns disent qu'il s'enveloppa la tête de son manteau et se fit étrangler par un esclave, les autres qu'il avala du poison caché dans une bague (183).

Scipion, débarquant sur la côte d'Italie, après la victoire de Zama, est acclamé par les populations qui se pressent sur son passage et forment par avance le cortége de son triomphe. Ce fut un spectacle magnifique. On y voyait des éléphants, des Numides, le roi Syphax prisonnier. On répétait avec enthousiasme le surnom d'Africain, donné au vainqueur, qui enrichissait le trésor de cent vingt mille livres pesant d'argent.

Mais Scipion n'avait pas triomphé des rancunes que soulevaient contre lui son humeur altière, sa fierté dédaigneuse, son mépris des lois. Il n'avait pas l'âge pour être édile, mais le peuple désire qu'il le soit : « Si le peuple, dit-il, veut que j'aie cet âge, cet âge sera le mien. » Il est nommé consul avant l'âge requis pour aller faire la guerre en Espagne. En Sicile, lorsqu'il se prépare à descendre sur la côte d'Afrique, en dépit du sénat et de Fabius, on lui envoie des députés chargés de faire une enquête. Il les reçoit avec courtoisie, les promène dans les ports et dans les arsenaux, puis, pour toute explication, il fait manœuvrer sa flotte devant eux. Un jour que les questeurs craignaient de violer une loi, en ouvrant le trésor public, Scipion se fait donner les clefs et ouvre le trésor. Son frère Lucius, se préparant à rendre compte des sommes que le roi Antiochus avait dû payer aux Romains, Scipion lui arrache son livre de raison et le déchire en plein sénat. Lucius est condamné à une amende : on le conduit en prison : Scipion, faisant violence aux tribuns, enlève le condamné aux mains de la justice. A la fin, mis en jugement devant le peuple, et sommé de rendre ses comptes, il monte à la tribune : « Romains, dit-il, c'est à pareil jour que j'ai vaincu en Afrique Hannibal et les Carthaginois. Suivez-moi au Capitole et rendons grâce aux dieux. » Où trouver une plus magnifique insolence, un défi plus superbe jeté à la légalité? Devant ces faits on s'étonne moins de l'ingratitude apparente des Romains et de la résolution prise par Scipion de s'imposer un exil volontaire à Liternum. C'est là qu'il meurt dans la retraite, presque dans l'oubli, en prononçant ces paroles acerbes: « Ingrate patrie, tu n'auras pas mes os » (183).

Ainsi disparaissent de la scène historique, vingt ans après leur dernière rencontre, l'Africain Hannibal et Scipion l'Africain. Singulier rapprochement de leur destinée! Ils meurent tous les deux en exil, la même année, comblés de gloire et d'amertume, laissant un sillon à la fois lumineux et sanglant de leur passage, l'un la victoire de Cannes et l'autre celle de Zama.

CHAPITRE XI.

Guerre contre Philippe V, roi de Macédoine. — Asservissement de la Grèce sous le nom d'affranchissement. — Guerre contre Antiochus III, roi de Syrie. — Soumission des Gallo-Grecs, d'Eumène, roi de Pergame, des Étoliens et des Istriens.

APRÈS l'abaissement de Carthage, dit Montesquieu, Rome n'eut presque plus que de petites guerres et de grandes victoires, au lieu qu'auparavant elle avait eu de petites victoires et de grandes guerres. » Quatre puissances pouvaient alors lui résister : la Grèce, la Macédoine, la Syrie et l'Égypte. C'est contre elles qu'elle va tourner successivement ses armes.

Dans la Grèce propre, les nationalités avaient perdu leur force morale ; et le système des fédérations, qui avait créé la ligue achéenne et la ligue étolienne, n'avait pas assez de vitalité pour prévaloir après les deux chefs qui en étaient l'ame, Aratus et Philopœmen. Rome certaine de dominer en Grèce, quand elle aurait soumis la Macédoine, résolut de la frapper et de la ruiner. Le roi de Macédoine, Philippe V, fils de Démétrius II, avait succédé, en 220, à son oncle Antigone Doson. C'était un jeune homme de dix-sept ans, intelligent, spirituel, mais sensuel et déloyal. Pendant les trois premières années de son règne, il fait une guerre victorieuse aux Etoliens, à la demande des Achéens et d'Aratus, dont il devient jaloux et auquel il donne un poison lent. Il s'engage alors dans une guerre avec Rome. Allié d'abord incertain et hésitant des Carthaginois, il perd son temps en combats infructueux sur terre et sur mer, mêlés de scènes de perfidie et de cruautés sauvages, contre les alliés de Rome, Attale, les Rhodiens, les Athéniens. Son général, Philoclès, s'étant mis à ravager l'Attique et à serrer de près la ville d'Athènes, les Grecs implorent la protection du sénat romain, qui porte la question devant l'assemblée du peuple. Repoussée une première fois, la guerre est décrétée (200), et le consul Publius Sulpicius Galba débarque à Apollonie avec deux légions, tandis que Caius Claudius Cento, chef de la flotte, se rend au Pirée pour dégager les Athéniens. Les Romains ont un plein succès. Ils prennent Chalcis d'Eubée, principale place d'armes de Philippe en Grèce et repoussent d'Athènes le roi qui donnait l'assaut, et qui se venge en détruisant les arbres des jardins d'Academus (199).

L'année suivante, il n'est pas plus heureux dans une bataille livrée près des défilés de la chaîne qui sépare la Lyncestide de l'Éordée. L'arrivée de Titus Quinctius Flamininus achève sa ruine. Flamininus est le type de la diplomatie romaine en ces temps-là. Fin comme Ulysse, rusé comme Lysandre, homme d'État et d'action, il a tout ce qu'il faut pour combattre les Grecs avec leurs propres armes. Corneille l'a merveilleusement peint dans *Nicomède*. Soldat sous les ordres de Marcellus, puis gouverneur de Tarente, il avait franchi rapidement les magistratures intermédiaires, telles que la préture et l'édilité, et il était arrivé au consulat avant l'âge de trente ans. Le sort lui assigne la guerre contre Philippe. Il entre en Macédoine, après avoir détaché du parti du roi les Achéens, le tyran de Sparte Nabis et les autres États grecs. Heureuse dans plusieurs combats, l'armée romaine, forte de vingt-cinq mille hommes et d'une bonne cavalerie, rencontre les Macédoniens, par une journée pluvieuse, aux environs de Scotusse, en Thessalie, près des collines nommées Cynoscéphales (têtes de chien), qui gênent et détruisent l'ordonnance de la phalange macédonienne. Ce corps redoutable, où la force de seize mille lances était doublée par son unité compacte, est perdu dès qu'il se rompt. La légion romaine, mobile et divisible, pénètre dans les vides et atteste sa supériorité par la défaite de l'ennemi (197). Philippe n'avait qu'une armée, qu'une bataille à livrer; il est vaincu et demande la paix. Flamininus la lui accorde à condition qu'il reconnaîtra l'indépendance de la Grèce, cédera toutes ses possessions à l'étranger, abandonnera sa flotte, paiera une contribution de mille talents (plus de six millions), et renoncera au droit d'entreprendre la guerre par lui-même. L'époque de la célébration des Jeux isthmiques approchait. Pour flatter la vanité des Grecs, l'adroit Flamininus y fait proclamer avec une solennité pompeuse la délivrance et l'autonomie de la Grèce. L'enthousiasme est à son comble. L'air est tellement ébranlé par les applaudissements et par les cris, que, s'il faut en croire Plutarque, des corbeaux tombent morts dans le Stade. On fait répéter la proclamation du héraut, et les transports redoublent. Flamininus est presque écrasé sous les couronnes et sous les guirlandes. C'était du délire, de la folie. Folie trop réelle, en effet, « joie stupide, » stigmatisée par le bon sens de Montesquieu! Les Grecs ne s'aperçoivent pas qu'ils n'ont fait que changer de maître, et que les Romains, en possession des « trois menottes Démétrias, Chalcis et l'Acrocorinthe, » comprimeront, à leur gré, tout élan national (196).

Au milieu de l'entraînement du monde hellénique vers les soi-disant libérateurs de la Grèce, les Étoliens, peuple dur et farouche, n'avaient pas vu sans ombrage la protection accordée par Rome au tyran de Sparte Nabis. Rome était en lutte avec l'Espagne, où le préteur Marcus Porcius Caton prenait et démantelait quatre cents villes, mais sans réduire le pays. En Gaule, les Boïens et les Ligures soulevaient un *tumulte* qu'on avait peine à réprimer. L'occasion était favorable. Les Étoliens font appel à Antiochus III le Grand, roi de Syrie, fils et successeur de Seleucus Callinicus. Après des alternatives de succès et de revers, ce prince avait fini par rester maître de la Cœlé-Syrie et de la Palestine, enlevées au roi d'Égypte Ptolémée Philopator. L'arrivée d'Hannibal à sa cour le détermine à se rendre à l'appel des Étoliens. Mais il aurait fallu suivre le conseil du vainqueur de

Cannes et porter sans retard la guerre en Italie. Antiochus, au lieu d'agir avec vigueur, passe son temps en fêtes et en plaisir, épouse, à cinquante ans, une jeune Chalcidienne, s'amuse à des banquets sous des tentes d'or et de soie, faisant résonner les flûtes et la lyre, et dépensant des sommes considérables à se procurer des roses en hiver. Il croit faire ensuite un prodige et fermer tout accès au consul M. Acilius Glabrion, en gardant les Thermopyles et en plaçant six cents Étoliens sur les sommets de l'Œta ; mais Caton, alors tribun des soldats, se charge de forcer le passage. Il grimpe, avec une troupe d'élite, sur le rocher du Callidromos, surprend et disperse les Étoliens effrayés. L'armée syrienne tournée est aussitôt vaincue. Ses débris regagnent l'Asie Mineure. Antiochus blessé s'enfuit à Chalcis, puis à Éphèse. Le consul envoie Caton porter lui-même à Rome cette heureuse nouvelle (191).

L'année suivante (190), Antiochus, dirigé par Hannibal, renouvelle les hostilités. Les Romains, commandés par Æmilius Regulus et soutenus par la flotte rhodienne, commencent par remporter une première victoire navale, à Aspendos, en Pamphylie, aux bouches de l'Eurymédon, puis une seconde sous le promontoire de Myonesos, entre Téos et Colophon. Mais ces avantages n'ont rien de décisif. C'est en Asie, dans ses États, que doit être vaincu Antiochus. Le consul Lucius Scipion, frère du vainqueur de Zama, fait débarquer ses légions non loin de Smyrne. Il avait pour lieutenant son frère, Scipion l'Africain. Antiochus lui oppose une armée de quatre-vingt mille hommes, dont douze mille cavaliers ; l'armée romaine, y compris les auxiliaires, n'atteignait pas à la moitié de ce chiffre. Lucius Scipion était malade à Élée : Cn. Domitius prend le commandement à sa place. La rencontre a lieu près de Magnésie, au pied du mont Sipylos, en Lydie, dans la vallée de l'Hermus. Une pluie torrentielle la rend meurtrière pour les Syriens, s'il est vrai qu'il y périt de leur côté cinquante mille hommes. Les Romains n'en perdent que trois cents.

Antiochus défait, forcé de fuir, abandonné de tous les siens, achète la paix en livrant ses possessions européennes et celles des pays de l'Asie Mineure, en deçà du Taurus. Il paie, en outre, une contribution de guerre de trois mille talents (plus de dix-huit millions) (190). Lucius Scipion reçoit le surnom d'Asiatique. On dit qu'Antiochus, lâche et dernier descendant des Séleucides, prit gaiement la perte de son empire, et qu'on l'entendit même un jour savoir bon gré aux Romains qui l'avaient débarrassé d'un aussi lourd fardeau. A peu de temps de là, il va piller le temple de Bel à Élymaïs, sur le golfe persique : il comptait remplir ses coffres vides : le peuple furieux le tua (187).

Les Celtes d'Asie Mineure, Gallo-Grecs ou Galates, avaient prêté leur appui à Antiochus. Rome envoie contre eux le consul Cn. Manlius Vulso. Ces Gallo-Grecs étaient une sorte de métis, qui avaient perdu sous le climat énervant de l'Asie la mâle énergie et la fougue traditionnelle de leur race. Leur tribu occidentale, les Tolistoboïes, s'était cantonnée sur le mont Olympe. Une autre peuplade, les Tectosages, s'était réfugiée un peu plus vers le centre, sur les hauteurs de Magaba. Les frondeurs et les archers romains les poursuivent dans ces retraites et en font un affreux carnage. Ce qui resta des deux tribus s'enfuit vers le fleuve Halys, chez une troisième tribu galate, les Trocmes. Manlius Vulso ne les poursuit pas au delà de cette frontière, laissée à Antiochus (189).

Pendant que les rois ennemis de Rome sont battus et détrônés, d'autres reçoivent le prix de leur fidélité. Eumène II, roi de Pergame, fils et successeur d'Attale Ier, hérita de son père l'alliance et l'amitié des Romains. Ils lui donnent un empire d'une vaste étendue, les deux Phrygies, la Lydie, l'Ionie et la Chersonèse, dont les richesses permettent à ce roi de satisfaire son goût pour les arts et les sciences et de fonder une bibliothèque qui rivalise avec celle d'Alexandrie.

Les Étoliens se débattent encore sous l'étreinte de Rome. Au printemps de 189, le consul Marcus Fulvius

Nobilior force la ville d'Ambracie à capituler et impose aux vaincus une rançon considérable. Samé s'était de nouveau révoltée, les Romains s'en emparent et vendent toute la population comme esclave.

Les Istriens avaient soutenu les Étoliens. On leur déclare la guerre. Ils ont d'abord le dessus et emportent le camp de Cn. Manlius; mais, tandis qu'ils se plongent dans l'ivresse, Appius Pulcher les surprend, en fait un grand massacre et garde prisonnier leur roi Apulon, jeté sur un cheval, la tête chancelante et appesantie par les fumées du vin. La fondation d'Aquilée les tient pour jamais en respect (177).

CHAPITRE XII.

Rome dans l'intervalle de la seconde à la troisième guerre punique. — Caton l'Ancien. — Symptômes d'une révolution à Rome. — Les Bacchanales.

L'EXIL volontaire de Scipion à Liternum n'avait pas eu seulement pour cause l'humeur arrogante et la morgue aristocratique du vainqueur d'Hannibal. La République n'étant plus divisée par les questions d'accès aux magistratures, auxquelles tout le monde a droit, il s'était créé une nouvelle aristocratie qui gouvernait, et le peuple se laissait gouverner. Les armées, appelées plus tard à jouer un rôle prépondérant dans les discordes civiles, n'appartenaient pas encore aux généraux qui les conduisaient à la victoire et au butin. Elles étaient toujours les armées de la République. Mais il s'opérait un changement progressif et manifeste dans les mœurs; et la constitution romaine commençait à s'en ressentir. Avec le contact du monde oriental, les idées grecques envahissent l'Italie, et les Romains de haute naissance, les Marcius, les Fabius, les Valerius, les Quinctius, donnent l'exemple d'un hellénisme, qui, en élevant les intelligences et en les raffinant, devient une distinction politique, dangereuse et mortelle pour l'égalité civile. Les partisans les plus illustres et les promoteurs les plus ardents des idées helléniques appartiennent à la famille des Scipions. La *gens Cornelia*, à laquelle elle se rattachait, était une des plus anciennes et des plus brillantes de Rome. Les Cethegus, les Cinna, les Cossus, les Dolabella, les Sulla en étaient des branches distinctes, mais d'origine commune. Elle avait une grande autorité, une *souveraine influence.* Il n'était donc pas indifférent qu'un de ses membres, celui qui avait rendu les plus éminents services à la République, Publius Cornelius Scipion, inclinât du côté de la civilisation grecque. Il entraînait derrière lui une foule d'imitateurs. Un homme sent alors le danger qui menace la nationalité romaine, et cherche les moyens de le prévenir ou de le combattre. C'est M. Porcius Caton. Sa personnalité emprunte un caractère spécial aux circonstances dans lesquelles il lui est donné de la produire. Aussi n'est-il pas hors de propos de s'arrêter quelque temps en face de cette figure vraiment originale, de ce type du Romain des vieux âges, qui disparaît avec Caton.

Né près d'une charrue, fils de porchers sabins, d'une lignée de bons laboureurs et de vaillants soldats, le teint roux, l'œil gris et avisé du chat, comme son nom l'indique, d'une constitution saine et vigoureuse, Caton est l'homme complet de son époque, orateur, homme d'État, général. La parole étant pour lui un second corps, un outil non-seulement honnête, mais indispensable aux gens d'affaire et d'action, il la cultive, et s'y exerce tout jeune dans les bourgades et dans les petites villes voisines de Tusculum, son lieu de naissance. Il devient ainsi avocat instruit, habile, puis bon orateur. Sa carrière militaire et administrative n'est pas moins remarquable. On le voit faire de glorieuses campagnes pendant les guerres puniques, à Capoue, à Tarente, en Sicile, au Métaure, puis en Espagne, où en trois ans il prend quatre cents villes ou villages, qu'il fait tous démanteler à la même heure. En Sardaigne, il emploie le peu de temps qu'il y demeure à refréner l'usure et à diminuer les frais de représentation extorqués aux alliés par les préteurs. Il défend avec zèle et avec éloquence la cause des Rhodiens. Enfin, aux Thermopyles, il décide la victoire remportée par Acilius Glabrion sur Antiochus. C'est en Sicile, qu'il avait commencé avec Scipion une rivalité qui dura toute sa vie. Simple dans sa manière de vivre, dur envers lui-même, ennemi de toute ostentation, il ne put comprendre ni souffrir ces habitudes de luxe, ces prodigalités, qui, contraires aux principes de l'économie la plus élémentaire, tournent également à la perversion des mœurs et du vrai génie romain. « Qui vole un citoyen, disait-il, va finir ses jours dans les chaînes ; qui vole la République les finit dans l'or et dans la pourpre. » On comprend que, quand il est nommé censeur, il donne carrière à son animosité contre les élégances brillantes, les importations exotiques des Scipions et des Flamininus. Corps et âme de fer, il déchaîne sur eux son humeur farouche, sa langue mordante et libre, sa probité rude et impitoyable, son esprit délié et sa fine bonhomie, son habileté à manier le style et les procédés oratoires. Ses ennemis l'appellent « aboyeur », mais c'est un bon chien de garde. Il veille à ce que la nationalité romaine ne périsse pas victime de la coterie des nobles. Il court sus à tout ce qui est déloyal et bas ; il mord le luxe et la débauche ; il donne la chasse à toute nouveauté qu'il croit une menace pour la grandeur et la dignité de sa patrie. Homme nouveau, laboureur et soldat de la vieille roche, il représente l'opposition faite par les classes moyennes à l'aristocratie hellénisante et cosmopolite. Les femmes seules sont plus fortes que le vieux railleur. Malgré la verte crudité de ses sarcasmes, il ne peut faire triompher la loi Oppia. Il est contraint de rapporter chez lui les foudres inutiles de sa colère, et de laisser aux dames romaines la certitude qu'elles pourront impunément se parer de pourpre, d'or, de pierreries, de bijoux et se promener par la ville, les jours de fêtes et les autres jours, en char ou en litière, sur la voie Appienne ou sur le pont Milvius. Mais cet échec n'empêche point Caton de continuer son œuvre de réformateur, usant, pour combattre l'esprit nouveau et la dégénérescence sociale, des armes de l'écrivain et de celles du magistrat. Son livre des *Origines* rappelle aux Romains leurs glorieuses annales et leur inspire la honte d'être au-dessous de leurs ancêtres ; son traité de la *Chose rustique*, les devoirs et les travaux d'un bon agriculteur. Au moment où la petite propriété va être dévorée par la grande, il trace le code du cultivateur, les principes de s'enrichir au moyen de l'épargne. Il fait voir que la politique guerrière et conquérante de Rome a son point d'appui sur la propriété foncière et que la vieille classe rurale est, pour ainsi dire, le centre de gravité de la constitution romaine. En même temps il combat avec acharnement toutes les illégalités. Il supprime les prises d'eau clandestines, détournées des aqueducs publics, fait démolir les maisons élevées sur les terrains de l'Etat et celles qui empiètent sur l'alignement des rues, pave les réservoirs, nettoie et étend les égouts, construit la basilique Porcia, augmente les revenus du trésor, diminue le prix des charges données à bail, loue à un taux plus élevé les fermes et les perceptions des revenus de la République, et multiplie les colonies pour débarrasser la ville des citoyens pauvres qui ne vivent que d'expédients. En somme, et en dépit de ses adversaires, il fait si bien qu'on lui dresse une statue « pour avoir sauvé l'Etat sur le penchant de sa ruine ». Soutenu ainsi par l'opinion, il harcèle sans relâche ses ennemis contraints enfin de lui céder. Nul doute que Scipion n'ait abandonné une partie qu'il ne pouvait gagner, et qu'il ne se soit retiré avec plus de colère que de dédain, d'une ville qui ne lui semblait pas en état de le comprendre. Certes, ce fut une heureuse fortune pour l'essor intellectuel de Rome d'être pénétrée de l'esprit grec, qui a circulé, qui circule encore dans l'humanité tout entière, mais il fallait payer d'une révolution ce nouveau moyen de suprématie. Scipion croyait à sa patrie assez de force et de santé pour affronter ce brusque changement, Caton la croyait trop malade pour le subir.

Un fait qui prouve que la prévoyance de Caton était raisonnable, c'est la mesure sévère et terrible que prend le sénat contre les Bacchanales. Il ne s'agit plus des idées grecques : le mysticisme sensuel et immoral de l'Orient se glisse dans les mœurs romaines. Titus Sempronius Rutilius ayant proposé à son beau-fils, Ebutius, dont il était le tuteur, de l'initier aux mystères des Bacchanales, culte frénétique de la vie et de la mort, religion de meurtre et de débauche, le jeune homme effrayé croit qu'on en veut à ses jours et révèle tout au consul. Une enquête est ouverte, et l'on découvre que dans la seule ville de Rome sept mille personnes ont trempé dans ces horreurs. Une foule de femmes, qui se trouvent parmi les coupables, sont livrées à leurs parents et exécutées dans leur maison. Ainsi éclatait le germe d'une corruption qui allait tout envahir.

CHAPITRE XIII.

Soumission de la Ligurie et de la Sardaigne. — Guerre contre Persée, roi de Macédoine. — Paul Émile, vainqueur à Pydna. — Son triomphe. — Défaite du roi d'Illyrie Gentius et d'Aristonic. — Dissolution de la ligue achéenne. — Popilius Lænas somme Antiochus Épiphane de sortir d'Égypte. — Destruction de Corinthe par Mummius, de Carthage et de Numance par Scipion Émilien. — Les Romains pénètrent jusqu'à l'extrémité de l'Espagne. — Première guerre des esclaves.

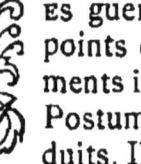

Les guerres qui recommencent sur plusieurs points détournent les esprits de ces événements intérieurs. Les Liguriens, désarmés par Postumius en 283, n'étaient pas encore réduits. Ils étaient dispersés et retranchés dans les vallées et sur les montagnes du nord-ouest de la Cisalpine. Tout ce qui touchait à la rive droite de l'Arno est tué ou pris par Paul Émile. Les Apouans, logés sur l'Apennin, entre l'Arno et la Macra, pillaient et ravageaient sans cesse les territoires de Pise, de Mutine et de Bononia. Ceux que le fer épargne sont emmenés en colonie dans le Samnium, aux environs de Bénévent (180). Les tribus plus occidentales, cantonnées dans l'Apennin génois et les Alpes maritimes, n'offrent pas moins de résistance. Jamais Rome ne vint absolument à bout de ces pirates redoutables. Tout ce qu'elle put faire ce fut de maintenir libre la grande route côtière qui allait de Luna (golfe de Spezzia) jusqu'à Empuries, colonie massaliote de l'Espagne Tarragonaise. Le massif intérieur, formé de vallées impénétrables et de rochers à pic, vrais nids de brigands, avec ses habitants pauvres, alertes et rusés, fut un bon champ d'école pour les soldats et les officiers des légions romaines.

Une expédition dirigée en Sardaigne par Tiberius Gracchus a pour [résultat le massacre de quatre-vingt mille hommes et l'envoi à Rome d'une foule d'esclaves. « Sardes à vendre à bon marché! » devint un cri proverbial (168).

En Macédoine, Persée, fils et successeur de Philippe V, trouvant, à son avénement, le trésor rempli, la population augmentée et la Thrace conquise en partie par son père, songe à venger la défaite des Cynoscéphales. Il réussit d'abord, soutenu par les Thraces, et sont battus près de Larisse. Les Illyriens, les Romains, conduits par des chefs inhabiles, sont battus dans plusieurs rencontres, notamment à Larisse. On se décide, pour en finir, à envoyer contre Persée le consul Lucius Paulus Æmilius, fils de celui qui était mort sur le champ de bataille à Cannés. C'était un général distingué. Il s'était signalé d'une façon éclatante en Espagne et en Ligurie, et, malgré ses soixante-dix ans, il était vif, alerte, robuste. Le 22 juin de l'année 168, Paul Émile range ses troupes en face de celles de Persée, dans les plaines de Pydna. Une éclipse de lune effrayait les légions. Sulpicius Gallus, tribun des soldats et astronome, les rassure en leur expliquant que c'est un présage de victoire. La phalange « cette bête monstrueuse, comme l'appelle Plutarque, dont les dards se hérissaient de tous côtés », rompt l'avant-garde romaine et refoule le corps d'armée jusque sur une colline voisine du camp. Paul Émile, tête grise et vétéran de cent batailles, court dans les lignes sans cuirasse et sans casque, criant, rappelant les fuyards, déchirant sa cotte d'armes. Tout à coup, il lui vient à l'esprit de charger par pelotons. La pression devenant inégale, la phalange cède, ouvre des vides par où les Romains s'introduisent, et périt jusqu'au dernier soldat. Sur quarante-quatre mille hommes, vingt mille se font tuer, onze mille sont environnés et pris. Salius, chef des Péligniens, et le jeune Marcus, fils de Caton et gendre de Paul Emile, se distinguent dans ce combat par leur valeur.

Persée, blessé en luttant avec courage, rentre à Pydna

et passe de là dans l'île de Samothrace. Arraché de cet asile, il se rend à la merci du vainqueur implorant sa clémence et demandant à n'être pas traîné derrière son char, au milieu des insultes de la populace romaine, Paul Émile lui répond par quelques mots, mêlés de sévérité et de bienveillance, et en faisant remarquer à ses jeunes officiers l'instabilité des choses humaines. La Macédoine vaincue cesse de vivre comme nation et ne conserve que le souvenir de son glorieux passé (168).

Le triomphe de Paul Émile, le plus splendide qu'on eût jamais vu, dure trois jours : long cortége de tableaux, de statues colossales, de trophées d'armes, de trois mille hommes portant l'argent monnayé et les vases d'argent, les vases d'or, la monnaie d'or et quatre cents couronnes d'or données par les villes : puis viennent cent vingt taureaux destinés aux sacrifices, et la véritable victime, le roi Persée, vêtu de noir, entouré de ses amis enchaînés et de ses trois enfants, deux garçons Philippe et Alexandre, et une fille, tendant leurs petites mains au peuple pour obtenir sa pitié. Cependant le triomphe de Paul Émile n'est pas sans amertume. Il avait perdu l'un de ses deux fils qui lui restaient cinq jours avant son triomphe : il perd le second trois jours après, et se trouve sans enfants. Sa fille s'était mariée à Ælius Tubéron : ses deux autres fils étaient entrés par adoption dans deux familles sabines. L'un Fabius Maximus Æmilianus, lutte prudemment contre Viriathe; l'autre est Scipion Émilien, le second Africain. Le grand cœur de Paul Émile ne se laisse point abattre par ces coups douloureux. Il adresse au peuple une harangue, où il rend compte de son expédition, et se félicite de ce que la jalousie des dieux ait frappé sa famille plutôt que sa patrie. Il ne tarde pas cependant à rejoindre ses fils dans la tombe. Ses funérailles se font avec une pompe admirable, moins remarquable toutefois par l'or, l'ivoire et l'appareil de la magnificence que par l'affection, le respect et la reconnaissance non-seulement des citoyens, mais encore des ennemis. Tout ce qu'il y avait à Rome d'Ibères, de Ligures, et de Macédoniens assistent à ses obsèques. Les jeunes gens mettent le lit mortuaire sur leurs épaules et le portent au bûcher : les vieillards suivent, en appelant Paul Émile le bienfaiteur et le sauveur de la patrie. Les *Adelphes* de Térence, le chef-d'œuvre du comique latin, sont représentés aux jeux funèbres célébrés en son honneur. A peu de temps de là, (166) Persée, toujours prisonnier, meurt sur les bords du lac Fucin. Son fils Philippe et sa fille meurent également. Alexandre, qui survit, devient habile tourneur, et finit par exercer la profession de scribe dans la ville d'Albe. Dix-sept ans après la bataille de Pydna, un prétendu fils de Persée, Andriscus, foulon d'Adramitte, lève le drapeau de la révolte et trouve des partisans : vaincu par Cæcilius Metellus, il orne le triomphe du vainqueur, et la Macédoine est réduite en province romaine (149).

Paul Emile avait traîné derrière son char un autre roi que celui de Macédoine : c'était l'illyrien Gentius. En trente jours, le préteur Lucius Aviscius avait achevé une campagne contre lui. La flotte de ce corsaire est prise, et Scodra, sa capitale, enlevée d'assaut (169).

La chute de la Macédoine entraîne celle des autres états de la Grèce et de l'Orient. Le fils d'Eumène roi de Pergame, Attale III Philométor, prince cruel et bizarre, avait institué le peuple romain son héritier, legs qui prépara de grandes complications au sénat. Un fils naturel du roi décédé, Aristonic, jeune homme entreprenant, soulève les villes en sa faveur, et taille en pièce l'armée du préteur Crassus Mucianus qu'il fait prisonnier et qui est tué par des lanciers thraces. Peu de temps après, vaincu par Perpenna, Aristonic se rend et est jeté dans les fers (130). Pergame devient la capitale de la nouvelle province Asia.

La Grèce, qui avait cru retrouver son indépendance, est déchirée par les intrigues des partis et par la lâcheté des trahisons. Les Romains, choisis pour arbitres, mettent tout en œuvre pour anéantir l'autonomie hellénique et la remplacer par leur domination. Mille nobles achéens, parmi lesquels se trouve le grand historien Polybe, fils de Lycortas, chef éminent de la ligue achéenne, sont cités devant la justice romaine comme coupables d'intelligences avec le roi Persée et retenus dix sept ans en otage, jusqu'à ce que la mort ait réduit leur nombre à trois cents (167).

La basse flatterie du roi Prusias, l'hôte parjure d'Hannibal, provoque dans le sénat, dont il vient implorer l'amitié, un profond mépris pour le monde grec oriental. Se prosternant au seuil de la curie, la tête rasée, avec l'habit et le bonnet d'affranchis, le « tyran de Bithynie » n'a pas honte de s'écrier : « Je vous salue, dieux sauveurs : vous voyez un de vos affranchis prêt à exécuter vos ordres. » Une telle bassesse explique comment les Romains ne gardent plus aucun ménagement à l'égard des princes et des États étrangers.

L'exemple le plus significatif de leurs procédés arrogants est l'injonction hautaine de Popilius Lænas au roi de Syrie Antiochus Épiphane, engagé dans une campagne contre le roi d'Égypte. Popilius vient lui ordonner, au nom du sénat, d'abandonner sa conquête. Antiochus veut délibérer. Alors Popilius, traçant un cercle autour du roi avec la baguette qu'il tenait à la main : « Avant de sortir de ce cercle, dit-il, rendez réponse au sénat. » Antiochus promet d'obéir et sort de l'Égypte. Popilius partage entre les deux frères Philométor et Physcon le royaume qui n'appartenait qu'à l'aîné (162).

Les Achéens, d'abord alliés des Romains, cherchaient à reconquérir leur liberté. Ils reçoivent de Metellus l'ordre de ne plus compter dans leur ligue Lacédémone, Argos, Corinthe et quelques autres villes du Péloponèse. L'indignation du peuple est telle, qu'il massacre les Lacédémoniens qui se trouvaient à Corinthe. Les commissaires romains n'ont que le temps de prendre la fuite. La ligue achéenne, déterminée à périr au moins glorieusement, déclare la guerre à Rome. Elle a pour chef Critolaüs. Les Béotiens et les Chalcidiens s'unissent aux Achéens. Vaincus d'abord par Métellus aux Thermopyles et à Scarphéa, dans la Locride, ils reprennent les armes avec Diæus et sont de nouveau battus à Leucopétra (la roche blanche), à l'entrée de l'isthme de Corinthe, par

Mummius, successeur de Metellus. Sur les hauteurs les confédérés avaient placé leurs femmes et leurs enfants pour les voir vaincre ou mourir : ils leur donnent ce triste et héroïque spectacle. Le barbare et grossier Mummius, poursuivant sa conquête, assiége, prend et détruit l'opulente Corinthe « la belle étoile d'Hellé », le dernier joyau de la Grèce. Un ordre du sénat interdit, avec une exécration, la reconstruction de la ville (146). Le peuple est vendu comme esclave : les tableaux d'Apelle, les statues de Phidias, des vases de tout métal, des richesses et des chefs-d'œuvre de toute espèce sont transportés à Rome. On dit que Mummius, ce vandale romain, ne comprit la valeur d'un tableau célèbre, sur lequel des soldats jouaient aux dés, qu'en entendant le roi de Pergame en offrir cent talents. On ajoute qu'il dit aux entrepreneurs chargés de transporter ces trésors en Italie : « Prenez garde de les gâter ; vous seriez condamnés à les refaire. » C'en est fait de la Grèce ; elle est réduite en province romaine sous le nom d'Achaïe.

La même année, l'heure fatale a sonné pour Carthage et pour l'Afrique. « Carthage, dit Florus, ébranlée par la première guerre punique, est abattue par la seconde, anéantie par la troisième ». Les Carthaginois avaient retrouvé une situation florissante par le commerce et par l'agriculture. Cet essor de prospérité nouvelle éveille la jalousie méfiante des Romains. Le roi des Numides, Masinissa, leur allié, dont la vieillesse toujours verte et haineuse semble prendre plaisir à faire le désespoir des Carthaginois, leur enlève villages sur villages, provinces sur provinces. Carthage envoie des députés à Rome pour vider le différend. Masinissa de son côté, y députe son fils Gulussa. Le sénat nomme une commission chargée d'aller en Afrique régler l'affaire. Caton, qui la préside, se montre si partial, que les Carthaginois refusent d'accepter son arbitrage. Le dur et vindicatif Romain ne leur pardonne pas ce grief. En traversant leur pays, il avait remarqué l'accroissement extraordinaire de la richesse et de la population. Il affecte de craindre que la rivale de Rome ne devienne encore redoutable. A son

diction éternelle avec défense d'y bâtir et d'y semer. Désormais la cité souveraine de la Méditerranée n'est plus qu'un monceau de décombres, où la science moderne n'a pu rencontrer que des fragments de poutres à demi-carbonisées, des morceaux de fer rongés par la rouille et des balles de frondeurs. Où vivait et travaillait un peuple industrieux, actif, en relation avec le monde entier, les esclaves romains ou les bergers numides vont mener paître leurs troupeaux. L'empire carthaginois est transformé en province d'Afrique, et le surnom de second Africain donné à son vainqueur. (146.)

Après Corinthe et Carthage vient le tour de Numance. La chute de la grande cité celtibérienne couronne ce « siècle de ruines. » Malgré les succès de Caton, de Tiberius Sempronius Gracchus et de Publius Cornelius Scipion, l'Espagne n'était pas vaincue. Elle oppose aux exactions des conquérants une résistance intrépide. C'est une guerre interminable : rien ne peut triompher de cette race indépendante et fière. Les mesures les plus perfides et les plus cruelles sont inutiles. En Celtibérie Lucullus, en Lusitanie Galba offrent des terres fertiles aux tribus qu'ils n'ont pu vaincre, les établissent sur le Tage et les massacrent ainsi disséminées. Galba seul en égorge trente mille (151). « Il n'avait pas pu tout tuer, dit Michelet : un homme s'était échappé qui vengea les autres. Viriathe était, comme tous les Lusitaniens, un pâtre, un chasseur, un brigand, un de ces hommes aux pieds rapides, qui faisaient leur vie de la guerre, qui connaissaient seuls leurs noires montagnes (sierra morena), leurs broussailles, leurs défilés étroits, qui savaient tantôt tenir ferme, tantôt se disperser au jour, pour reparaître au soir, et s'évanouir encore, laissant derrière eux des coups mortels et bondissant sur les pics, sur les corniches des monts et par les précipices, comme des chevreuils ou des chamois. » Cette guerre d'escarmouches délivre pour quelque temps la Lusitanie et l'Espagnole occidentale de l'opposition romaine. Viriathe est reconnu roi de toute la Lusitanie. Sa haute fortune n'altère point sa simplicité pastorale. Aucun signe ne le

retour, il laisse tomber de sa robe des figues de Libye : on en admire la beauté : « La terre qui les porte, dit-il, n'est qu'à trois journées de marche de Rome »; et dès lors, il ne prononce aucun discours qu'il n'ajoute en terminant : « Et de plus, je suis d'avis qu'il faut détruire Carthage ». C'est le fameux *Delenda Carthago!* Caton, mort en 149, ne voit pas cette destruction, qui pourtant ne se fait pas attendre.

Quelques sénateurs, entre autres Scipion Nasica, pensaient qu'il fallait conserver cette ville de peur que Rome, n'ayant plus à redouter de rivale, ne s'abandonnât à la mollesse qu'enfante la prospérité. L'autre avis l'emporte. A la faveur des trois factions romaine, numide et barcine, qui divisent Carthage, les Romains interviennent pour terminer les débats. Après avoir, par une subtilité déloyale, promis d'épargner la cité, c'est-à-dire les citoyens et non pas la ville, ils envoient contre elle les consuls Manilius et Censorinus. Utique, qui s'est déclarée pour Rome, leur sert de quartier général. Carthage cherche encore à traiter. On exige d'elle un désarmement complet. Elle livre tout le matériel naval, tous les approvisionnements des arsenaux, trois mille armes de jet, deux cent mille armures. Alors Censorinus déclare que ce n'est pas tout. Le sénat a condamné la ville : elle doit être rasée ; mais les habitants peuvent transporter la cité ailleurs, à quatre lieues au moins de la mer. Les Carthaginois répondent qu'ils mourront plutôt que de subir cette ignominie. Ils appellent les esclaves à la liberté et fabriquent des armes avec tous les métaux qui leur restent : cent boucliers par jour, trois cents épées, cinq cents lances, mille traits. Les femmes coupent leurs longs cheveux pour faire des cordages aux machines de guerre. Quand les consuls arrivent et croient n'avoir besoin que d'échelles pour monter sur des murailles sans défense, ils se trouvent en face de remparts couronnés de catapultes et d'autres engins. Les béliers romains échouent contre cette résistance imprévue. L'armée de la ville, placée sous les ordres d'Hasdrubal, petit-fils maternel de Masinissa, et dont l'incapacité a quelques

distingue du commun des soldats. Chez son beau-père le prince Astolpa, dans l'Espagne romaine, il se lève du riche banquet nuptial, sans avoir touché aux mets exquis ni à la vaisselle d'or, met sa fiancée à cheval et retourne avec elle dans ses montagnes On dirait un héros des temps homériques. Une idée ferme, arrêtée, domine tous ses projets : unir les Lusitaniens et les Celtibériens dans une alliance commune pour sauver l'indépendance espagnole. Il défait successivement cinq préteurs, surprend les Romains occupés au siége d'Érisone, les bat et les rejette sur un rocher où il les tient captifs comme aux Fourches Caudines. Le consul Fabius Servilianus est forcé de conclure un traité « entre le peuple romain et Viriathe » (141). Le sénat le ratifie, mais avec l'arrière-pensée de le rompre à tout prix. Les armées romaines, augmentées de renforts, pressent Viriathe sur deux points à la fois. Il est contraint de négocier à son désavantage. Pendant les pourparlers, trois traîtres, Audas, Ditalco et Minucius vendent sa tête à l'étranger et le poignardent pendant son sommeil (139).

La guerre d'Espagne se concentre alors dans la Celtibérie, autour de Numance, capitale des Arévaques. C'était une cité fortement assise sur une éminence escarpée près du Durius (Duero). Les cruautés et les vexations des Romains avaient poussé les Arévaques à la résistance du désespoir. Couverte par deux fleuves, des vallées âpres et des forêts profondes, Numance n'a de place que pour huit mille guerriers, mais durant dix ans tous les braves de l'Espagne viennent tour à tour renouveler cette population héroïque. Megaravius, leur chef, bat l'inhabile consul romain Quintus Pompeius, malgré la supériorité du nombre. Popilius Lænas n'est pas plus heureux. Mancinus, enfermé dans une gorge de montagnes, est réduit à conclure la paix et à reconnaître l'indépendance des Celtibériens. Mais le sénat refuse sa sanction (137). Mancinus, désavoué, est conduit jusqu'aux avant-postes ennemis, nu, les mains liées au dos et donné en spectacle comme traître à sa patrie. Les successeurs de Mancinus continuent sans plus de succès un siége meurtrier.

Le fer de l'ennemi, la maladie et la faim les déciment tour à tour. Ce sont les mêmes désastres que sous les murs de Carthage. L'espérance de Rome se tourne encore vers Scipion Émilien. Singulière destinée! « Cet homme, dit Michelet, de manières élégantes et polies, tacticien habile et général impitoyable, était par tout le monde l'exécuteur des vengeances de Rome. » Arrivé devant Numance, il rétablit, comme en Afrique, la discipline relâchée des légions, exerce les soldats aux travaux des lignes et les fait marcher et manœuvrer tous les jours. Il avait soixante mille hommes sous ses ordres. Les Numantins lui offrent le combat. Il refuse, et continue les lignes de circonvallation, avec murailles, tours et fossés : la pioche et la bêche ont remplacé dans les mains du soldat la lance et l'épée. Le Durius, enfermé dans l'enceinte romaine et complétement barré, ne peut plus porter de vivres aux assiégés. La faim les contraint à se rendre. Les habitants sont vendus comme esclaves, la ville rasée, et le territoire partagé entre les cités voisines (133).

Au siége de Numance, deux hommes servaient sous les ordres de Scipion et se distinguaient par leur bravoure : c'étaient le romain Marius et le numide Jugurtha. On ne tardera pas à les voir aux prises. En attendant cette lutte, l'Espagne devient tributaire de Rome : tous les pays en deçà et au delà de l'Ebre sont assujettis à son empire et ses armes parviennent jusqu'au détroit de Gadès. « Decimus Brutus, dit *Florus*, passe le fleuve de l'Oubli (Guadalété), si redouté des soldats, parcourt en vainqueur tous les rivages de l'Océan et ne ramène ses légions qu'après avoir vu, non sans être saisi d'une religieuse horreur, non sans craindre d'avoir commis un sacrilége, le soleil se plonger dans la mer et ensevelir ses rayons dans les flots. »

Vers le même temps (138), la première guerre des esclaves éclate en Sicile dans la ville d'Enna. Un esclave syrien, Eunus d'Apamée, appelle ses compagnons à la révolte, en se donnant comme prophète et fils d'un roi. Le riche Damophile est tué, et plusieurs maîtres subissent le même sort. Deux cent mille esclaves se réunissent sous la conduite d'Eunus, qui tient tête durant quatre années à quatre préteurs. Rupilius les assiége dans Enna, les réduit par la famine et les fait mettre en croix.

CHAPITRE XIV.

Culture intellectuelle des Romains à la fin des guerres puniques. — De la langue latine et de sa formation. — Éléments qui la composent. — Premiers monuments littéraires. — Poésie, histoire, éloquence, jurisprudence, beaux arts. — Influence hellénique sur le développement de la culture intellectuelle des Romains.

Les travaux de l'ethnographie et de la philologie moderne ne permettent plus de s'abandonner aux hasards de la conjecture au sujet de la langue que parlaient les premières populations de l'Italie. On ne soutient plus que Noé est venu peupler la péninsule et que le fond de la langue latine est l'hébreu. On ne croit pas davantage que les Italiens ont commencé tout de suite à parler latin et que leur langue dérive immédiatement du grec. Aucune langue ne se crée tout d'une pièce ou par un accord commun. Chacune d'elles procède par des modifications sans nombre. Elles traversent des phases lentes et continues. Le latin a subi la loi propre à tous les idiomes. La fusion progressive des peuples autochtones et immigrants de l'Italie, Illyriens, Etrusques, Osques ou Ombriens, a fini par produire la langue parlée depuis les Alpes jusqu'au golfe de Tarente. C'était un mélange d'illyrien et d'osque, qui, par le dialecte grec, se rattachait au sanscrit; puis d'étrusque et de celte, importés par les colonies du nord de l'Italie; et enfin de grec dorien, mais d'abord en quantité restreinte, introduit par les populations du midi.

Pendant la période des guerres puniques, et surtout après la conquête de la Grèce, Rome commence à sentir s'éveiller en elle et autour d'elle l'esprit littéraire, le goût de la science et des beaux-arts. Jusque-là pour toute littérature, ce peuple pasteur, agricole et guerrier n'avait connu que des chansons de laboureurs ou chants des Frères Arvals, adressés au ciel pour obtenir une bonne récolte; des hymnes Saliens ou Axamenta, chantés par les prêtres de Mars en sautant et en frappant sur des boucliers; des scènes dialoguées ou chants Fescennins, composées en vers saturniens, espèce de prose cadencée, et premières ébauches de l'art dramatique. Des histrions venus d'Étrurie développent ce goût, naturel d'ailleurs à des tribus agrestes, douées du talent de l'improvisation, aimant encore aujourd'hui, à l'époque des moissons et des vendanges, travailler ou danser au son du tambourin et des castagnettes, le corps revêtu de costumes à couleurs éclatantes, la tête chargée de fleurs et de fruits. Ces improvisations, nommées fables Atellanes, se perpétuent jusqu'au siècle d'Auguste. Les chansons rustiques, les vieilles ballades des Osques deviennent le germe de la poésie lyrique et de l'épopée.

Des essais d'histoire et de législation signalent encore cette période de culture primitive; mais il ne subsiste rien des Annales des Pontifes, des Recueils d'oracles, des Lois de Numa, du Droit Papirien, des Traités de paix, d'alliance ou de commerce, que Tite-Live dit avoir péri lors de l'invasion des Gaulois. Quelques fragments de la Loi des XII Tables, l'inscription de la colonne rostrale de Duilius et celle du tombeau de Scipion Barbatus sont à peu près les seuls monuments de ces siècles stériles pour l'histoire de la pensée.

Mais au moment où, avec les trésors de l'art hellénique transportés à Rome des villes conquises, les productions du génie grec semblent ouvrir un nouveau monde à la portion éclairée de la nation romaine, les poètes et les prosateurs éprouvent et manifestent des sentiments et des idées jusqu'alors inconnus. Un parti puissant, ayant à sa tête les Scipions, les Marcellus, les Flamininus et d'autres encore, accueille avec faveur la sagesse, la poésie et les beaux-arts de la Grèce, encourage les savants, les poètes et les artistes de ce pays et cherche à transplanter à Rome les idées et la langue du peuple vaincu. Cette irruption salutaire, cette conquête de la civilisation sur la rusticité fait disparaître les produits grossiers de l'inspiration locale. La littérature romaine manque, il est vrai, d'originalité : son caractère propre est l'imitation ; mais un peuple doué de qualités solides et d'une trempe d'esprit vigoureuse ne peut pas être tellement imitateur, qu'il ne donne à ses copies l'empreinte de sa personnalité, et qu'il ne produise après avoir traduit. Si donc l'esprit positif, guerrier et politique de la race latine est moins favorable que le génie grec aux spéculations philosophiques, aux effusions passionnées de la poésie, à l'expression délicate et profonde des sentiments humains, son idiome rude, énergique, concis et fait pour commander, s'assouplit et s'affine au moment où un commerce étroit avec les colonies doriennes de la Grande-Grèce et de la Sicile en tempère l'âpreté par un heureux mélange avec les dialectes helléniques. Dès lors il se prête plus facilement aux diverses productions de la pensée, surtout à celles qui veulent un style mâle et serré. C'est l'époque où fleurissent Livius Andronicus, Ennius, Nævius Pacuvius, traducteurs d'épopées, de tragédies ou de comédies grecques, auteurs d'hymnes et de poèmes didactiques. Le plus original d'entre eux est Attius, qui s'exerce dans la tragédie nationale, en faisant représenter un *Brutus*. Viennent ensuite Plaute et Térence, qui, sous des masques grecs, représentent des mœurs latines, des caractères et des passions de tous les temps et de tous les pays.

La satire (*satura*), genre que Quintilien considère comme essentiellement latin, est créée ou développée par Caïus Lucilius, poète spirituel, au nez fin, d'une verve intarissable, qu'Horace représente dictant deux cents vers en une heure et se tenant sur un seul pied. Les fragments de ses satires sont une peinture curieuse des mœurs romaines. Les fausses croyances, les passions, les vices et même les vertus, il consigne tout sur ses tablettes de poche, et tant pis pour les avares, les prodigues, les gourmands, les rhéteurs, les sophistes, les hypocrites, les tribuns braillards, les mauvais poètes, les charlatans de toute espèce! Lucilius les harcèle et les frappe de son vers, comme d'une épée nue, au nom du bon sens et de la probité.

Les historiens de cette époque ne sont encore que des annalistes et des chroniqueurs, comme le préteur Cincius Alimentus, qui fut prisonnier d'Hannibal. Quelques-uns cependant suivent une voie moins étroite. Fabius Pictor et Cassius Hemina, remontant aux origines de Rome, essaient d'éclairer les traditions mythologiques de l'Italie. Cœlius Antipater comprend la nécessité d'unir la géographie à l'histoire : il s'enquiert de la diversité des races et des productions propres à chaque pays : il atteste avoir vu un marin, qui, pour son commerce, avait fait par mer le trajet d'Espagne en Éthiopie. Sempronius Asellio, ami et biographe des Gracches, fournit à Plutarque des détails fort intéressants sur les deux grands réformateurs. Claudius Quadrigarius mérite d'être appelé le précurseur de Tite-Live. Caton, dont les *Origines* sont perdues, montre dans son *de Re Rustica* un talent réel d'écrivain et expose la situation agricole de son pays.

L'éloquence et la philosophie prennent l'essor. Caton se distingue par son talent oratoire : les Gracches l'égalent ou le surpassent. Scipion et Lælius comptent aussi parmi les bons orateurs de ce temps. Les doctrines de Zénon et d'Epicure font de nombreux prosélytes, de sorte que, quand les députés grecs Carnéade, Cristolaüs, et Diogène ouvrent, durant leur séjour à Rome, des écoles de rhétorique et de philosophie, ils trouvent des auditeurs capables d'apprécier leur mérite.

L'Italie est la terre classique de la jurisprudence. Une partie du droit romain a passé dans celui des nations modernes. Aussi la patience, l'ordre et la discipline, qui sont les vraies sources de la domination romaine, se manifestent-ils déjà dans les premiers monuments juridiques et législatifs du peuple roi. Les *responsa* des jurisconsultes préparent ce grand corps de lois qu'on appellera plus tard la raison écrite.

Les beaux-arts se développent avec lenteur, mais non sans succès. Les Romains en abandonnaient la pratique aux Grecs ; mais ils en avaient le goût. Quoique le nom de l'architecture toscane indiqué une influence étrusque plutôt que grecque, c'est une forme mixte où le style latin a sa part. Les sept corps de métiers énumérés dans les institutions de Numa, joueurs de flûte, orfévres, ouvriers en cuivre, charpentiers, foulons, teinturiers, cordonniers, potiers, ne peuvent se concevoir qu'avec l'art du dessin et quelques notions de plastique et de céramique. Ainsi, quand l'hellénisme semble faire une invasion soudaine en Italie, il y a, en présence d'éléments essentiellement grecs, une langue et une littérature italiennes, un art italien, romain, qui offrent, outre leur caractère original, une affinité toute prête, des points de contact possibles avec la civilisation hellénique.

CHAPITRE XV.

Lutte des pauvres et des riches. — Tribunat des deux Gracches.

OME arrivée au comble de sa puissance, il ne lui reste plus qu'à décroître : la décadence politique va commencer. La classe moyenne qui servait de pondération à l'aristocratie et à la démocratie ayant été absorbée dans l'une et dans l'autre, l'équilibre se rompt, et la lutte a pour objet non plus l'égalité civile, mais la substitution du pauvre au riche, du prolétaire à l'optimate, de l'homme du peuple à l'homme de la noblesse, de Marius à Sulla, de César à Pompée.

Les premiers coups sont portés à la grande propriété, à ces *latifundia*, perte future de l'Italie, par les lois agraires de Tiberius et de Caïus Gracchus. Leur réforme n'avait en soi rien de violent ni de subversif. Deux représentants de l'aristocratie, Lælius et Scipion, l'avaient jugée utile sans oser l'entreprendre. Les Gracches, fils de Cornelia, ce type de la mère fière de ses enfants, étaient de la famille des Scipions : ils furent plus hardis que leur beau-frère Scipion Émilien et se mirent à l'œuvre. Tiberius, âgé de neuf ans de plus que son frère, est nommé tribun (133) et renouvelle les lois Liciniennes en tempérant ce qu'elles avaient d'excessif. D'un naturel doux et modéré, mais résolu, doué d'une valeur qui brilla en Afrique et sous les murs de Numance, il sent la tristesse et l'indignation s'élever dans son âme en voyant le désert se faire dans les campagnes romaines, abandonnées de leurs cultivateurs légitimes et laissées à des esclaves étrangers. En effet, les riches ayant élevé le taux de la redevance exigée des citoyens non propriétaires, auxquels on affermait les terres du domaine public, les pauvres n'avaient plus été en état de payer et de conserver, en les cultivant, les champs qui les faisaient vivre. La rogation ou proposition de Tiberius Gracchus a pour but d'empêcher cette élimination aussi dangereuse qu'injuste. Fort des conseils et de l'appui du grand pontife Crassus, du jurisconsulte Mucius Scévola, de son beau-père Appius Claudius, prince du sénat, il s'avance dans l'assemblée du peuple. « Les bêtes sauvages, dit-il, qui sont répandues dans l'Italie, ont leurs tanières et leurs repaires où elles peuvent se retirer, et ceux qui combattent, qui versent leur sang pour la défense de l'Italie n'y ont à eux que la lumière et l'air qu'ils respirent : sans maisons, sans demeures fixes, ils errent de tous côtés avec leurs femmes et leurs enfants. Les généraux les trompent, quand ils les exhortent à combattre pour leurs tombeaux et pour leurs temples. En est-il un seul dans un si grand nombre, qui ait un autel domestique et un tombeau où reposent ses ancêtres ? Ils ne combattent et ne meurent que pour entretenir le luxe et l'opulence d'autrui : on les appelle les maîtres du monde, et ils n'ont pas en propriété une motte de terre. » Pour arrêter la dépopulation et réparer cette distribution injuste, Tiberius croit nécessaire de revenir à la législation licinienne, tombée en désuétude. Tout propriétaire ne conservera que cinq arpents (*jugera*) et deux cent cinquante pour chacun de ses fils. Ces terres leur appartiendront à perpétuité. La partie confisquée sera divisée en lots de trente arpents et affermée héréditairement soit aux citoyens romains, soit aux auxiliaires italiotes, à raison d'une faible redevance pour le trésor, mais avec la défense expresse de les aliéner. Les propriétaires seront indemnisés de la partie de leurs propriétés qui leur sera enlevée. Tous les auteurs anciens sont unanimes à louer la modération de ce projet. Le sénat s'y oppose, et, lorsque le peuple va l'adopter, le tribun Octavius Cæcina, gagné par les optimates, le frappe de son *veto*. Tiberius, résolu à faire triompher sa demande légale au prix même d'une illégalité, demande et obtient la déposition du tribun. La loi passe alors sans opposition et on nomme, pour la faire exécuter, trois triumvirs, les deux Gracches et Appius, beau-père de Tiberius.

Les optimates, possesseurs des grands domaines, furieux de leur défaite, cherchent à faire assassiner Tiberius. Les principaux opposants, Octavius et Scipion Nasica, l'attaquant par d'autres moyens, prétendent qu'il aspire à la royauté. Tiberius, pour leur tenir tête, brigue un second tribunat en promettant aux chevaliers le pouvoir judiciaire et aux Italiens le droit de cité. On était au temps de la moisson. Les tribus rurales qui étaient la plus grande force de Tiberius, ne viennent pas voter, retenues par les travaux des champs. Ses adversaires s'enhardissent et procèdent au vote, lorsque le sénateur Fulvius Flaccus vient avertir Tiberius que, dans l'assemblée du sénat, les riches, entourés de leurs esclaves, ont résolu sa perte. Cette nouvelle produit une vive agitation autour du Capitole où se tenaient les comices. Tiberius voulant indiquer à ses amis qu'on en veut à ses jours porte la main à sa tête. Ses ennemis s'écrient qu'il demande le diadème. Scipion Nasica somme le consul Mucius de se mettre à la tête du parti des honnêtes gens et de marcher contre le tyran. L'éminent jurisconsulte demeure impassible. Alors Nasica : « Puisque le premier magistrat, dit-il, trahit la République, à moi quiconque veut la sauver ! » Il rejette sa toge sur sa tête ; les sénateurs le suivent au Capitole avec leurs clients et leurs esclaves. Ils arrachent des bâtons à leurs adversaires, ramassent des débris de bancs brisés et chargent leurs ennemis. Les prêtres avaient fermé le temple. Tiberius tourne quelque temps à l'entour. Il est atteint par Publius Satureius, un de ses collègues, qui le frappe d'un banc brisé : un autre, Lucius Rufus, lui porte un second coup qui l'achève. Trois cents de ses amis sont assommés à coups de bâtons et de pierres, pas un avec le fer. Caïus Gracchus réclame le corps de son frère : on le lui refuse et on jette le cadavre dans le Tibre (133). Une réaction légitime ne tarde pas à se produire contre les meurtriers. Nasica, forcé de quitter Rome pour échapper à l'animosité populaire, s'en va errant de côté et d'autre, chargé du mépris général, et meurt peu de temps après à Pergame.

Caïus Gracchus, tout d'abord, soit crainte des ennemis de son frère, soit désir d'attirer la haine sur eux, s'abstient du Forum et vit retiré dans sa maison. Mais neuf ans après la mort de Tiberius (124), malgré les prières éloquentes de Cornelia, sa mère, il brigue le tribunat, l'obtient et reprend les projets de son frère. Il avait autant d'éloquence, mais plus de feu que Tiberius. On dit qu'un joueur de flûte se postait derrière lui à la tribune pour ramener ses emportements oratoires et ses éclats de voix à une note plus modérée. L'occasion était favorable : les ennemis et les détracteurs de Tiberius voyaient se soulever contre eux les Italiotes et la populace. Scipion Émilien, qui les avait appelés *faux fils de l'Italie*, avait été trouvé mort dans son lit (129). Caïus Gracchus, à son retour de Sardaigne, propose au peuple d'adopter, en les étendant, les projets de Tiberius. Il attire à lui les chevaliers, c'est-à-dire l'aristocratie d'argent et le commerce, en leur donnant la judicature. Leur influence fait passer la loi agraire et celle qui renouvelle d'année en année le mandat des tribuns. Caïus propose ensuite d'accorder aux alliés de Rome le droit de cité. Les optimates effrayés s'avisent, pour faire échouer les rogations démocratiques de Caïus, d'aller au-devant des réformes et d'en présenter au peuple de non moins libérales. Ils gagnent un tribun, Livius Drusus, qui obtient la création de douze colonies, de trois mille citoyens chacune, dégrevées de la redevance que n'avaient pas abolie les lois des Gracches. Pour se concilier les Italiotes, Drusus fait déclarer que, comme les citoyens romains, ils ne seront plus battus de verges. Les optimates atteignent leur but. La popularité de Caïus est frappée au cœur et son histoire reproduit celle de son frère. Éloigné de Rome pour aller conduire une colonie à Carthage, il échoue dans la demande d'un troisième tribunat. Le consul Lucius Opimius, chef de la noblesse, se livre contre lui à l'opposition la plus vive et fait avorter toutes ses tentatives. Caïus, accusé par le sénat d'avoir violé la constitution, se retire en armes sur l'Aventin avec son parti. Le consul, investi d'un pouvoir dictatorial en vertu du décret : *Videant consules ne quid detrimenti respublica capiat*, invite les partisans de Caïus à se rendre à discrétion. Sur leur refus, il ordonne de les attaquer. Il s'ensuit un violent combat. Fulvius, ami et conseiller de Caïus, est tué avec trois mille de ses compagnons et leurs cadavres sont jetés dans le Tibre. Caïus s'enfuit d'abord dans le temple de Diane, accompagné de ses amis Pomponius et Licinius et de Philocrate, son esclave, qui favorisent son évasion au delà du Tibre. Serré de près par ses ennemis, il se jette dans le bois consacré à Furrina et s'y fait tuer par Philocrate, qui se tue après lui (121). Sa tête avait été mise à prix, avec promesse d'en donner le poids en or. Un misérable, nommé Septimuleius, en fait sortir la cervelle avec une aiguille et la remplace par du plomb fondu.

« Ainsi, dit Mirabeau, périt le dernier des Gracches de la main des Patriciens ; mais, atteint du coup mortel, il lança de la poussière vers le ciel, en attestant les dieux vengeurs, et de cette [poussière naquit Marius ! »

CHAPITRE XVI

Continuation de la lutte. — Marius. — Guerre contre Jugurtha. — Les Cimbres et les Teutons. — L'or de Tolosa. — Défaites successives des Teutons et des Cimbres. — Révolte et défaite des esclaves en Campanie et en Sicile.

Les optimates triomphaient du parti populaire. Ils abusent de leur victoire et donnent ainsi contre eux l'exemple d'une réaction terrible. Ils envoient en prison ou en exil les hommes soupçonnés d'être favorables aux idées liciniennes. Maîtres du trésor public, des fonctions de l'État, des grandes propriétés, des richesses d'art accumulées dans Rome, ils ne justifient leur domination ni par leurs capacités, ni par leurs vertus. La guerre contre Jugurtha fait éclater leur insuffisance et la supériorité de l'homme nouveau qui va continuer l'œuvre des Gracches, Caïus Marius. Né à Cereatæ (Casamare), près d'Arpinum, de parents obscurs, ouvrier chez un laboureur volsque, puis simple soldat, Marius n'a d'autre moyen de parvenir que la rudesse illettrée de sa nature et une éducation toute militaire. « Je n'ai pas étudié la langue grecque, disait-il au peuple : il me plaisait peu de l'apprendre, parce qu'elle n'a pas servi à rendre meilleurs ceux qui l'enseignent, mais je sais des choses utiles à la République, frapper l'ennemi, garder un poste, ne craindre qu'une honteuse renommée, souffrir également l'hiver et l'été, reposer sur la dure et supporter en même temps le travail et la faim. » C'est par ces qualités qu'il gagne sous les murs de Numance l'affection de Scipion Emilien. Un jour, après souper, on parlait sous la tente du mérite de quelques généraux :

un des convives demande à Scipion quel chef le peuple romain aurait après lui pour le remplacer ; alors Scipion frappant doucement de la main l'épaule de Marius : « Celui-ci peut-être, » dit-il. Cette parole fut pour Marius comme une révélation qui exalta ses espérances. Il se lance dans la politique, obtient le tribunat, l'édilité, la préture, est envoyé en Espagne et devient allié d'une des grandes familles de Rome, en épousant Julia, tante de Jules César. Rome avait déclaré la guerre à Jugurtha, qui, d'abord allié du peuple romain, s'était rencontré avec Marius au siége de Numance. De retour en Numidie, Jugurtha, fils naturel de Micipsa, avait résolu de s'emparer de la partie du royaume que son père laissait en héritage à ses deux autres fils Hiempsal et Adherbal. Il fait égorger Hiempsal ; Adherbal adresse ses plaintes au sénat, qui nomme des commissaires, entre autres Opimius, chargés de régler le différend. Gagnés par l'or du Numide, ils lui adjugent la meilleure partie du royaume. Peu de temps après Adherbal est assassiné. Le sénat envoie contre Jugurtha le consul Calpurnius Bestia qui se laisse acheter et conclut une paix honteuse (111). Enhardi par l'impunité, Jugurtha ne craint pas de venir à Rome pour se justifier, et il pousse l'audace jusqu'à faire égorger dans la ville même Massiva, petit-fils de Masinissa, qui pouvait lui disputer le trône. C'était combler la mesure. Le sénat ordonne au Numide de quitter Rome sur-le-champ. Quand il en a franchi les portes, il se retourne, et, jetant sur elle un regard de mépris : « Ville à vendre, s'écrie-t-il, il ne lui manque qu'un acheteur ! » Spurius Albinus est envoyé en Afrique. Jugurtha triomphe de son incapacité comme de la cupidité de Bestia. L'armée romaine passe sous le joug (109). On porte alors au consulat un homme intègre et sévère, mais plein d'orgueil aristocratique, Cæcilius Metellus, qui emmène avec lui Marius comme lieutenant. Metellus avant tout rétablit la discipline dans l'armée corrompue par l'oisiveté ou démoralisée par des défaites. Marius l'aide dans cette entreprise et se montre le vrai modèle du soldat. Jugurtha est battu près du Muthul, et sa défaite entraîne la soumission de quelques villes importantes. Jugurtha s'effraie d'une guerre devenue sérieuse et dans laquelle les Romains suivent sa tactique d'escarmouches et de petits combats. Il demande la paix. Metellus ne veut traiter que si Jugurtha se livre lui-même : la guerre continue et Metellus est prorogé dans son commandement. Marius s'était conduit glorieusement dans toute cette campagne. De l'armée on écrivait à Rome que la guerre ne finirait que s'il était nommé consul. Il demande à Metellus la permission d'aller briguer le consulat. Metellus lui répond avec dédain : « Il sera temps de te présenter quand mon fils aura l'âge. » Or, le jeune Metellus faisait alors ses premières armes. Le consul finit cependant par céder. Marius est élu, soutenu par Memmius et par le parti populaire : on lui assigne pour province la Numidie.

A la tête de l'armée, Marius serre la guerre avec plus de vigueur que Metellus. Jugurtha s'était allié avec son beau-père Bocchus, roi de Mauritanie. Ils marchent tous deux vers Cirta (Constantine), sous les murs de laquelle les Romains s'étaient retranchés : Marius les repousse, est près de tuer Jugurtha de sa propre main, s'empare de Capsa et de plusieurs autres villes, pénètre, grâce à l'adresse d'un soldat ligurien, dans une forteresse dominant le fleuve Mulucha et renfermant les trésors du roi ; mais, craignant d'être enveloppé par la masse énorme de la cavalerie des deux rois, il se replie sur le Mulucha et finit, dans deux rencontres successives, par massacrer un grand nombre de Maures et de Gétules. Cornelius Sulla, le futur dictateur, prête en ces diverses circonstances à Marius, dont il est le questeur, une aide intelligente et dévouée. Aussi lorsque Bocchus, détaché de Jugurtha par les échecs qu'ils viennent d'éprouver, cherche à négocier avec les Romains, c'est Sulla que Marius charge de la mission délicate de se faire livrer le roi des Numides. Jugurtha, invité à une conférence par son beau-père, est chargé de liens, remis à Sulla et emmené à Rome par Marius. Après le triomphe, il est jeté dans la prison du Tullianum. On dit que, en y entrant, il s'écria :

« Grand dieu! que cette chambre de bain est froide! »
Il y mourut de faim au bout de six jours de captivité
(101).

A peine Marius a-t-il terminé la guerre d'Afrique,
que les frontières de l'empire romain sont menacées du
côté du Danube, d'Orient en Occident, par les Cimbres,
du Nord au Sud par les Teutons. Les Cimbres ou Kam-
par (preux, brigands), et les Teutons (*Deutschen*, nom
actuel des Allemands), étaient des peuples septentrionaux,
de race germanique, d'une taille élancée, aux cheveux
blonds, aux yeux bleus, qui étaient partis, avec leurs
femmes, leurs enfants, leurs chiens et tout leur avoir, à
la recherche d'une nouvelle patrie. Des chariots couverts
de cuir tendu servaient de maisons ambulantes à la
famille et au mobilier. Vêtues de peaux de bêtes et de
cuirasses de fer poli, coiffées de casques qui figuraient
grossièrement des gueules et des mufles d'animaux, avec
des cimiers d'ailes d'oiseaux et de hauts panaches, armées
d'un long sabre et d'une javeline appelée mataris, pro-
tégées par un bouclier blanc et luisant, ces hordes
s'étaient mises en route vers les contrées méridionales.
La soif des voyages et des aventures, le penchant de
l'homme du Nord pour les pays de soleil, l'excès de la
population, peut-être un débordement de la Baltique,
semblent avoir été les causes déterminantes de cette
émigration. Après avoir quelque temps erré sur la lisière
habitée par les Celtes, près des rives du Danube, ils
entrent dans le Norique et descendent la vallée de la
Drave à deux jours de marche des Alpes carniques. Le
consul Papirius Carbon court au-devant d'eux et se fait
battre. L'armée cimbro-teutone, après avoir tout dévasté
autour d'elle, entre, par la vallée du Rhin, sur les terres
des Helvètes, qui s'unissent à eux. Ils sont en Gaule
(109). Le consul Marcus Junius Silanus s'empresse de
couvrir le pays des Allobroges (Dauphiné), mis en danger par l'invasion. Les Cimbres lui demandent des
terres. Pour toute réponse, Silanus les attaque, mais il
est complètement défait. Le Rhône couvre sa retraite
en barrant le passage à l'armée cimbro-teutone. Les

Tigurins, peuplade du Jura, qui s'est unie aux Cimbres, s'acheminent vers Genève, où le Rhône offrait des gués, tandis que les Teutons attaquent les Romains par le bas du fleuve. Cassius Longinus, Caïus Pison et Caïus Popilius trouvent la mort ou la honte dans les combats qu'ils livrent aux barbares. On envoie contre eux le consul Cn. Servilius Cæpion, qui profite d'un répit pour se jeter sur Tolosa, ville de la Narbonnaise, révoltée contre Rome. Du pillage de Tolosa Cæpion tire, dit-on, cent dix mille livres de pesant d'or et quinze cent mille d'argent. Il dirige ce trésor vers Massalie et le fait enlever sur la route par des gens à lui, qui massacrent l'escorte. Mais tous ceux qui avaient touché cette proie funeste périssent misérablement, et, quand on voulait désigner un homme frappé d'un mauvais sort, on disait de lui : « Il a de l'or de Tolosa! »

Cæpion était campé sur la rive droite du Rhône; son collègue Manlius occupait la rive gauche avec son lieutenant Æmilius Scaurus. Les barbares, conduits par leur roi Boïorix, se présentent en masses effrayantes aux environs d'Arausio (Orange). Scaurus est écrasé. Une rivalité survenue entre Cæpion et son collègue fait diviser les forces romaines qu'il aurait fallu concentrer. L'armée cimbro-teutone se rue successivement sur les deux camps et en fait un horrible massacre. De quatre-vingt mille soldats, de quarante mille esclaves ou valets d'armée, il n'échappe que dix hommes. Cæpion est un des dix (105). Sommé plus tard de rendre compte de sa conduite, il est condamné à l'exil et va mourir à Smyrne (95). L'Italie est ouverte aux barbares.

« C'en était fait de Rome, dit Florus, si ce siècle n'eût produit Marius. » Nommé consul cinq fois de suite, afin que le terme de son mandat ne l'arrête pas dans ses entreprises et aussi pour braver l'aristocratie et les lois, Marius réalise les espérances du parti populaire. Tandis que les Cimbro-Teutons envahissent l'Espagne et que la bonne contenance des Celtibériens les force à repasser les Pyrénées, il renforce son armée de gens de main, pris, sans distinction, parmi les Romains et les Italiotes, et les discipline en les faisant bêcher et piocher la terre, creuser un vaste canal (Fossa Mariana, près du village de Foz), et faire des marches forcées. Après trois ans d'attente, les Romains voient enfin arriver les Teutons, grossis des Tougènes, peuplade inconnue, et des Ambrons, peuplade celtique. Marius se tient sur la défensive dans un camp fortement assis au confluent de l'Isère et du Rhône, gardant ainsi les deux routes militaires de l'Italie, celle du Petit Saint Bernard et la voie longeant la mer. Les Teutons, conduits par Teutobock, attaquent le camp romain qui les repousse avec perte. Ils renoncent à l'assiéger et continuent leur marche sur l'Italie Pendant six jours, ils défilent, en insultant les Romains, auxquels ils demandent « s'ils n'ont rien à faire dire à leurs femmes ». Marius demeure impassible, immobile; mais, dès qu'ils sont passés, il les suit en bon ordre, les atteint à Aquæ Sextiæ (Aix en Provence), et dispose tout pour la bataille. Ses soldats mouraient de soif : il leur montre le Cænus (l'Arc) qui coulait près du camp barbare : « C'est là, dit-il, que vous trouverez à boire. » Le combat dure trois jours. Les Teutons et leurs alliés sont exterminés. Ceux qui ne sont pas tués sont emmenés en esclavage : le roi Teutobock est parmi les captifs. Les femmes, qui attendaient sur leurs chariots la victoire de leurs maris, se tuent avec leurs enfants pour échapper aux vainqueurs (102). La bataille d'Aix a laissé un profond souvenir dans la Gaule romaine. On voit encore auprès d'Aix la montagne de Sainte-Victoire (*Victoriæ mons*), la ferme du Déloubre (*Delubrum*) où se dressait le temple bâti pour célébrer l'événement, et les campagnes du village de Pourrières (*Campi Putridi*) engraissées du sang des vaincus.

La Gaule et Rome n'étaient délivrées que de la moitié de leurs ennemis. Les Cimbres, grossis des Helvètes, se montrent bientôt en deçà des Alpes, et descendent dans la plaine italique par les vallées de l'Eisach et de l'Adige. De fausses manœuvres et une connaissance imparfaite du pays empêchent le consul Catulus d'entrer en ligne avec eux : il recule jusqu'à la rive droite du Pô et laisse en leur pouvoir toute la plaine transpadane. Rome aurait couru de grands dangers, si les Cimbres eussent poussé en avant; mais ils s'attardent en hiver dans cette riche contrée, où ils trouvent des quartiers clos et couverts, des bains chauds, des boissons nouvelles et des mets savoureux. Marius a le temps de rejoindre son collègue Catulus et de doubler les forces de l'armée romaine. Les Cimbres lui envoient des députés : « Donnez-nous, disent-ils, des terres pour nous et pour nos frères les Teutons. — Laissez là vos frères, répond Marius, nous leur avons donné des terres qu'ils garderont éternellement. » Et comme les Cimbres le menacent de l'arrivée des Teutons : « Ils sont ici, dit-il ; il ne serait pas bien de partir sans les saluer, » et il fait amener les captifs. Les Cimbres lui demandent rendez-vous pour une bataille; il la fixe au troisième jour dans les Champs Raudiques, près de Verceil. On était à la fin de juillet. Marius dispose ses troupes de manière à ce que le soleil, le vent et la poussière soient tournés contre les ennemis. La déroute des Cimbres est complète. Marius secondé par Sulla et surtout par Catulus, qui soutint seul au centre presque tout le poids de la lutte, tue aux ennemis près de cent mille hommes et fait le reste prisonnier. Boïorix périt dans la mêlée. Les femmes se défendent avec toute l'énergie du désespoir. Elles étouffent leurs enfants, les jettent sous les roues des chars ou sous les pieds des chevaux et se tuent ensuite elles-mêmes. Quelques-unes se pendent aux timons des chariots (101).

Bien que Catulus ait largement contribué au gain de la bataille, la gloire en revient à Marius qui avait habilement rangé les troupes et commandé en chef. Rome le salue du titre de troisième Romulus, et tous les regards sont fixés sur lui.

Pendant que Marius arrête la première invasion des tribus germaniques, la guerre servile éclate une seconde fois en Campanie et en Sicile. Un chevalier romain, Minucius ou Vettius, ne pouvant payer ses dettes, s'arme contre ses créanciers, prend le diadème et la pourpre, s'entoure de licteurs et réunit trois mille esclaves campaniens. Lucius Lucullus, envoyé contre lui, corrompt son lieutenant Apollonius, qui promet de le livrer aux Romains. Vettius, se voyant trahi, se donne la mort (104).

Les esclaves de Sicile sont plus difficiles à réduire. Un pâtre, nommé Athénion, et un aruspice, appelé Salvius, s'unissent pour livrer bataille aux Romains. Ils attaquent la place de Morgantia, défont un préteur qui vient la secourir, et osent défier Lucullus en pleine campagne. Salvius est tué, et Lucullus poursuit les esclaves jusqu'à Triocale, qu'il assiége sans la prendre. Le sénat le punit d'une amende et le remplace par Servilius, qui n'a pas plus de succès et qui est condamné à l'exil. M' Aquilius, collègue de Marius, attaque enfin les rebelles avec une grande énergie, tue Athénion de sa main et disperse son armée. Ceux qu'il saisit sont envoyés à Rome pour être livrés aux bêtes, mais la plupart se donnent la mort avant de subir cet affreux supplice (100).

CHAPITRE XVII

Rivalité de Marius et de Sulla. — Saturninus Glaucia. — Livius Drusus. — Guerre sociale. — Première guerre contre Mithridate. — Guerre civile. — Défaite de Marius et de son parti. — Dictature de Sulla. — Ses proscriptions. — Sa mort.

ARIUS, le sauveur de l'Italie, l'orgueil et l'espoir du parti populaire, obtient pour récompense un sixième consulat. Sous son influence les démocrates reprennent les plans des Gracches, tandis que les optimates, menacés dans leurs droits et dans leurs propriétés, s'unissent plus étroitement pour résister au peuple et à ses tribuns. Apuleius Saturninus, homme éloquent, ardent ennemi du sénat, est nommé tribun du peuple : Servilius Glaucia, homme de basse condition, mais doué d'une rude éloquence, est choisi comme préteur. Leur élection avait été ensanglantée par le meurtre de Nonius. C'était le prélude des horreurs qui allaient suivre. Saturninus fait adopter des lois agraires, qui concèdent aux citoyens pauvres tout le pays occupé par les Cimbres dans la Gaule transpadane, cent arpents de terre en Afrique aux vétérans de Marius, et le droit de cité à trois étrangers dans chaque colonie. Le sénat refuse d'abord de sanctionner la loi ; il y consent ensuite, sauf le seul Metellus, qui préfère l'exil à la violation de son serment. Le parti populaire pousse l'adulation jusqu'à vouloir donner à Marius le titre de roi. Mais les excès de Saturninus et de Glaucia comblent la mesure. Glaucia voulait être consul. On lui préfère Memmius. La bande de Saturninus le fait égorger en plein Forum. Elle court ensuite au Capitole pour résister aux optimates, conduits

par Marcus Scaurus. Le sénat proclame la formule : *Caveant consules*. Marius, voyant ses associés perdus, se tourne contre eux. Après une vraie bataille sur la place publique, la première qui ait été livrée dans les murs de Rome, Marius assiége les rebelles dans leur dernier refuge, coupe les tuyaux qui fournissent l'eau à la forteresse, et les contraint à capituler. Saturninus, Glaucia et un autre chef, Saufeius, sont d'abord conduits dans la salle ordinaire des séances du sénat, mais les jeunes gens de la noblesse grimpent sur le toit du Senaculum, en enlèvent les tuiles et s'en servent pour lapider les prisonniers. Marius est impuissant à entraver la réaction. Métellus est rappelé, et les optimates reprennent une partie de leur influence (98). Marius, sous un prétexte religieux, part pour l'Asie. Les chevaliers et l'aristocratie financière profitent de cette absence pour se débarrasser de leurs adversaires par des jugements, des emprisonnements et des proscriptions. Quelques-uns même des hommes éminents de la classe sénatoriale sont injustement frappés, entre autres Mucius Scævola, le célèbre jurisconsulte, qui veut s'opposer à ces abus de pouvoir, et son ami Publius Rutilius Rufus, soldat, juriste et historien distingué, faussement accusé d'exactions en Asie. Ces excès donnent naissance à un parti mixte entre les optimates furieux et les démagogues violents.

Livius Drusus, appartenant à la noblesse, maître d'une grande fortune, aristocrate de cœur et de fait, plein d'énergie et de fierté, entreprend d'enlever la judicature aux chevaliers pour la rendre aux sénateurs, et, en même temps, de se concilier le peuple par des répartitions de terres et des distributions de blé, afin de ne laisser aux démagogues d'autres largesses à faire que « la boue ou le ciel » (*Cœnum aut cœlum*). Il espère ainsi guérir les plaies du corps social, en prenant de la réforme des Gracches ce qu'elle avait de juste et en éloignant ce qu'elle avait de subversif. Élu tribun du peuple, Drusus ajoute à ses rogations la concession du droit de cité à tous les Italiotes. La loi Livia est mise en délibération et les discussions commencent. Mais un soir que Drusus, dans le vestibule de sa maison, prenait congé de la foule qui lui avait fait cortége, on le voit tout à coup s'affaisser devant la statue de son père : il avait reçu un coup de couteau si profond qu'il expirait quelques heures après. L'assassin avait disparu dans l'ombre, sans être reconnu. On ne fit point d'enquête sur le crime (91).

La mort de Drusus est le signal de la guerre marsique ou guerre sociale, ainsi nommée parce que les Marses lèvent les premiers l'étendard de la révolte, et que les autres peuples alliés (*socii*) répondent à leur appel. Les alliés de Rome avaient depuis plusieurs siècles partagé les bons et les mauvais jours de la République, et leur fidélité n'était pas récompensée. On appelait la jeunesse au service militaire, et tandis qu'elle répandait son sang dans les pays lointains pour la gloire de Rome, ceux qui restaient subissaient le régime oppresseur des gouverneurs romains. Une circonstance fortuite, le massacre d'un magistrat romain d'Asculum, fait éclater la révolte ; mais tout était prêt pour une insurrection générale. Les alliés nomment un sénat et deux consuls, le marse Pompædius Silo et le samnite Papius Mutilus : pour capitale ils choisissent Corfinium, dont ils changent le nom en Italia ou Vitelia. Partout les magistrats de Rome sont mis en pièces, les Romains massacrés. La révolte se répand dans la péninsule entière, du Liris et des Abruzzes jusqu'en Calabre et en Apulie. Quelques cités latines ou grecques restent fidèles à Rome, mais toutes les peuplades sabelliques se déclarent pour l'émancipation. Les Italiotes ont d'abord l'avantage. Au midi le consul Lucius Julius César est battu par Vettius Scato et Perpenna par Mutilus, qui fait de redoutables progrès vers le Latium. Le second consul Rutilius périt dans une embuscade avec une partie de ses troupes. Cn. Pompée est plus heureux au nord : battu devant Asculum, il se rejette sur Firmum, où Afranius le tient enfermé ; mais il se dégage et resserre dans Asculum l'Italiote Judacilius, qui se donne la mort.

Marius témoigne une déplorable mollesse dans tout le cours de cette guerre. Au contraire, Sulla y acquiert un grand renom. Quoiqu'il souille sa victoire par d'affreuses cruautés contre les Samnites, il précipite la fin de la lutte, que termine la mort de Pompædius. Le sénat fait preuve d'humanité et de politique en accordant, par la loi Julia, le droit de cité à tous les alliés restés fidèles et à tous ceux qui déposeraient les armes. Il traite de même les Gaulois cispadans et confère le droit latin à ceux de la Transpadane. Cette sage mesure divise les confédérés : la plupart se soumettent : les Samnites seuls continuent à combattre dans leurs montagnes avec la fureur du désespoir (90).

La guerre sociale n'était pas terminée qu'un nouvel Hannibal, Mithridate VI Eupator, roi de Pont, jugeant l'occasion favorable pour soulever l'Orient contre Rome, ordonne, en Asie Mineure, le massacre de quatre-vingt mille Romains, femmes et enfants. C'était un ennemi des plus redoutables. Doué d'une rare intelligence, d'un caractère souple et résolu, aussi disposé aux trahisons et aux perfidies, aux meurtres et aux exécutions violentes qu'aux aventures hardies et aux faits d'armes glorieux, brave soldat et habile général, maître d'une vaste contrée et de grandes richesses, il ne menace pas seulement les possessions asiatiques de Rome, il débarque sa flotte à Délos et dans l'Eubée, s'attaque aux marchandises et aux habitants italiques et cherche à entraîner les peuples de la Grèce et du Péloponèse, où pénètrent de vive force ses généraux Archelaos et Aristion. Dans cette extrémité, le sénat romain confère le commandement suprême contre Mithridate à Cornelius Sulla, qui s'était distingué dans la guerre d'Afrique ainsi que dans la guerre sociale, et avait obtenu le consulat pour récompense.

Issu d'une famille patricienne, l'œil gris, vif et dur, le teint d'un rouge foncé, parsemé de taches blanches, aimant les lettres, les beaux-arts et les plaisirs, mélange bizarre de cruauté et de sentiments affectueux, Sulla, l'*Heureux* Sulla, était le favori de l'aristocratie, qui voyait personnifiés en lui ses qualités et ses vices. Envoyé comme propréteur en Cilicie, l'an 92, avec ordre de rétablir sur le trône de Cappadoce Ariobarzane, que Mithridate avait chassé, il avait réussi dans cette mission et se trouvait le chef désigné de la guerre contre le roi de Pont. Le vieux Marius, insatiable d'honneurs, envie à son ancien lieutenant un commandement qui promet honneur et richesses. Aidé du tribun Publius Sulpicius Rufus, il obtient un plébiscite qui le charge de la guerre d'Asie (88). Deux officiers vont signifier cette décision à Sulla, campé devant Nole. Les armées romaines avaient cessé d'être les armées de la patrie, elles étaient au chef qui les payait ou leur promettait le butin : les soldats de Sulla lui appartenaient corps et âme : ils lapident les envoyés de Marius, et Sulla, au lieu de laisser le commandement à son adversaire, marche sur Rome avec son armée.

A cette nouvelle, Marius fait mourir dans la ville les partisans de Sulla et livre leurs biens au pillage. Cruautés inutiles! Sulla se présente devant la ville : un corps de troupes y pénètre : les habitants sans armes montent sur leurs toits, font pleuvoir les tuiles et les pierres et reculer les soldats jusqu'aux murailles. Sulla crie de mettre le feu aux maisons, marche le premier avec une torche allumée et ordonne aux archers de lancer des traits enflammés. Marius et les siens sont refoulés jusqu'au temple de la Terre. Il fait appel aux esclaves en leur promettant la liberté; mais Sulla triomphe, fait mettre à mort Sulpicius et proscrit Marius qui s'enfuit.

Après avoir erré sur les côtes du Latium, il est fait prisonnier dans les marais formés par le Liris près de Minturnes. On dit qu'un soldat cimbre entra dans sa prison pour le tuer et que le fugitif l'effraya d'un regard, en lui disant : « Oseras-tu tuer Marius? » Les habitants de Minturnes prennent pitié de lui et le placent sur un mauvais bateau. Le hasard le fait aborder à l'île d'Énaria (Ischia), où il trouve Granius avec d'autres amis : ils naviguent ensemble vers la Libye. Repoussés de la Sicile ils arrivent à l'île de Meninx (Zerbi), voisine de la côte africaine, et apprennent que le fils de Marius est allé demander du secours au roi des Numides Hiempsal.

Marius, reprenant quelque espoir, se rend sur le territoire de Carthage ; mais à peine y a-t-il mis le pied que le préteur Sextilius lui envoie l'ordre de quitter l'Afrique. Marius répond au licteur : « Va dire à Sextilius que tu as vu Marius fugitif assis sur les ruines de Carthage ! » Moins découragé qu'exaspéré par ces échecs, Marius revient en Italie, où le consul Cinna, un de ses partisans, avait pris les armes contre le parti de Sulla qui était retourné en Asie. Cinna est repoussé de Rome, mais il finit par y rentrer avec Marius (87). Les plus terribles scènes de meurtres et de massacres suivent ce sinistre retour. Une garde dévouée à Marius, les Bardiens, se signale par d'épouvantables atrocités. Le sang ruisselle de toutes parts. Les corps sans tête sont jetés dans les rues, foulés aux pieds et abandonnés aux chiens et aux oiseaux de proie. Cinna commence à faiblir, rassasié de carnage ; Marius, chaque jour l'âme plus aigrie, plus altérée de vengeance, se jette sur tous ceux dont il se défie. Les hommes les plus distingués sont mis à mort. L'orateur Marcus Antonius, aïeul du triumvir, a la tête tranchée par le féroce Annius. Lutatius Catulus, le collègue de Marius, le vainqueur des Cimbres, est forcé de s'asphyxier dans sa maison. Cette sombre fureur finit par briser Marius. Épuisé d'effrayantes insomnies, il est pris de la fièvre, demeure au lit sept jours entiers et ne se relève plus (86). Il avait soixante et onze ans. Un incident tragique le rendit en quelque sorte sanguinaire jusqu'au delà de la mort. Le tribun Fimbria, ayant traîné près du bûcher de Marius le grand pontife Mucius Scævola, coupable d'avoir voulu servir de médiateur aux deux partis, l'égorge comme une de ces victimes humaines qu'on immolait sur le tombeau des barbares.

Cinna, resté seul, est au-dessous de son rôle. Il exerce dans Rome une véritable royauté, mais il manque du génie nécessaire pour se maintenir au pouvoir. Sulla va revenir vainqueur et montrer ce que c'est qu'un maître.

La guerre de Mithridate l'avait retenu en Asie et en Grèce. Au printemps de l'an 87, il entre en Attique avec cinq légions, se jette sur le Pirée et investit les murs d'Athènes. Aristion y commandait. Sulla ne pouvant s'emparer du Pirée, défendu par Archelaos, bloque étroitement la ville. Les assiégés tiennent bon, insultant Sulla, qu'ils appellent une mûre saupoudrée de farine, et sa femme Cæcilia Metella. Mais la famine force Aristion à capituler. Le proconsul ne veut entendre parler d'aucun accommodement. Il entre dans Athènes par une large brèche au milieu de la nuit, aux sons des trompettes et des clairons, et aux cris de toute son armée, qu'il excite au pillage et au meurtre, et qu'il lance dans toutes les rues l'épée à la main. Des flots de sang inondent la ville, remplissent l'Agora, le Céramique intérieur et ruissellent jusqu'au Dipyle (1er mars 87). Archelaos, qui n'avait plus d'intérêt à défendre le Pirée, vient attaquer en Béotie, avec cent vingt mille hommes, l'armée romaine qui n'en compte que quarante mille. Sulla le défait à Chéronée (86), et, peu de temps après, bat Dorylaos, autre général de Mithridate, auprès d'Orchomène. La lutte y est vive : Sulla est obligé de saisir une enseigne et de courir seul à l'ennemi pour ramener ses soldats effrayés. Le roi de Pont songe à demander la paix à Rome, mais avec qui traiter? Le consul Valerius Flaccus, substitué à Marius, avait été tué par le traître Fimbria, qui s'était mis à sa place et se hâtait de terminer la guerre. Sulla craint de perdre cet honneur, et, sans rien rabattre des conditions arrogantes qu'il impose à Mithridate, il s'empresse de conclure le traité. Mithridate vaincu restitue ses conquêtes, livre les captifs, les transfuges, deux mille talents et soixante-dix galères. Fimbria était en Lydie : Sulla marche sur lui, entraîne son armée et le réduit à se donner la mort (84). Débarrassé de ses deux ennemis, il va droit à Rome.

Il ne cache pas ses projets de vengeance. Dans un message au sénat il rappelle « ses services, le prix dont on les a payés, ses biens confisqués, sa tête proscrite, ses amis assassinés; mais ses ennemis et ceux de la République recevront bientôt le châtiment dû à leurs crimes. » Cinna veut résister avec énergie : il est égorgé par ses soldats. L'autre consul, Carbon, étend le droit de cité à de nouveaux peuples, répand les affranchis dans les trente-cinq tribus et licencie les armées, afin d'accuser Sulla de trahison s'il désobéit au sénatus-consulte. Sulla continue sa marche. Sûr du dévouement absolu de ses vétérans, confiant dans l'unité de son pouvoir, tandis que le parti démocratique obéit à un grand nombre de généraux, il n'hésite pas à engager l'action, bat Norbanus en Campanie, gagne à lui les légions de Scipion, et rencontre l'armée ennemie près de Sacriport, à peu de distance de Préneste. Elle avait pour chef le fils de Marius. Sulla le met en fuite à Signium (82). Cette victoire lui ouvrait la route de Rome ; il y court, traverse rapidement la ville, et se met en devoir de combattre Carbon. De nombreux renforts avaient grossi son armée. Metellus Pius, avec des troupes de Ligurie, et le jeune Cn. Pompée, à la tête de trois légions levées par lui dans le Picenum, s'étaient rangés sous son commandement. Carbon résiste avec courage, et la victoire demeure incertaine. Mais les désertions, la trahison de Verrès, la fuite de Norbanus et la défection de la Cisalpine, lui enlèvent tout espoir et il fait voile pour l'Afrique. Un autre chef redoutable du parti de Marius, Sertorius, était parti pour l'Espagne.

Les chefs italiotes tiennent avec plus d'opiniâtreté. Malgré les revers infligés par Pompée aux débris de l'armée de Carbon, Pontius Telesinus et M. Pomponius ont résolu de lancer le « taureau sabellique » sur la ville de Rome et de détruire de fond en comble la « forêt des loups ». La victoire de Sulla près de la porte Colline (1er novembre 82) sauve Rome d'une ruine certaine et est le coup de mort des démocrates, dont toute l'armée avait été engagée dans ce combat. Pontius Telesinus est tué : le champ de bataille est jonché de cinquante mille cadavres. Le jeune Marius se donne la mort à Préneste. Sulla entre dans Rome. Quelques jours après, il assemble le sénat dans le temple de Bellone. Au moment où il commence son discours, on entend des cris affreux qui partent du cirque Flaminius. Les sénateurs sont saisis d'effroi. Sulla, calme, impassible, continue sa harangue : « Ce sont, dit-il, quelques mauvais sujets qu'on met à la raison. » C'étaient six mille prisonniers, auxquels on avait promis la vie sauve et que massacraient les soldats de Sulla. Plus de cent mille hommes avaient péri dans la guerre civile. Les listes de proscription poursuivent cette œuvre de destruction sanglante. Quiconque y est inscrit est tué et dépouillé de ses biens. Plus de liens de parenté, d'amitié, d'hospitalité, de piété. Les fils sont armés contre leurs pères, les esclaves contre leurs maîtres : le receleur est frappé de la même peine que le proscrit, et le délateur reçoit une part de sa fortune. Lucius Catilina avait tué son propre frère durant la guerre civile. Il prie Sulla d'inscrire ce frère sur la table des proscrits, comme s'il vivait encore, et Sulla y consent. Plus de cent sénateurs et personnages consulaires, plus de deux mille chevaliers sont mis à mort. Le tombeau de Marius est ouvert et ses cendres jetées dans l'Anio. Ses trophées sont renversés. Son neveu adoptif, Marius Gratidianus, est tiré d'une étable à chèvres par Catilina et exécuté sur le tombeau de Catulus, après avoir subi les tourments les plus cruels. Toutes les passions sauvages se déchaînent pendant plusieurs mois sur Rome et sur l'Italie. On égorge pour égorger. Sulla se déclare dictateur pour un temps illimité, et publie la loi Cornelia, en vertu de laquelle toute l'autorité est remise aux mains des optimates, la judicature enlevée aux chevaliers, la situation des provinces et des classes inférieures organisée à nouveau. Après son triomphe, remarquable par la magnificence et par la nouveauté des dépouilles des rois, on lui donne le titre de Sauveur et de Père; et lui-même, dans une harangue au peuple, se décerne le nom d'Heureux (*Felix*). (80.)

L'année suivante, comme pour porter un défi à ses ennemis, Sulla, jugeant son œuvre accomplie, abdique et annonce qu'il est prêt à rendre compte de sa conduite. Pour faire ses adieux au peuple, il lui donne des festins splendides. Il y avait une telle profusion de mets, que chaque jour on en jetait une grande quantité dans le fleuve. Les vins les plus vieux et les plus fins étaient prodigués aux convives. Sulla se retire ensuite dans sa villa de Cumes, en société de comédiennes, de citharistes, de gens de théâtre ou de débauche, Roscius Sorix, Metrobius. « Bientôt ces excès, dit Plutarque, nourrissent en lui une maladie, faible au début, mais qui, aggravée, pourrit les chairs et les convertit en vermine, à ce point que plusieurs personnes étant occupées jour et nuit à ôter les poux, il n'y avait aucun rapport entre la quantité enlevée et celle qui renaissait, et que ses vêtements, ses bains, son linge, sa table, étaient comme inondés de ce flux intarissable de corruption : tant la vermine était abondante. Plusieurs fois par jour, il se jetait dans l'eau, se lavait, se nettoyait le corps : remède inutile : la pourriture gagnait avec rapidité, et le nombre des poux croissait en dépit de toutes les ablutions. » Hideux symbole de l'œuvre politique de Sulla, qui, de même que son cadavre, tombait en lambeaux (78)! Pompée, sa créature, lui fit faire de magnifiques funérailles. Il allait recueillir son héritage. Rome ne pouvait plus se passer d'un maître.

CHAPITRE XVIII

Pompée. — Guerre contre Lepidus, Sertorius, Spartacus, les pirates et Mithridate. — Lucullus. — Soumission de l'Orient.

Le monde entier avait les yeux tournés vers Pompée. C'était l'homme du jour. Velleius Paterculus en trace ainsi le portrait. « Lucilia, sa mère, sortait d'une famille de sénateurs. La beauté qu'on remarquait en lui n'était pas celle qui tient à la fleur de l'âge. C'était un caractère de dignité solide, conforme à sa grandeur et à sa fortune futures, et qu'il conserva jusqu'à son dernier jour. D'une vie remarquablement pure, de mœurs irréprochables, d'un talent oratoire médiocre, passionné pour le pouvoir, mais voulant qu'on lui en fît hommage et non pas s'en emparer : grand capitaine d'armée, citoyen tranquille pendant la paix, tant qu'il n'eut pas un égal à craindre : ami constant, pardonnant aisément une offense, facile à satisfaire et d'une sincérité parfaite dans la réconciliation, n'abusant jamais, ou du moins rarement, de la puissance, Pompée eût été presque exempt de vices, si ce n'était le plus grand de tous, dans une ville libre et maîtresse du monde, de ne pouvoir souffrir un égal là où l'égalité régnait de droit entre tous les citoyens. Accoutumé, depuis qu'il avait pris la robe virile, à servir dans l'armée de son père, général habile (dans la guerre des Marses), il avait heureusement appliqué à l'étude de la science militaire sa facilité naturelle et son intelligence. » A la mort de Sulla, Pompée avait vingt-trois ans. Le dictateur, qui l'avait salué du nom de grand, le comparait au soleil qui se lève. Le sénat s'inclina devant l'astre naissant. Lepidus, proconsul dans la Narbonnaise, avait provoqué un soulèvement en faveur de la puissance tribunitienne. Le gouverneur de la Cisalpine, Junius Brutus, s'était déclaré pour lui. Les vétérans de Sulla accourent autour de Pompée et du consul Catulus. Lepidus, mis hors la loi, est battu près du pont Milvius. Défait de nouveau en Étrurie, il s'embarque à Cosa et va mourir en Sardaigne (77).

La résistance de Sertorius en Espagne prend le caractère d'une guerre suivie, menaçante pour Rome. Le chef des débris du parti de Marius n'était pas un homme vulgaire. Démocrate résolu, plein de droiture, sans emportement et sans violence, Sertorius avait réprimé les excès des Bardiens dans la guerre civile et fait tuer à coups de flèches quatre mille de ces monstres. Soldat intrépide, il avait rendu de grands services à Cæpion et à Marius dans la guerre contre les Teutons (102). Tribun en Espagne (91) et questeur en Gaule (92), il fait des prodiges de valeur et a l'œil crevé en s'exposant dans la guerre marsique (88). En 83, il retourne en Espagne, d'où il passe en Mauritanie, et remporte une victoire sur Paccianus, un des lieutenants de Sulla. Revenu auprès des Lusitaniens, il accepte d'être leur chef et tient tête à la puissance romaine. Tous les proscrits se rangent sous ses drapeaux. Son camp devient une seconde Rome. Un sénat de trois cents membres, composé de notables émigrants, administre la péninsule à la façon du sénat romain. Des milliers de nobles Espagnols lui jurent fidélité jusqu'à la mort. Des corsaires favorisent ses relations avec l'Italie et l'Asie Mineure. Mithridate lui promet son concours. Sa tactique d'escarmouches et de combats partiels jette dans les plus grands embarras Metellus Pius, général habile, mais trop méthodique, envoyé contre lui. Pour affermir son autorité parmi ses soldats, Sertorius feint qu'une biche blanche le met en communication avec des dieux familiers. Mais c'est surtout sa loyauté, sa bravoure et sa constance qui le rendent cher aux Espagnols et aux Romains. Plutarque raconte que, voyant autour de lui tous ces hommes dévoués, obligés de fuir leur patrie ensanglantée par les proscriptions, il songea un moment à s'en aller fonder une nouvelle Rome dans les Iles Fortunées. Des marins, arrivés de l'Atlantique, lui en avaient fait la plus riante peinture ; mais les soins urgents de la guerre le détournent de ce dessein.

Un de ses partisans, Perpenna Vento, était venu s'unir à lui avec de grosses sommes d'argent et une nombreuse armée. Ce renfort arrive à propos. Il aide Sertorius à battre successivement, près de Sucro et de Tuttia, Metellus, Afranius et Pompée. Mais bientôt la jalousie pousse Perpenna à la trahison. Furieux de rester en sous-ordre, gagné peut-être par des offres d'argent, il forme un complot contre Sertorius. On était au quartier général d'Osca. Un message annonce que les troupes ont remporté une victoire éclatante. Contre l'usage Sertorius permet de fêter par le vin cette heureuse nouvelle. Au milieu de ce banquet, Perpenna laisse tomber une coupe qui résonne sur le pavé. C'était le signal convenu. Le voisin de table de Sertorius, Marcus Antonius, lui porte le premier coup. Sertorius résiste : une lutte s'engage ; et les autres convives, affiliés à la conjuration, tuent Sertorius à coups de poignard (72). Perpenna se met ensuite à la tête des troupes, mais il est battu par Pompée et fait prisonnier. Pour sauver sa tête, il livre au vainqueur la correspondance de Sertorius. Pompée, par un beau mouvement de générosité, ordonne de brûler toutes ces lettres sans les lire, et livre le traître aux exécuteurs. Les restes de l'armée sertorienne, après une lutte inutile, se réfugient en Libye ou à bord des pirates. Plus tard la loi Plotia, appuyée par le jeune César, leur permet de rentrer dans leur patrie. Pompée élève un trophée fastueux sur le sommet de la passe des Pyrénées, et rentre dans Rome, où il est salué, avec Metellus, par les acclamations du peuple (71).

Une nouvelle guerre l'attendait en Italie. Soixante-dix-huit gladiateurs s'étant échappés, à Capoue, de la salle d'escrime de Lentulus, se donnent pour chefs le thrace Spartacus, et les deux celtes Crixus et Œnomaüs. Ils appellent les esclaves sous leurs drapeaux au cri de liberté, et bientôt ils ont réuni plus de dix mille combattants. Clodius Glaber, avec trois mille hommes, les assiége sur le Vésuve, où ils se sont retranchés. Il espère les prendre par la famine; mais ils se glissent avec des liens de sarments le long des flancs du rocher, se massent au pied de la montagne, fondent sur le camp romain par des routes détournées et s'en rendent maîtres Le préteur Publius Varinius rassemble alors deux légions et marche vers les gladiateurs formés en troupes régulières : il est battu. Le succès attire à Spartacus de nombreux partisans : pâtres, bouviers, bandits se rangent sous ses ordres, et lui font une armée de quarante mille soldats.

Rome, inquiète de ce soulèvement, décide l'envoi en Campanie de deux consuls Cn. Lentulus et C. Cassius (72). Ils succombent l'un après l'autre sur l'Apennin et devant Modène. Spartacus, fier de ses victoires, délibère s'il marchera sur Rome. En présence de ce danger, le sénat met à la tête de huit légions Marcus Licinius Crassus, célèbre par ses richesses et sa cupidité, général médiocre, mais d'un caractère énergique. Un premier corps ayant fui devant les gladiateurs, Crassus le fait décimer, et redonne ainsi de la vigueur à ses troupes. Spartacus vaincu recule et prend le chemin de la Lucanie et de Rhegium. Il espère, à l'aide des pirates, passer en Sicile et y soulever les esclaves; mais le préteur Verrès tient en échec la flottille des corsaires et l'empêche de remuer. A défaut de vaisseaux, les gladiateurs essaient, sur des radeaux faits de claies et de tonneaux liés avec de l'osier, d'affronter les flots rapides du détroit. Ils échouent, font une attaque désespérée à Sila et à Silarus (Sele), et périssent en hommes de cœur, sans demander quartier (71). Spartacus, qui avait égorgé son cheval avant d'en venir aux mains, se défend avec le courage du lion; blessé mortellement, genoux en terre, il frappe encore de sa lance l'ennemi qui le tue. Crassus, soutenu par un corps d'armée de Pompée, revenu d'Espagne, donne une chasse à outrance aux restes des bandes vaincues. Les aigles perdues sont reconquises et, sur toute la voie qui va de Rome à Capoue, sur un espace de cinquante lieues, six mille croix, portant les cadavres d'esclaves suppliciés, attestent le triomphe de Rome sur l'esprit de rébellion. Crassus avait préparé la victoire, Pompée en recueille les fruits. A son retour, le peuple qui l'attend avec impatience, le salue du nom de héros invincible.

La guerre des pirates augmente encore sa popularité. La Cilicie rude ou trachée (*Challekim*, pierre), avec ses ports nombreux et ses montagnes qui descendent jusqu'à la mer, servait de repaire à une foule de bandits, qui avaient établi sur toutes les côtes des arsenaux, des lieux de refuge et des postes d'observation. Les troubles de l'Asie, agitée par Mithridate, permettaient à leurs barques-souris (myoparones) d'exercer impunément leurs déprédations et leurs violences sur la cargaison des navires faisant voile d'Orient en Italie. Les eaux de la Crète, de Cyrène, d'Épire, d'Achaïe et le golfe de Malée, qu'ils appelaient le golfe d'or, offraient un riche butin à eux et à leur chef Isidorus. Nulle contrée maritime, nulle côte, nul voyageur, nul promeneur n'était à l'abri de leur attaque. Ils enlevèrent deux préteurs, revêtus de leur robe de pourpre avec les licteurs qui portaient les faisceaux. La sœur d'Antonius, magistrat honoré du triomphe, ne fut rendue à la liberté qu'en échange d'une grosse rançon. On raconte qu'ils enlevèrent également Jules César, qui leur imposa par son sang-froid, son énergie et par son audace. Il leur demanda trente jours pour payer sa rançon de cinquante talents, la paya, arma quelques vaisseaux à Milet, vint les attaquer dans l'île de Pharmacuse, les fit prisonniers et les pendit comme il les en avait menacés en riant. On vit toutefois par là qu'ils n'étaient pas invincibles.

La marine romaine ayant été singulièrement affaiblie durant les troubles civils, Publius Servilius combat les pirates plutôt sur terre que sur mer, détruit leurs plus fortes places, Phaselis, Olympe et Isauria, le boulevard de la Cilicie, où ils avaient accumulé d'immenses dépouilles. Cette expédition lui vaut le nom d'Isauricus. En Crète, on envoie contre eux Marcus Antonius, le père du trium vir; mais il échoue honteusement et n'use de son pouvoir que pour piller les provinces. Plus tard, Metellus met l'île de Crète à feu et à sang, enferme les pirates dans leurs châteaux et leurs places de guerre, Gnosse, Érythrée, Cydonie, défait les chefs des Cydoniens, Lasthène et Panarès, et revient triomphant à Rome recevoir le nom de Creticus, tandis qu'un autre Metellus reçoit celui de Balearicus pour avoir dispersé et détruit les flibustiers frondeurs des îles Baléares.

Il était réservé à Pompée de terminer la guerre piratique. La loi Gabinia lui confère la dictature maritime sur toutes les mers, îles et pays de côte jusqu'à dix milles à l'intérieur des terres avec un plein pouvoir illimité pour trois ans. Muni de troupes nombreuses, d'argent et de navires, Pompée divise en treize circonscriptions toutes les eaux de la Méditerranée, pourchassé, avec l'aide de ses lieutenants, les barques-souris des pirates dans les régions les plus lointaines, les emprisonne comme dans un filet, et les combat victorieusement dans une bataille décisive à la hauteur de Coracesium, sur la côte occidentale de la Cilicie. Quarante jours suffisent à l'heureux général pour nettoyer la mer, rendre la sécurité au commerce et le blé à l'Italie, menacée d'une effroyable disette. Par une douceur calculée, il fait grâce aux prisonniers, les établit dans les colonies de l'intérieur et notamment dans la ville de Soli, en Cilicie, à laquelle il donne le nom de Pompeiopolis (50).

A peine Pompée a-t-il assuré la domination romaine sur la mer par la destruction de la piraterie, que la loi Manilia lui confère le commandement sur l'Arménie et sur le Pont. Depuis l'existence de Rome, jamais pouvoir semblable n'avait été réuni dans les mains d'un seul homme. Les Grecs de l'Asie-Mineure n'usaient point de flatterie, quand ils l'appelaient le « roi des rois ».

Pendant les guerres intestines de Rome, Mithridate s'était relevé de ses défaites « tel qu'un lion, dit Montesquieu, qui, regardant ses blessures, n'en est que plus indigné. » Reprenant ses plans d'affranchissement et de conquête, il s'allie à Sertorius, et entre à main armée par la Capadoce dans la Bithynie, que Nicomède III avait laissée en héritage aux Romains, tandis que sa flotte faisait éprouver au consul Cotta et au chef de la flotte romaine, Publius Rutilius Nudus, une sanglante défaite devant Chalcédoine (74). Lucius Lucullus, nommé par le sénat gouverneur d'Asie et de Cilicie paraît alors sur le théâtre de la guerre. Il avait sous ses ordres cinq légions composées de trente mille hommes de pied et de seize cents cavaliers. Campé près du Sangarus (Sakarah), lorsqu'il apprend le désastre de Chalcédoine, il accélère sa marche et vient attaquer Mithridate, qui avait commencé le siége de Cyzique, opulente cité alliée des Romains. Les armées du roi étaient affaiblies par la maladie et par la faim. Lucullus les bat près de Rhyndacus, et contraint le roi à se sauver par mer vers le Pont. Non content de vaincre les ennemis sur la terre ferme, il leur donne la chasse sur mer, entre dans les eaux de l'Archipel, coule ou prend trente navires pontiques mouillés à Nea, entre Lemnos et Scyros, et ayant à bord plusieurs émigrés romains, anéantit le reste de la flotte, rassemble sur un même point tous les généraux placés sous ses ordres et refoule Mithridate jusque dans son royaume. Lucullus l'y poursuit, franchit l'Halys avec l'appui de Dejotarus, roi des Galates, et, mettant à profit le succès de son lieutenant Marcus Fabius Hadrianus, qui a détruit la cavalerie pontique, il attaque les forces réunies de Mithridate sur les frontières arméniennes, auprès de Cabira (71).

Mithridate vaincu se réfugie auprès de son gendre Tigrane, roi d'Arménie, qui le retient confiné dans une sorte de prison. Le Pont se soumet sans résistance aux Romains jusqu'à Trapezus (Trébisonde). Tous les trésors du roi tombent entre leurs mains. Les villes grecques du littoral, Amisos, Sinope, Héraclée, qui font mine de tenir tête à Lucullus, sont réduites à la dernière extrémité et les habitants forcés de s'enfuir sur leurs vaisseaux. Le général romain, pour recueillir tous les fruits de sa victoire, marche ensuite contre Tigrane, qui avait étendu sa domination sur l'Euphrate jusqu'à Antioche et la

Syrie. Tigranocerta, la capitale de ses États, rappelait par sa grandeur, ses murailles, ses jardins, ses palais, les antiques cités de Babylone et de Ninive. Tigrane accourt au-devant de Lucullus, avec une armée innombrable ; un seul jour de bataille (6 octobre 69) suffit pour l'anéantir. Cent mille Arméniens tombent sous les coups des Romains, qui ne perdent que quelques soldats. Tigrane s'enfuit avec une petite troupe de cavaliers. Sa capitale offre un butin considérable aux vainqueurs ; mais, en même temps, ces richesses, si facilement acquises, développent l'esprit de mutinerie et d'insubordination dans les rangs de l'armée romaine. Les soldats refusent de suivre Lucullus jusqu'à la ville d'Artaxata, qui renfermait les femmes, les enfants et les trésors du roi. Lucullus se replie sur Nisibis, dont il s'empare : là se terminent ses succès.

C'est, en effet, à ce moment que la loi Manilia décerne à Pompée la direction de la guerre d'Arménie. « Comme un oiseau de proie lâche et timide, qui suit le chasseur à l'odeur du carnage, Pompée, disait Lucullus, se jette sur le corps abattu par d'autres et triomphe des coups qu'ils ont portés. » Il semblait, en réalité, que le peuple romain ne songeât plus qu'à couronner son idole. Lucullus était un homme affable, instruit, opulent, vanté pour son luxe proverbial, amateur éclairé des arts et des chefs-d'œuvre de la Grèce, imitateur élégant de la civilisation hellénique, possédant d'immenses jardins, où les arbres de l'Orient, par exemple les cerisiers, s'unissaient à ceux de l'Italie, habile général, homme bienveillant et intègre, mais il n'était aimé ni du peuple ni des soldats. Pompée, au contraire, voyait grandir chaque jour sa popularité. « Fallut-il, dit Montesquieu, faire la guerre à Sertorius, on en donna la commission à Pompée. Fallut-il la faire à Mithridate, tout le monde cria Pompée. Eut-on besoin de faire venir des biés à Rome, le peuple croit être perdu, si on n'en charge Pompée. Veut-on détruire les pirates, il n'y a que Pompée. » Il part donc contre le roi de Pont qui se débat en vain comme dans une agonie. L'armée romaine, forte de cent vingt mille fantassins, de sept mille cavaliers et de cinq cents vaisseaux de guerre se met en campagne..

L'intervalle qui s'était écoulé entre le départ de Lucullus et l'arrivée de Pompée avait rendu le courage à Tigrane et à Mithridate. Le Pont tout entier était retombé au pouvoir de son roi; mais un désaccord survenu entre les deux princes divise leurs forces et rend plus faciles les victoires de Pompée. Mithridate, abandonné de son allié, attaqué par une armée deux fois plus nombreuse que la sienne, fait une tentative en vue de la paix. Les exigences de Pompée l'obligent à ne plus prendre conseil que de son désespoir. Surpris pendant la nuit par les Romains, aux bords du Lycus, dans un site montagneux et coupé de ravins où s'éleva plus tard la ville de Nicopolis, Mithridate battu n'a plus qu'à s'enfuir avec deux cavaliers à Sinoria, où quelques fidèles le rejoignent (66). Il partage entre eux les trésors qu'il y a déposés et prend sur lui du poison ; puis, remontant l'Euphrate avec le peu de troupes qui lui restent, il va rejoindre le roi d'Arménie; mais de la mésintelligence Tigrane avait passé à l'abandon et fait sa soumission à Pompée. Le général victorieux traverse alors le Caucase et pénètre chez des peuples inconnus, les Ibères et les Albaniens, pasteurs et cavaliers, dont Rome savait à peine le nom et qui reconnaissent sa puissance. Poursuivi et chassé de toutes ses retraites, Mithridate, âgé de soixante-huit ans, conçoit le projet désespéré de marcher sur l'Italie par les pays du Danube, en soulevant tous les peuples sur son passage. Mais en lutte avec son propre fils Pharnace, abandonné de ses soldats et de ses sujets, il se réfugie à Panticapée sur le Bosphore cimmérien, s'empoisonne avec toutes les femmes de son harem, et, comme le breuvage n'agissait pas assez vite, tend la gorge à un esclave gaulois qui l'achève (63).

Pompée, revenant sur ses pas, rentre dans le Pont, force les derniers châteaux qui tenaient encore, en rase les donjons et bouche les puits, en y roulant des blocs de rochers. Passant ensuite dans la Syrie, il met fin à la domination des Séleucides, en dépouillant Antiochus l'Asiatique, qui périt dans une embuscade, fait exécuter plusieurs princes pillards et rapaces, et dispose les États orientaux de telle sorte que la Bithynie avec le Pont, la Cilicie avec la Pamphylie et l'Isaurie, la Syrie avec la Phénicie, deviennent provinces romaines. La Grande Arménie, le Bosphore, la Paphlagonie, la Galatie et la Cappadoce sont donnés à des rois tributaires de Rome.

La Judée, soustraite aux rois de Syrie par le courage des Machabées (marteaux), s'était reconstituée et avait étendu son empire. A la mort d'Alexandre Jannaï, le royaume juif touchait à la frontière égyptienne du côté du midi, au royaume des Nabatéens vers le sud-est, embrassait au nord Samarie et la Décapole jusqu'à la mer de Génésareth et s'étendait, sur la côte, depuis le mont Carmel jusqu'à Rhinocorura, en y comprenant la place importante de Gaza. Pompée entreprend de réduire cette contrée. La querelle des Sadducéens et des Pharisiens l'avait affaiblie, en faisant de nombreuses victimes. Les deux fils d'Alexandre Jannaï, Hyrcan et Aristobule, après la régence désastreuse d'Alexandra, leur mère, avaient renouvelé la guerre civile. Le questeur de Pompée, Æmilius Scaurus, s'était déclaré pour Aristobule, mais Pompée, intervenant de sa personne dans le débat, rétablit Hyrcan sur le trône, poursuit Aristobule jusque dans Jérusalem, l'y assiége, entre dans le temple et enlève tous les trésors (63). Un grand nombre de Juifs se précipitent du haut des remparts ou se brûlent dans leurs maisons. La Palestine est soumise à la puissance romaine : l'Iduméen Antipater, père d'Hérode le Grand, en devient le procurateur.

CHAPITRE XIX.

Situation des partis à Rome. — Pompée. — Cicéron. — Verrès. — Catilina. — César. — Caton le Jeune. — Crassus. — Premier triumvirat.

Au moment où Pompée revenait triompher à Rome, la République se divisait en deux grands partis. L'un, suivant le plan des Gracches, essayait de constituer un état démocratique avec un chef populaire, l'autre, d'après l'exemple de Sulla, voulait fonder un état aristocratique avec un dictateur. Entre les deux flottait une masse d'esprits hésitants, prêts à se rallier au parti qui allait dominer. Au-dessous, la foule, qui se meut par sentiment plutôt que par calcul, s'habituait à considérer la concentration des pouvoirs dans une seule main comme l'unique moyen de gouvernement. Avant que César révélât son génie, ce chef absolu se personnifiait dans Pompée, couvert de gloire, tout-puissant, mais modéré et observateur des formes légales, affable, prévenant, sans hauteur dédaigneuse dans les plis de sa robe de triomphateur.

« Telle fut la grandeur de ce triomphe, dit Plutarque que, bien que divisé en deux jours, le temps n'y put suffire. En tête on portait des écriteaux où l'on voyait les noms des nations conquises : c'étaient le Pont, l'Arménie, la Cappadoce, la Paphlagonie, la Médie, la Colchide, les Ibères, les Albaniens, la Syrie, la Cilicie, la Mésopotamie, la Phénicie, la Palestine, la Judée, l'Arabie, tous les pirates pris sur terre et sur mer. On y lisait que Pompée avait pris mille forteresses et près de neuf cents villes, enlevé aux pirates huit cents vaisseaux, et colonisé trente-neuf villes. Les écriteaux disaient encore que les revenus publics, qui n'étaient que de cinq mille myriades (cinquante millions), avaient été portés par Pompée à huit mille cinq cents myriades (quatre-vingt un millions cinq cent mille francs); qu'il avait versé dans le trésor public, soit en numéraire, soit en objets d'argent et d'or, vingt mille talents (cent vingt millions), sans compter ce qu'il avait donné à ses soldats, dont le moins payé avait reçu, pour sa part, quinze cents drachmes (quinze cents francs). Les prisonniers menés en triomphe étaient, outre les chefs des pirates, le fils de Tigrane l'Arménien avec sa femme et sa fille; Zozime, femme du roi Tigrane lui-même; Aristobule, roi des Juifs; une sœur et cinq enfants de Mithridate; des femmes scythes, des otages des Albaniens, des Ibères et du roi de la Comagène. Joignez-y de nombreux trophées, en quantité égale à toutes les batailles gagnées par lui-même ou par ses lieutenants. Mais ce qui mettait le comble à sa gloire, ce qui n'était jamais arrivé à aucun Romain, il triomphait en troisième lieu de la troisième partie du monde. Il y en avait eu déjà d'autres qui avaient triomphé trois fois ; mais Pompée après avoir triomphé la première fois de la Libye et la seconde de l'Europe, semblait en triomphant cette dernière fois de l'Asie, triompher, après ses trois triomphes, de toute la terre habitée (61). »

. A côté de Pompée, d'autres acteurs entrent en scène, et jouent un rôle important dans le grand drame que présente alors l'histoire de Rome.

Compatriote de Marius, né comme lui près d'Arpinum, Marcus Tullius Cicéron, vaste intelligence, mais caractère plus souple que résolu, est le type de l'homme nouveau et moyen, vaniteux et loyal, ami sincère de la liberté, mais ne sachant point agir pour la défendre. Son père lui fait donner des leçons par les maîtres les plus célèbres, entre autres par le poète Archias. Une forte éducation développe ainsi cette riche nature. Éloquence, poésie, jurisprudence, philosophie, merveilleuse facilité épistolaire, goûts artistiques, tout contribue à le faire briller au premier rang. A vingt-six ans, il débute au barreau (81) par un plaidoyer en faveur de P. Quintius, sur une question de possession de biens. L'année suivante, il défend Sextus Roscius d'Amérie, accusé de parricide par Chrysogonus, affranchi favori de Sulla. Le gain de cause qu'il obtient lui faisant redouter la vengeance du dictateur, il passe en Grèce pour y compléter ses études. A Athènes, il se lie avec Pomponius Atticus d'une amitié qui dure jusqu'à sa mort, et à Rhodes il suit les leçons du rhéteur Apollonius Molon. De retour à Rome, il paraît sur la place publique comme orateur et acquiert une grande renommée. Nommé questeur en Sicile, il est choisi, après son départ de Lilybée, par les chevaliers romains, les Italiens et les Grecs en Sicile pour plaider contre le préteur Verrès coupable d'exactions, de violences, de spoliations et de vols sacriléges dans la province qu'il avait mission de gouverner.

Faire le procès à un des nobles, c'était le faire à presque toute la noblesse. Afin d'éviter le scandale, les sénateurs qui composaient le tribunal se hâtent de condamner Verrès après l'audition des témoins. Il est frappé d'une amende de sept cent cinquante mille drachmes, faible compensation des dix millions qu'il avait volés et il part volontairement en exil. Les éloquentes invectives que Cicéron avait préparées contre lui ne furent pas perdues : il les publia et elles furent lues avec un empressement funeste à la noblesse.

Pompée, aidé de Crassus, profite de ce mouvement de l'opinion pour ôter aux sénateurs le privilége exclusif de la judicature et le leur faire partager avec les chevaliers et les tribuns. Cicéron continue sa marche vers les plus hautes magistratures. Édile curule, puis préteur, il appuie de son éloquence la loi Manilia qui confère à Pompée le commandement de la guerre contre Mithridate, et arrive deux ans plus tard au consulat (63).

Les ménagements, que la politique de Pompée gardait vis-à-vis du parti populaire, laissaient le champ libre aux entreprises les plus audacieuses et les plus criminelles. Des hommes appartenant aux familles patriciennes, mais criblés de dettes ou perdus de débauche, Lentulus, Cornelius, Cethegus et d'autres encore, forment le complot de tuer les consuls, d'incendier Rome, de renverser la constitution, de s'emparer du pouvoir et d'instituer une dictature militaire. Ces élégants, à la barbe et aux cheveux parfumés, à la parure recherchée, sont tout prêts à rétablir les proscriptions, la confiscation, l'abolition des créances et à se jeter comme des brigands sur la société civile. Le chef le plus pervers de cette bande perverse était Lucius Sergius Catilina. Doué d'énergie, d'intelligence et de talent militaire, mais dépravé par des passions basses, une cupidité sans bornes et une ambition monstrueuse, souillé de crimes, plein de haines pour tout ce qui était au-dessus de lui, son visage pale, son regard égaré, sa marche tantôt lente, tantôt précipitée trahissaient les agitations et les troubles de son âme. Son ascendant réunit autour de lui quatre ou cinq cents hommes déterminés, chevaliers, patriciens, vétérans de Sulla, citoyens notables de villes alliées. Il essaie de se faire nommer-consul ; mais Cicéron, élu avec Antonius, est instruit de toutes ces menées. Il convoque le sénat dans le temple de la Concorde et lui apprend que, le cinquième jour des kalendes de novembre, un soulèvement doit avoir lieu en Étrurie ; le lendemain une émeute éclatera dans Rome : la vie des consuls est menacée : des amas d'armes de guerre et des tentatives pour embaucher les gladiateurs indiquent des projets effrayants. Catilina, interpellé par le consul, s'écrie que la tyrannie de quelques-uns, leur avarice, leur inhumanité sont les seuls dangers qui menacent la République. « Le peuple romain, dit-il, est un corps robuste, mais sans tête ; je serai cette tête. » Il sort, laissant le sénat indécis et tremblant. Une seconde tentative pour arriver au consulat ne réussit pas mieux à Catilina que la première. Les conjurés songent à recourir à la force et à exécuter leur projet. Les agents secrets de Cicéron, hommes et femmes, le tiennent heure par heure au courant de tous les mouvements des conjurés. Le consul, menacé d'assassinat, met une cuirasse, s'entoure d'amis dévoués et redouble de vigilance.

Catilina réunit alors ses complices dans la nuit du 6 au 7 novembre chez Porcius Læca, et leur distribue les rôles. Cicéron rassemble les sénateurs dans le temple de Jupiter Stator et prononce ses premières catilinaires. Le conspirateur, chargé d'imprécations, est obligé de sortir du sénat, mais il lance, en partant, ces paroles sinistres : « Vous allumez un incendie contre moi, je l'éteindrai sous des ruines ! » Un grand mouvement agite alors l'Italie : on court aux armes, on se forme en bandes compactes et résolues : on fait appel aux esclaves. A Rome, les conjurés cherchent à entraîner dans leur parti les députés des Allobroges, qui étaient venus prier leur patron Fabius Sanga d'obtenir pour eux une allégeance d'impôts. Nombre de personnes connaissaient la conspiration. Ni César, ni Crassus n'y étaient étrangers. . Comment Cicéron n'aurait-il pas eu de sûrs indices ? Au moment où les députés des Allobroges quittent Rome, on les arrête au Pont Milvius : on saisit sur eux des preuves incontestables de leur complicité. Le sénat réuni par le consul, le 3 décembre 62, dans le temple de la Concorde, cite devant lui les conjurés. Lentulus, Cethegus, Gabinius, Cæparius et Statilius sont convaincus du crime et gardés à vue dans la maison de magistrats désignés à cette effet. Cicéron instruit le peuple de ces faits dans sa troisième catilinaire. Comme on redoute une tentative violente pour la délivrance des prisonniers, le sénat est de nouveau convoqué, le 5 décembre. Silanus demande l'application du dernier supplice : Jules César requiert la prison perpétuelle et la confiscation des biens ; mais Cicéron et Caton soutiennent la requête de Silanus. Les conjurés sont conduits dans le Tullianum et étranglés à la lueur des torches par la main du bourreau. Le soir, quand on demande au consul ce que sont devenus les prisonniers : « Ils ont vécu », répond-il. A la nouvelle de cette exécution, une grande partie des conjurés abandonnent Catilina. L'occupation des défilés des Apennins par Metellus Celer empêche le chef des conjurés de pénétrer de l'Étrurie dans la Gaule italienne.

L'armée consulaire se hâte de marcher sur lui. Antonius, dont on n'était pas très-sûr, est remplacé par Petreius. La rencontre a lieu dans une vallée étroite, fermée par des rochers, près de Pistoria (Pistoïa). La résolution et la bravoure des soldats de Catilina et de son lieutenant Mallius auraient été dignes d'une meilleure cause. On laisse le javelot pour s'attaquer à l'épée, corps à corps; mais, malgré leur valeur, les conjurés sont défaits. « Lorsque Catilina, dit Salluste, voit ses troupes dispersées, et que seul il survit avec un petit nombre des siens, il se précipite dans les rangs les plus épais de l'ennemi et succombe en combattant. On le trouva bien loin de sa troupe au milieu des cadavres des ennemis : il respirait encore et ce courage féroce, qui l'avait animé pendant sa vie, demeurait empreint sur son visage. » (6 janvier 63). Sa tête coupée est envoyée à Rome.

L'enthousiasme des vainqueurs est à son comble. Cicéron, salué du nom de *Père de la patrie*, s'abandonne à son penchant pour la gloire, invite les poètes et les historiens à célébrer son consulat, le célèbre lui-même, et s'écrie : « Que les armes cèdent à la toge, et le laurier des combats aux trophées de la parole ! » Il se figurait avec trop de complaisance que lui seul avait anéanti le parti de Catilina. Le tribun Metellus Nepos, créature de Pompée, le rappelle au sentiment plus humble de la stricte équité. Cicéron voulait haranguer le peuple pour justifier et glorifier sa conduite; Metellus lui dit : « L'homme qui n'a pas permis aux accusés de se défendre n'a pas le droit de se défendre à son tour »; et il lui ordonne de se borner au serment d'usage qu'il « n'avait rien fait de contraire aux lois. » Une heureuse inspiration dicte à Cicéron cette fière réponse : « Je jure que j'ai sauvé la République ! » Caton et les assistants applaudissent, mais on comprend qu'un jour peut venir où, suivant le mot de César, « on oubliera les fautes des plus grands criminels pour ne se souvenir que de la sévérité outrée du châtiment. »

A son retour d'Asie, Pompée trouve Rome encore toute frémissante de la crise qu'elle venait de traverser,

Deux hommes s'étaient fait remarquer dans la délibération relative au sort des conjurés, Jules César et Caton le jeune : on commençait à sentir leur influence dans l'État. Issu d'une famille qui prétendait remonter à Iules ou Jules, fils d'Énée, descendant de Vénus et d'Anchise, Jules César était fils du préteur C. J. Cæsar, mort subitement à Pise, et d'Aurelia d'une illustre famille plébéienne. Par sa tante Julia, il était neveu de Marius. Sa merveilleuse intelligence, sa mémoire, son talent oratoire annonçaient le génie. L'éducation avait fait de lui un des hommes les plus distingués de son temps, avant qu'il fût un grand homme. Lettres, sciences, arts, connaissance approfondie de la langue grecque et de la langue latine, rien ne lui était étranger. A ces avantages, il joignait un extérieur remarquable, taille élevée, membres bien proportionnés, yeux noirs, regard pénétrant, teint pâle, nez droit et assez fort, bouche petite et régulière avec les lèvres un peu grosses. Il avait la voix sonore et vibrante, excellait dans tous les excercices du corps, marchant tête nue sous la pluie ou sous le soleil, alliant l'élégance des formes qui plaît à l'énergie du caractère qui impose. Au moment où Sulla s'empare de la dictature, César, âgé de dix-huit ans attire à lui les regards par son nom, son esprit, ses manières affables. Fiancé à Cossutia, fille d'un riche chevalier, il se dégage de sa parole, et épouse Cornelia, fille de Cinna, ancien collègue de Marius. Il eut d'elle Julia, qui fut la femme de Pompée. Sulla n'aimait pas César. Il veut lui faire répudier Cornelia : César refuse obstinément et s'exile dans la Sabine afin d'échapper à la colère du dictateur. Des amis s'interposent pour obtenir son pardon, alléguant sa jeunesse : « Je vous l'accorde, dit Sulla, mais dans cet enfant je vois plusieurs Marius. » Pour plus de sûreté, César se réfugie en Asie. C'est alors qu'il tombe entre les mains des pirates et qu'il leur fait payer cher sa captivité. De retour à Rome, après la mort de Sulla, il emploie toute son habileté et toutes ses richesses à gagner la faveur du peuple, prend son logis dans la Subura, relève, en sa qualité d'édile, les trophées et les

Victoires de Marius qui gisaient à terre dans le Capitole, donne des jeux brillants, favorise, questeur, les colonies latines, intente un procès à Dolabella pour ses exactions en Macédoine, et se fait ainsi bien venir non-seulement des Romains, mais des étrangers. Il était, comme on l'a dit, en bien et en mal, l'homme de l'humanité.

Caton est l'homme de la loi. Tandis que César réclame pour les complices de Catilina une peine moins sévère, Caton vote la mort. Arrière-petit-fils de Caton le Censeur, et surnommé *Uticensis,* parce qu'il se tue à Utique, Caton, dès sa première enfance, avait perdu son père et sa mère. Il est élevé dans la maison de son oncle maternel, Livius Drusus, avec son frère Cæpion et sa sœur Porcia. Caractère inflexible, difficile à s'émouvoir jusqu'au sourire, lent à apprendre, mais gardant bien la chose apprise, âpre et rude à la flatterie, il incline de bonne heure au stoïcisme et affecte même quelques-unes des allures de Diogène. Son âme imployable se révèle dès son enfance. Conduit, à quatorze ans, dans la maison de Sulla par son pédagogue Sarpédon, il voit emporter les têtes sanglantes d'illustres personnages victimes de la proscription. « Pourquoi, demande-t-il à son maître, personne ne tue-t-il le monstre qui ordonne ces horreurs ? — On a peur de lui. — Alors donne-moi une épée, je le tuerai, moi, et je délivrerai ma patrie de l'esclavage. » Quelques années après, il était le chef respecté du sénat et de l'aristocratie.

Bien que Crassus ait toujours repoussé comme une calomnie le bruit qui le représentait de connivence avec Catilina, on ne peut douter qu'il n'ait eu connaissance de la conjuration, et que, de toute manière, il ne songeât à en profiter. A la faveur des proscriptions de Sulla, le vainqueur de Spartacus avait porté sa fortune de trois cents talents à sept mille (trente-cinq millions). Il s'imaginait finir tôt ou tard par acheter Rome. Orateur habile comme son parent Licinius Crassus que loue Cicéron, il avait surtout pour passion dominante l'argent, en vue duquel il eût remué ciel et terre et qui fut plus tard la cause de sa perte. Il achetait des multitudes d'esclaves, et, pour les revendre avec bénéfice, il les dressait aux métiers lucratifs, exploitait des mines d'argent, faisait valoir des fermes, spéculait sur le blé, sur des terrains, et construisait des maisons, dont il tirait de gros loyers. Honoré de l'ovation pour avoir défait Spartacus, il est consul avec Pompée en 70, traite la populace dans un banquet de dix mille tables et donne à chaque citoyen du blé pour trois mois. Tels sont les hommes, qui, à l'exeption de Caton, aspiraient au premier rang dans la cité maîtresse du monde.

Dans la lice ouverte aux compétiteurs, Pompée les avait devancés, mais non vaincus. Il considéra quel était le meilleur parti à prendre pour réussir. Il ne redoutait pas Cicéron, trop faible pour une action continue ou décisive; mais il craignait l'influence de l'argent de son collègue Crassus et celle du génie de César. Pour s'attacher l'un et l'autre, il fait des concessions à la démocratie et se détache du sénat, qu'il est toujours sûr de retrouver à sa discrétion. Mais incapable de prendre une résolution suprême, il perd en hésitations un temps précieux et laisse échapper l'occasion de s'emparer du pouvoir souverain. César, souple et fin meneur d'intrigues, ne s'endort pas. Après un court séjour en Espagne, il revient l'an 60, avec le titre d'Imperator, une armée dévouée, et surtout des coffres pleins avec lesquels il apaise ses créanciers. Maître alors de la situation, délivré par la mort de Catulus d'un chef distingué de l'oligarchie, il se substitue à Pompée dans le rôle que celui-ci n'a pas su prendre, l'unit à sa fille Julia, âgée de vingt-trois ans, épouse en secondes noces Calpurnia, parente de Pompée, promet à Crassus de lui rendre dans l'État l'influence due à ses services et à son importance personnelle, et forme ainsi le premier triumvirat. Fort de l'appui de ses deux rivaux devenus ses collègues, il demande le consulat (59), l'obtient à l'unanimité, propose une loi agraire, qui passe malgré l'opposition de Caton, et se fait donner pour cinq années le commandement de la Gaule Cisalpine et de l'Illyrie avec trois légions. Caton s'écrie : « C'est la tyrannie que vous armez et que vous placez dans un fort au-dessus de nos têtes! » Le sénat ajoute une quatrième légion et une troisième province, la Gaule Transalpine. Avant de s'éloigner de Rome, César songe à y conserver la prédominance de son parti. Claudius, d'une famille patricienne, étant passé par adoption dans la famille plébéienne des Fonteius avec son nom changé en Clodius, se fait élire tribun du peuple, pour soutenir la politique de César. Le point important était de mettre à l'écart Caton, dont les protestations honnêtes étaient souvent gênantes et Cicéron qui avait refusé d'entrer dans la coalition triumvirale. Caton est envoyé à Byzance pour régler les affaires embrouillées de cette cité, et à Cypre pour incorporer ce royaume à la République. C'était un exil déguisé sous le couvert d'une mission honorable. Cicéron est traité avec plus de rudesse. Clodius, son ennemi personnel, le poursuit devant le peuple pour avoir condamné des citoyens romains sans les entendre. Cicéron est frappé d'une sentence d'exil; ses biens sont confisqués et sa maison rasée.

César peut maintenant partir pour la Gaule : au delà des Alpes l'attend une gloire immortelle, qui, en rejaillissant sur Rome, doit changer la face du monde. Son génie et son armée vont lui assurer l'empire.

CHAPITRE XX

Guerre de Gaule. — État de la Gaule au moment de la conquête de César. — Invasion des Suèdes. — Défaite d'Arioviste, des Helvètes, des Vénètes et des peuples d'Outre-Rhin. — Descentes dans la Grande-Bretagne. — Soulèvement de la Gaule. — Vercingetorix. — Prise d'Alesia. — Soumission totale des Gaulois.

Le chaos barbare et belliqueux de la Gaule, dit Michelet, était une superbe matière pour le génie de César. » Quoique Rome, en effet, eût vaincu la race celtique établie dans l'Italie septentrionale, la défaite de l'Allia et la terreur des hordes Kimro-teutones, qu'on croyait gauloises, n'étaient point effacées des souvenirs : on craignait toujours quelque nouveau coup d'audace de ce peuple transalpin, aventureux et guerrier. Aussi les Romains applaudirent-ils à l'idée hardie d'aller le frapper dans la profondeur de ses forêts, dans ses plaines marécageuses, sur les rivages d'un Océan inconnu, et d'établir vers le Nord des colonies semblables à celles du bassin de la Méditerranée, Massalie, Vienne, Lugdunum, Genève, Tolose, Narbonne. L'espoir du butin avait également sa part dans le plan de conquête. On disait que les vastes chênaies de la Gaule renfermaient de nombreux troupeaux, que le sol recélait de riches minerais d'or, et qu'un peuple devait avoir des trésors, quand il portait des saies brodées, des colliers, des boucles d'oreilles, des bagues, des bracelets. On savait les Gaulois braves, terribles à la première attaque, avec leur grande taille, la vivacité de leurs yeux bleus, leurs longues moustaches, leurs épées à deux tranchants, leur mépris de la mort entretenu par leurs Druides et par la certitude d'une autre vie; mais on connaissait aussi la mobilité de leurs sentiments, leur vanité querelleuse, leur amour des choses nouvelles, leur promptitude à se décourager dans les revers.

Au moment où César entreprit la conquête de la Gaule proprement dite, ou Gaule chevelue, elle était divisée en trois grandes régions : 1° Belgique, au nord, entre la Seine, la Marne et le Rhin; 2° Celtique au centre, entre la Garonne et la Seine, s'étendant depuis l'Océan jusqu'aux Alpes y compris l'Helvétie (Suisse moderne); 3° Aquitaine, au sud entre la Garonne et les Pyrénées. Ses huit millions d'habitants étaient répartis en villes, bourgs et bourgades, organisés à peu près comme les clans d'Écosse, et composant trois cents nations distinctes. Chacune d'elles obéissait à un roi (*righ*, ou *rix*) ou à un vergobret (justicier, de *guerg*, qui fait, *breth*, justice), entourés et suivis de compagnons ou *ambacts*, complètement dévoués à leur personne. Il y avait union religieuse sous l'autorité des Druides, mais absence de centralisation politique. Au midi dominait le principe de l'hérédité des chefs; dans le reste du pays celui de l'élection. Les clans se liguaient parfois en vue d'un intérêt commun, mais sur un espace restreint et pour un temps borné. La principale force militaire consistait dans la cavalerie, avec des chars de combat; cependant l'infanterie de quelques peuplades était excellente et renommée. Ils savaient se fortifier dans des places ou *oppidums* en cas d'attaque.

La menace d'une invasion des peuplades transrhénanes, qui se donnaient le nom de Ghermanna, Germains (hommes de guerre), rend l'intervention de Rome dans la Gaule plus nécessaire et plus urgente. Le chef des Suèves, Ariovist, appelé par les Séquanes, (Franche-Comté, Bourgogne, Alsace), clan rival de celui des Éduens, (Côtes-d'Or, Saône-et-Loire, Nièvre), traverse le Rhin avec quinze mille hommes armés (71), se jette sur le territoire des Éduens, clients de Rome, les bat sous Armagetobriga (*la Moigte de Broie*) près de Pontarlier, et les soumet aux Séquanes. Divitiac (l'*Homme religieux*), l'un des notables du parti romain chez les Éduens, se rend à Rome pour demander du secours. Le sénat diffère l'envoi d'une armée et laisse Ariovist s'établir sur le sol gaulois (58). Gênée alors et refoulée par les incursions des Suèves, la tribu la plus orientale des Celtes, à savoir les Helvètes, suivis des Raurakes, des Tulinges et des Latobriges, descendent vers la Gaule romaine pour s'y établir. Afin de laisser à leurs ennemis leurs cabanes vides et pour se rendre à eux-mêmes le retour impossible, ils brûlent leurs villes et leurs villages, chargent sur les longues lignes de leurs chariots leurs femmes et leurs enfants, leur mobilier, et arrivent par toutes les routes sur le lac Léman, à la hauteur de Genève.

Il n'y avait pas à hésiter. César vient leur barrer la rive gauche du Rhône par une ligne fortifiée. L'éduen Dubnorix ou Dumnorix (*puissant chef*), opposé au parti de son frère Divitiac, essaie, de faciliter aux Helvètes le passage du Jura par le pays des Séquanes. César, à la tête de cinq légions, franchit le Rhône sur la frontière des Éduens, au moment où les Helvètes y mettent le pied, fond sur les Tigorins (Zurich), une de leurs tribus retardataires, les détruit, suit pas à pas le gros de l'armée, épiant l'occasion de l'attaquer, les atteint près de Bibracte (Mont-Beuvray, près d'Autun), et, après une lutte acharnée, les défait et les repousse en Helvétie, « comme un pasteur, dit Florus, fait rentrer son troupeau dans l'étable » (58).

L'invasion helvétique contenue, César se tourne contre le Suève Ariovist, qui menaçait de rendre la Gaule germaine, le bat près de Mulhouse, le poursuit jusqu'au Rhin, pénètre dans la Belgique, se fraie un chemin à travers ces plaines bourbeuses, ces forêts vierges qu'il faut s'ouvrir avec la hache, jette des ponts sur les marais, s'avance tantôt à gué, tantôt à la nage et extermine les Nerviens (Hainaut) qui résistent avec un courage héroïque. L'armée romaine pliait ; César arrache le bouclier d'un soldat qui recule, vole au premier rang et rétablit le combat. Détachant alors la septième légion sous les ordres du jeune Crassus, qui avait décidé le gain de la bataille contre Ariovist, César lui donne mission de soumettre les peuples maritimes de l'Océan, et marche, avec le reste de son armée, à la rencontre des Aduateuques (Namur) qui s'étaient mis en marche pour se joindre aux Nerviens. Ils descendaient des Cimbres et des Teutons défaits par Marius : le neveu achève l'œuvre commencée par l'oncle en détruisant toute cette peuplade (57).

Tandis que les lieutenants de César font la guerre avec plus ou moins de succès sur divers points de la Gaule, Sergius Galba, chez les Veragres sur le Rhône supérieur ; Labienus, dans le pays des Trévires (Trèves) et des Rèmes (Reims, Soissons) ; Crassus entre les Armoricains et les Aquitains, Titurius Sabinus contre les Lexovii (Lisieux), les Unelli (Cotentin) et les Curiosolites (Côtes du Nord), le commandement de la flotte destinée à combattre les Venètes (Vannes, Morbihan), est confié à Décimus Brutus, qui part du pays des Nannètes (Nantes) et de l'embouchure de la Loire, pour remonter vers l'Armorique, pendant que César s'avance vers le même point, par terre, à la tête d'une grande armée.

Les Venètes faisaient grand fond sur leurs côtes hérissées de promontoires et de péninsules, que le flux séparait chaque jour du continent, et sur lesquels étaient placés leurs forts. Cet avantage était balancé par la supériorité des vaisseaux romains. Les embarcations des Venètes avaient des fonds plats et des bords plus élevés que ceux des galères de Brutus. Leurs voiles étaient grossières et faites de peaux : ils s'aidaient rarement de rames, et la lourdeur ainsi que la lenteur de leurs mouvements permettait aux Romains d'employer le choc de l'éperon et le pont d'abordage. Après quelques combats partiels, on en vient à une épreuve décisive. Les Venètes rassemblent deux cent vingt galères et font voile de l'embouchure du Morbihan contre la flotte de Brutus, mouillée vers l'angle de Quiberon, à la hauteur de Sarzeau, sous les yeux mêmes de César. Les Romains avaient adapté à leurs vergues des faulx pointues emmanchées à de longues perches: ils manœuvrent de manière à couper les cordages, qui lient les antennes aux mâts des navires ennemis ; les antennes et les voiles tombent, et le vaisseau se trouvant réduit à l'état de coque inerte, ils y jettent dessus les ponts à grappins et combattent comme sur la terre ferme. Les Celtes voient l'effet désastreux de cette manœuvre et s'efforcent de fuir; un grand calme qui survient les empêche de gagner le large. Leur flotte presque tout entière périt. Ce désastre entraîne la soumission des Vénètes et de l'Armorique. César, voulant effrayer toutes les résistances, fait passer les membres du conseil au fil de l'épée et vend le peuple comme esclave (56).

Restaient les peuples du nord de la Gaule, Morins et Ménapiens (Picardie, pays entre les bouches de la Meuse et de l'Escaut). César les refoule dans leurs forêts sans les vaincre, mais sûr de les retrouver bientôt, les autres peuples de la Gaule s'étant soumis à la domination romaine. Aussi, après avoir été passer l'hiver en Italie, il songe à repousser les nouvelles invasions germaines que les Usipètes et les Teuctères avaient renouvelées sur le territoire des Ménapiens, les bat vers le confluent du Rhin et de la Meuse, traverse pour la première fois le grand fleuve germain, aux environs de Bonn, sur un pont achevé en dix jours, pénètre en Germanie et s'avance vers le pays des Sucambres, en remontant les vallées de la Sieg et de l'Agger. Pendant sa marche, plusieurs peuples viennent solliciter son alliance : il les accueille et exige des otages, se dirige vers la Gaule en promettant aux Ubiens (Cologne) de les secourir, s'ils étaient attaqués par les Suèves, et rentre dans la Gaule, après avoir rompu le pont du Rhin (55).

Mais il ne suffisait point à l'ambition de César d'avoir prolongé ses conquêtes jusqu'à l'Océan, il veut, suivant l'expression de Valère Maxime « étendre ses mains célestes sur l'île de Bretagne ». Des secours en étaient partis afin de soutenir les Bretons de la Celtique. C'est le grief que fait valoir César pour déclarer la guerre aux insulaires bretons. Leurs mœurs et leur caractère étaient les mêmes que ceux des Gaulois, avec encore plus de fierté et de sauvagerie. D'une taille plus élevée, d'un blond moins ardent, le corps tatoué de pastel, ils n'avaient pour demeures que de chétives cabanes de chaume et de bois; ils déposaient leurs blés dans des silos; leurs oppidums étaient situés au milieu des forêts, défendus par un rempart et un fossé et servaient de refuges contre les attaques des ennemis. Ils semblent n'avoir pas eu de marine. César, pour opérer sa descente, part du port Itius (Boulogne-sur-mer) avec douze mille hommes de pied et quatre cent cinquante chevaux, embarqués sur quatre-vingts vaisseaux de transport et arrive en face des falaises de Douvres. Sa cavalerie, contrariée par le vent, ne peut prendre terre. Les Bretons descendent en armes sur le rivage. Après un débarquement des plus pénibles, où le légionnaire Scæva joue un rôle héroïque, les Romains repoussent les Bretons et établissent leur camp sur la hauteur de Walmer. On allait traiter de la paix, quand une violente tempête met les Romains dans un extrême péril et rend le courage aux Bretons. Ils enveloppent la septième légion qui commençait à plier, lorsque César paraît à la tête de ses cohortes et contient l'ennemi. Le manque de cavalerie ne lui permet pas de poursuivre les fuyards; mais la supériorité de ses soldats inflige aux Bretons des pertes cruelles. Craignant pourtant d'épuiser ser forces et ses ressources, César revient sur le continent, châtie en passant les Morins et les Ménapiens, qu'il n'avait pu atteindre l'année précédente, et établit ses quartiers d'hiver chez les Belges. En apprenant la nouvelle de ces succès, le sénat décrète vingt jours d'actions de grâces (55).

Des troubles s'étaient élevés dans l'Illyrie. César les apaise, passe quelque temps en Italie et rejoint son armée chez les Belges au commencement de juin 54, avec le projet de faire une seconde descente en Bretagne, à la tête de vingt-cinq mille hommes et de deux mille chevaux. L'armée romaine prend terre aux environs de Deal, et marche contre l'ennemi posté sur les hauteurs de Kingston, au delà d'un cours d'eau appelé aujourd'hui la Petite-Stour. Les Bretons sont battus et poursuivis, lorsque César apprend que de graves avaries sont survenues à sa flotte. Sans perdre de temps, il fait haler ses vaisseaux sur le rivage, reprend l'offensive, bat Casivellaun, roi du Middlesex, passe la Tamise, et, content d'avoir maintenu le prestige des armes romaines, impose un tribut aux vaincus et revient en Gaule.

Il était temps : une insurrection générale allait faire explosion. La Gaule frémissait d'impatience sous le joug étranger. Les peuplades irritées de leurs défaites et la noblesse indignée du meurtre de Dumnorix, massacré comme déserteur, menacent de s'unir dans une ligue formidable. Les Éburons (Liége, Limbourg) donnent les premiers le signal de la révolte. Sabinus et Cotta étaient campés près d'Aduatuca (Tongres), avec quinze cohortes. Trompé par les paroles d'Ambiorix et de Catuvolc, Sabinus décide son collègue à sortir du camp pour aller rejoindre la légion la plus voisine, tombe dans une embuscade et périt avec presque tous les siens. Cotta est tué en combattant avec courage. Quintus Cicéron, frère de l'orateur, commandait les cantonnements du pays nervien. Soixante mille Gaulois l'assiégent dans son camp, que César a grand peine à dégager. Les Trévires conduits par Indutiomar, mais maintenus par Labienus, n'attendent que le moment favorable. Dans la Gaule centrale, les Carnutes et les Sénons (Chartres, Sens), chassent le roi Cavariun, imposé par César. Mais la rapidité et l'énergie du consul, aidé d'un chef gaulois, Cingetorix, gendre d'Indutiomar, répriment le soulèvement et le conjurent pour quelque temps encore. La punition terrible des Éburons, frappés tous comme des bêtes sauvages, à l'exception d'Ambiorix, qui s'enfuit, donne aux Romains le temps de respirer. César se rend à Rome pour y passer l'hiver. (53).

Cependant le supplice d'Accon, chef carnute, provoque dans la noblesse une indignation semblable à celle qu'a causée le meurtre de Dumnorix. L'éloignement de César, menacé de ne pouvoir revenir à cause d'un hiver précoce et de la guerre civile imminente en Italie, la concentration des Romains sur la Haute-Seine, tout favorise la révolte. Les clans du centre commencent. Les chefs carnutes Gutruat (*vengeur*) et Conconnectodumn (*cœur fier*) donnent le signal autour de Genabum (Gien ou Orléans), en massacrant les Romains. Bientôt, comme un incendie, l'insurrection se propage chez les Arvernes (Auvergne), à la voix du grand héros gergovien, le fils de Celtill, dont on ignore le vrai nom, et que l'histoire connaît sous celui de Vercingetorix (*Chef de cent chefs*). Tous les Celtes saluent en lui le roi souverain, le généralissime des armées, le sauveur de la Gaule, le champion de son unité nationale et de son indépendance. Désespérant de vaincre les Romains en bataille rangée, Vercingetorix adopte pour tactique de faire le désert autour de César, brûlant les villes et les villages, détruisant les magasins, menaçant les approvisionnements de l'ennemi.

César, revenu d'Italie en toute hâte, prend son parti sans délai. Il franchit les Cévennes à travers six pieds de neige et apparaît tout à coup chez les Bituriges (Berry). Vercingetorix qui s'était dirigé vers le nord, est contraint de redescendre au sud. Les premiers coups de César frappent Genabum : tout est tué ou vendu. Puis il traverse la Loire et enlève la première ville des Bituriges Noviodunum (Sancerre), qu'il rencontre sur son passage. Vercingetorix, arrivé trop tard pour la sauver, ordonne de livrer aux flammes vingt villes des Bituriges, qui s'imposent à elles-mêmes cette nécessité. Mais quand on en vient à la capitale du pays, Avaricum (Bourges), la plus riche et la plus belle ville de la Gaule, les habitants se jettent aux genoux de Vercingetorix et le supplient de la sauver de la ruine et du feu. Ces ménagements font leur malheur. César la prend après un siége difficile et une résistance héroïque : il y périt quarante mille Gaulois (52).

Malgré cet échec, Vercingetorix ne perd point courage. Dans une assemblée générale, il ranime la valeur de ses compatriotes, met tout en œuvre pour gagner à sa cause les autres États du pays, se porte vers la rive gauche de l'Elaver (Allier), pour empêcher César de pénétrer en Arvernie. Une ruse de guerre de César fait échouer une partie du plan de Vercingetorix. Il parvient toutefois à couvrir Gergovie, place située sur une haute montagne près de Nemetum (Clermont-Ferrand). Dans le même moment la division de l'armée gauloise placée sous les ordres de Cambil ou Camulogène, chef du pays des Aulerques (*Eure, Sarthe, Mayenne, Saône-et-Loire*) arrête Labienus sur le bord de la Seine, vis-à-vis de Lutèce qu'il brûle pour ne pas la laisser prendre par les Romains. César essaie inutilement de bloquer Vercingetorix sous Gergovie. L'insurrection, qui menace de gagner les Éduens, le force à se retirer pour opérer sa jonction avec Labienus. La retraite fut rude. César obligé de payer de sa personne est sur le point d'être pris, et son épée reste entre les mains des ennemis. Quelques-uns de ses généraux croient tout perdu et proposent de rentrer dans la Province. César reprend les hostilités, rejoint Labienus, après avoir livré bataille à Camulogène qui périt dans l'action, contraint Vercingetorix à se renfermer dans Alesia (Alise ou Sainte-Reine dans la Côte-d'Or), et se met aussitôt à l'assiéger. C'est la dernière lutte de la Gaule expirante.

Après un long siége, où quatre-vingt mille hommes de pied, quinze mille chevaux et une population nombreuse finissent par mourir de faim, apparaissent tout à coup, en arrière de César, les colonnes d'une armée celtique et belge, forte de deux cent cinquante mille fantassins et de huit mille cavaliers, sous les ordres de Comm l'Atrébate, des Éduens Viridomar et Eporedorix et de l'Arverne Vercassivellaun. Du canal de Bretagne aux Cévennes les peuples ont fait un immense effort pour délivrer Vercingetorix. César tient tête à une sortie furieuse des assiégés, tandis que Labienus parvient à prendre à dos l'armée gauloise. C'en est fait d'Alesia. Vercingetorix pouvait fuir ou se tuer. Il aime mieux déclarer en plein conseil qu'il est prêt à se livrer pour désarmer la colère du vainqueur. Monté sur son cheval, paré de sa plus belle armure, le roi des Arvernes se rend devant le tribunal du proconsul, en fait le tour, remet son cheval, ôte ses armes et s'assoit en silence aux pieds de César sur les degrés (52). Cinq ans après, il était traîné en triomphe par les rues de Rome et mis à mort. Vengeance inutile d'un vainqueur inhumain ! La figure de Vercingetorix est restée populaire dans nos traditions nationales. Son nom signifie amour de la patrie; et toute la France s'est émue, quand on a récemment élevé sa statue sur le plateau d'Alesia.

Les clans gaulois dispersés se soumettent successivement au vainqueur. Les Bituriges et les Carnutes essaient de combattre. César porte chez eux le fer et la flamme. Les Bellovaques (territoire de Beauvais), conduits par Corrée, tendent une embuscade aux Romains sur les bords de l'Aisne, mais ils sont battus et leur chef massacré. Toutes les cités du nord livrent alors des otages. César parcourt la Belgique, rejette une seconde fois Ambiorix au delà du Rhin, se fait donner des otages par les villes armoricaines et étouffe les restes de l'insurrection entre la Loire et la Garonne.

Deux compagnons d'armes de Vercingetorix, le Sénonais Drappeth et le Cadurque Lucter, tentent d'envahir la province romaine; mais ils sont forcés de se réfugier dans Uxellodunum (Puy d'Issolù près de Vayrac, sur le Lot). Cette place était située sur une haute montagne, couronnée d'une ceinture de rochers à pic et dominant les environs d'une hauteur de deux cents mètres. Rien n'effraie les Romains. Ils en font le siége. Dans une sortie, Drappeth est fait prisonnier et se laisse mourir de faim. Lucter ne peut rentrer dans la place et s'enfuit chez les Arvernes. En ce moment César arrive, détourne au moyen d'une galerie creusée sous terre les eaux de la source qui alimente la garnison, et la dernière citadelle de la nationalité gauloise tombe aux mains du vainqueur. Il use de sa victoire moins en Romain qu'en barbare. Il fait couper les mains à tous les captifs. Le roi Comm seul obtient la paix sans condition. La Gaule chevelue est réduite en province romaine (50). « Dès lors, dit Michelet, César change de conduite à l'égard des Gaulois : il fait montre envers eux d'une extrême douceur; il les ménage pour les tributs au point d'exciter la jalousie de la Province. Ce tribut même est déguisé sous le nom honorable de *solde militaire*. Il engage à tout prix les meilleurs guerriers dans ses légions; il en compose une légion tout entière, dont les soldats portaient une alouette sur leur casque et qu'on appelait pour cette raison l'*alauda*... La Gaule garda, pour consolation de sa liberté, l'épée que César avait perdue dans la dernière guerre. Les soldats romains voulaient l'arracher du temple où les Gaulois l'avaient suspendue : « Laissez-la, dit César en souriant, elle est sacrée. »

En réalité, César avait fait payer cher à la Gaule l'introduction forcée de la civilisation romaine : huit cents villes prises d'assaut, trois cents nations défaites, un million de Gaulois tués et un million faits prisonniers!

CHAPITRE XIX

Guerre civile. — Troubles à Rome. — Claudius et Milon. — Curion. — Rupture décisive entre César et Pompée — Passage du Rubicon. — Guerre d'Espagne. — Soumission de Massalie. — Siège de Dyrrachium. — Pharsale, — Mort de Pompée. — Guerre d'Alexandrie. — Thapsus. — Mort de Caton d'Utique. — Triomphe de César. — Munda. — César dictateur perpétuel. — Meurtre de César.

ENDANT les dix années que César mit à conquérir la Gaule, de graves événements s'étaient succédés à Rome ou dans les autres contrées, soumises à son pouvoir. A l'intérieur, l'anarchie est partout. On sent que le pouvoir est vacant et que la République attend une main ferme, vigoureuse, qui, au prix même de la liberté, lui rende la sécurité et arrête l'effusion du sang des citoyens. Pompée avait tenté l'entreprise. Elle était au-dessus de ses forces. Renfermé dans sa maison avec sa jeune épouse, il laisse aller les choses de l'État et abandonne tout à Clodius. Cicéron exilé, Caton éloigné de Rome, Clodius y régnait en maître. A la fin pourtant Pompée sort de son inertie. Il retenait captif le fils de Tigrane l'Arménien. Clodius le fait échapper moyennant rançon. Pompée, pour se venger, facilite le retour de Cicéron, qui rentre triomphant « porté, dit-il lui-même, sur les épaules de toute l'Italie. » C'est le signal d'une réaction contre Clodius. Annæus Milon se place à la tête des partisans du sénat, et les deux ennemis s'étant rencontrés sur la voie Appienne, Milon tue Clodius. Grande rumeur dans Rome. Pompée, heureux au fond d'être débarrassé de Clodius, poursuit Milon coupable de meurtre, et, afin de maintenir l'ordre, entoure la place de soldats. Cicéron, qui s'était chargé de la défense de l'accusé, a peur et prononce un discours embarrassé, qu'il retouche plus tard et dont il fait sa belle *Milonienne*. Milon s'exile à Massalie (52). Un jour qu'il lisait le second discours de Cicéron. « Quel bonheur, dit-il, qu'il n'ait pas été prononcé, je ne mangerais pas ici ces excellents mulets! »

Durant l'intervalle de deux campagnes, de 57 à 56, César avait renouvelé son alliance avec ses deux collègues dans des entrevues qui eurent lieu à Ravenne et à Luca, petite ville de la Ligurie. Il se fait confirmer le commandement de la Gaule; Pompée a celui de l'Espagne et Crassus celui de la Syrie. Crassus était jaloux des exploits de César : il veut aussi se donner un renom militaire et il entreprend la guerre contre les Parthes. Un stimulant à son désir étaient les prodigieuses richesses, que le proconsul Gabinius, chargé de rétablir Ptolémée Aulétès sur le trône d'Égypte (57), avait rapportées de l'Orient. Il part, malgré les imprécations du tribun Ateius, à l'âge de soixante ans, pour une expédition à peine excusable dans une jeune tête. Son fils, qui s'était distingué en Gaule, l'accompagne comme lieutenant (55). Ils arrivent à Zeugma, ville de Syrie sur l'Euphrate; et l'armée romaine, forte de sept légions et de quatre mille cavaliers, se met en marche le long du fleuve. Le questeur Cassius, homme de tête et d'action, propose à Crassus un plan de campagne, qui consiste à suivre le fleuve jusqu'à Séleucie, afin de n'être pas séparé de sa flotte et de ses vivres, et d'éviter d'être enveloppé par les cavaliers ennemis, en les maintenant toujours en face. Mais Crassus, fier d'avoir pillé quelques villes et les trésors des temples, se laisse tromper par un chef arabe, Ariaumès ou Acbarus, qui l'entraîne dans les plaines sablonneuses de la Mésopotamie. Les forces des Parthes, divisées en plusieurs corps et commandées par le roi Hyrodès et son généralissime Surena, cernent les Romains au nord et à l'ouest. Quand les cavaliers ennemis se précipitent sur eux, leurs rangs serrés opposent une vive résistance, mais il est impossible de repousser les attaques incessantes des escadrons disséminés et fuyants, qui tournent autour des légions et les criblent de flèches. Le jeune Crassus, prenant une résolution héroïque, tente une charge, à la tête de quinze cents chevaux. Les Parthes cèdent, mais l'attirent à leur poursuite dans une embuscade, où il périt après des prodiges de valeur. Sa tête, portée au haut d'une pique, est promenée sous les yeux de son malheureux père, qui, écrasé par la douleur et le désespoir, laisse le commandement aux mains de Cassius. On était aux environs de Carrhes (*Harran* de l'Écriture). Cassius dirige la retraite de ce côté. Les Parthes font subir des pertes continuelles à l'armée romaine. Arrivé à Sinnaca, Crassus se rend à une entrevue que lui offre Suréna. Une sorte d'émeute suscitée par les cavaliers parthes jette le trouble dans la conférence. Crassus met l'épée à la main et est tué par Promaxéthrès. Sa tête coupée, apportée à Tralles dans un festin, au milieu d'une représentation des *Bacchantes* d'Euripide, passe de main en main comme un jouet d'enfant, et « c'est par une pièce de comédie, dit Plutarque, que se termine l'expédition tragique de Crassus » (53). Dans ce désastre il périt plus de vingt mille Romains : dix mille prisonniers conduits par les vainqueurs dans la Margiane (oasis de Merw), aux extrémités de l'Orient, y vécurent en esclaves et astreints à servir dans les armées des Parthes.

La mort de Crassus rompait le triumvirat, celle de Julia rompt les liens de famille entre César et Pompée, qui épouse Cornelia, veuve du jeune Crassus. La mésintelligence, depuis longtemps sourde et secrète entre le beau-père et le gendre, n'attendait, pour ainsi dire, que l'occasion d'éclater. Déjà, en 55, à propos de la loi Trebonia, proposée pour conférer des provinces à Pompée et à Crassus, les adhérents de César avaient soutenu une querelle tumultueuse et sanglante avec Caton, Ateius, Favonius et les hommes de leur parti. Pour se ménager la faveur populaire, Pompée fait construire le théâtre qui porte son nom, le premier édifice de ce genre qui fut bâti en pierre et destiné à durer. Quarante mille spectateurs y tenaient à l'aise. César, occupé en Gaule, ne perd pas cependant du regard les affaires de Rome. Le terme de son gouvernement approchait : il met tout en œuvre pour se présenter au consulat, quoique absent de la cité. On fait semblant de lui accorder sa demande et de la placer sous la protection de la loi ; puis, à l'aide de menées d'une légalité suspecte, on lui conteste la validité du droit qu'on lui avait reconnu. Le consul Marcus Marcellus émet la motion formelle que les deux provinces de Gaule, réunies entre les mains de César en 51, soient assignées aux deux consulaires à pourvoir pour l'an 49. Dès lors tous les actes émanés de César, à partir de ce moment, se trouvaient nuls de plein droit. Marcellus fait plus : il ordonne qu'on batte de verges un habitant de Novo-Comum, colonie fondée par César, comme n'ayant pas la qualité de citoyen romain. Les Pompéiens approuvent Marcellus et demandent que le sénat exige de César de licencier sans délai son armée, puisque la conquête des Gaules est finie. Les Césariens réclament. Vibius Pansa fait observer que Pompée est à la fois consul en titre et proconsul des Espagnes. Rome, moins préoccupée des exploits de Cicéron en Cilicie et de ses succès oratoires que de l'animosité des partis, attend avec anxiété l'issue de ces luttes d'autorité et de prépondérance.

C'est alors qu'on voit entrer sur la scène le jeune et fougueux tribun C. Curion, noble, éloquent, plein d'audace, et, suivant le mot de Velleius Paterculus, « le plus spirituel des pervers. » Vendu à César pour seize millions, il voit avec une merveilleuse intelligence le point vulnérable de la situation de Pompée et y porte ses coups. Quand on propose de nouveau, en mars 50, la question des provinces de Gaule à conférer, il adhère au sénatus-consulte de 51 ; mais il soutient qu'on ne peut rester fidèle à la loi qu'en abolissant tous les pouvoirs exceptionnels, ceux de Pompée et ceux de César. Le débat s'ouvre et amène la défaite complète des Pompéiens. Le sénat décide que les proconsuls des Gaules et des Espagnes sont invités à déposer leurs pouvoirs. César se déclare prêt à céder ; Pompée refuse. Une grave maladie qui avait failli l'emporter, lorsqu'il était à Naples, et dont il venait de guérir, lui donne un regain de popularité. De son côté, César reçoit un accueil triomphal dans la Cisalpine. Ses vétérans sont dans l'enthousiasme, prêts à tout oser pour lui. Curion, après avoir échauffé à Rome les esprits césariens, accourt au camp de Ravenne, où se trouve César avec la treizième légion. Cicéron, revenu de Cilicie, conseillait à Pompée de négocier avec son rival. César feint de s'y prêter et fait offrir par Curion et par Antoine de garder la Cisalpine et l'Illyrie avec deux légions. Les Pompéiens Lentulus, Marcellus et Scipion, exaltés par la passion et la colère, refusent ces offres et requièrent César de résigner son commandement, sous peine de haute trahison. Antoine, tribun du peuple, et son collègue Cassius protestent contre cette illégalité, et, menacés d'être expulsés par la force, s'enfuient avec Curion au camp de César. De part et d'autre il n'y avait plus qu'à tirer l'épée.

César avait une armée aguerrie, dévouée, prête à se faire tuer pour son général. Favonius ayant demandé à Pompée quelles étaient ses ressources militaires : « Ne t'inquiète pas, dit-il, je n'ai qu'à frapper du pied la terre, il en sortira des légions. — Frappe donc ! » repartit Favonius. En fait, il pouvait opposer soixante mille soldats aux cinquante mille Césariens. A Ravenne, César, dans un langage plein de cette éloquence qui enlève les âmes, instruit les soldats de ce qui est arrivé ; puis il se met en marche et s'arrête aux bords du Rubicon (Fiumicino). Cette petite rivière, qui descend de l'Apennin et dont le nom latin est dû à la couleur des mousses tourbeuses qui la rougissent, marque, entre Ravenne et Ariminum, la frontière de l'Italie et de la Gaule cisalpine. On dit que César, au moment de la franchir, hésita. Aux termes de la loi, était dévoué aux dieux infernaux et déclaré sacrilège et parricide, quiconque, avec une légion, une armée ou une escorte, passerait le Rubicon. L'heure était solennelle, décisive. Historiens et poètes se sont sentis émus en racontant ce moment redoutable dans la vie de César. Il semble toutefois qu'il ait pris sa résolution non d'une manière soudaine, mais après un examen réfléchi. Le matin du 27 novembre 50, il fait partir son avant-garde, assiste à des jeux publics à Ravenne, invite du monde à sa table, monte, le soir, sur un char traîné par des mules et se rend au petit pont du ruisseau par un chemin détourné. Quelques-uns de ses soldats l'avaient déjà franchi ; il le passe, à son tour, en s'écriant : « *Alea jacta est* : le dé est jeté ! »

Quand on apprend à Rome l'occupation d'Ariminum, véritable déclaration de guerre, on croit déjà César aux portes de la ville, et Pompée s'enfuit avec tout le sénat. Un seul des lieutenants de César, le brave Labienus, passe dans son parti. César, maître de Rome, traite tous ceux qu'il y trouve avec une extrême bonté, et ne commet d'acte arbitraire que de s'emparer de l'argent du trésor, malgré la résistance du tribun Metellus.

Il pousse ensuite la guerre avec rapidité ; et, tandis que Pompée gagne successivement Capoue, Brundusium, et enfin Dyrrachium de l'autre côté de l'Adriatique, César prend Corfinium, Valerius chasse les Pompéiens de la Sardaigne, et Curion soumet la Sicile. Confiant alors le gouvernement de Rome à Lépide et le commandement des troupes d'Italie à Marc-Antoine, il part pour l'Espagne, province toute pompéienne, qu'il importe de pacifier avant d'aller à la poursuite de Pompée. « Je vais, dit-il, combattre une armée sans général ; ensuite j'attaquerai un général sans armée. » Massalie, dévouée à Pompée, l'arrête au passage : il la fait assiéger par Trebonius et Decimus Brutus, franchit les Pyrénées, et se trouve d'abord engagé dans une situation difficile. De mauvaises nouvelles lui arrivent en même temps. Curion, en Afrique, a été défait et tué par Varus et Juba ; Dolabella, en Illyrie, a été fait prisonnier, Cicéron resté jusque-là en Italie est passé dans le camp pompéien. Mais bientôt le succès revient à César. Il bat les trois généraux de Pompée Petreius, Afranius et Varron, à Ilerda et près du Sicoris.

Au retour, il pardonne à Massalie, qui s'est rendue, y apprend qu'il a été nommé dictateur, et revient à Rome exercer durant onze jours la souveraine autorité. Il s'en sert pour rappeler les bannis, réintégrer dans leurs droits les enfants des proscrits de Sulla et libérer les débiteurs d'une partie des intérêts de leurs dettes. Il songe alors à marcher contre Pompée, met à la voile avec une flotte telle quelle, traverse la mer Ionienne, s'empare d'Oricum et d'Apollonie, et renvoie les vaisseaux de transport à Brundusium pour faire traverser les retardataires. C'est à ce moment que la légende place l'anecdote du pilote et le mot célèbre : « N'aie pas peur, mon brave, tu portes César et sa fortune! » Bientôt après, Antoine débarque, amenant le reste des troupes d'Italie. César presse alors le siége de Dyrrachium, où Pompée s'était enfermé avec une armée nombreuse, mais composée d'éléments en discorde, d'hommes de parti furieux et ne respirant que la vengeance, de gens habitués à prendre leurs aises sous des tonnelles gracieuses, près de frais gazons, de murailles tapissées de lierre, usant à leurs repas de coupes d'or et de vaisselle d'argent. Les soldats de César, animés d'un même esprit, formaient un singulier contraste avec leurs élégants ennemis. Ils se nourrissaient d'un pain grossier et parfois de racines, mais ils avaient juré qu'ils mâcheraient l'écorce des arbres avant de céder d'une semelle. Cependant une attaque malheureuse rend la position de César insoutenable : les vivres allaient lui manquer, et Scipion, qui arrivait d'Orient avec deux légions, faisait en Thessalie des progrès menaçants. En allant au-devant de lui, César compte entraîner à sa suite les Pompéiens, rendus fiers et confiants par sa retraite. Ce calcul était juste. Comme il l'avait prévu, Pompée le suit et les deux armées se trouvent en présence près de Pharsale (9 août 48).

Située sur une éminence rocheuse, qui se relie à la chaîne de l'Othrys, Pharsale est entourée d'une vaste plaine arrosée par l'Enipeus. C'est là que se joue la destinée de l'univers. L'armée de Pompée, comptant quarante-sept mille hommes et sept mille chevaux, était deux fois plus forte que celle de César en infanterie et sept fois supérieure en cavalerie. Mais la confiance dédaigneuse et la présomption imprévoyante des Pompéiens doubla les forces des légions exercées et résolues de César. On dit que celui-ci, passant sur son front de bataille avant l'action, dit aux soldats : « Frappe au visage ! » C'était faire entendre que les élégants parfumés, les « beaux danseurs » du camp de Pompée avaient peur d'une balafre. Pompée tient sa droite appuyée à l'Enipeus ; César, devant lui, assure sa gauche sur le terrain coupé en avant du ruisseau. La bataille engagée demeure quelque temps indécise. Labienus rompt la cavalerie césarienne et la poursuit, mais il vient se heurter contre deux mille vétérans rangés derrière les cavaliers. Leur attaque imprévue rejette en désordre les assaillants, qui s'enfuient à bride abattue. En même temps, les Césariens se précipitent sur la gauche ennemie et la prennent à revers, pendant que César pousse en avant une troisième ligne de réserve. Cette manœuvre assure la victoire. Pompée, comme frappé de vertige, rejette les insignes du commandement, monte à cheval, s'enfuit par la route la plus courte jusqu'à la mer, et aperçoit un vaisseau prêt à lever l'ancre. Le patron était un Romain nommé Peticius. Il reçoit Pompée à son bord avec les compagnons de sa déroute, Lucius et Publius Lentulus, Favonius et le roi de Galatie Dejotarus. Arrivés à Mitylène, ils sont rejoints par Cornelia et par Sextus Pompée.

Après quelques jours d'incertitude et de voyage, Pompée se décide à demander asile au roi d'Égypte, Ptolémée XII, son obligé : il comptait sur la reconnaissance du jeune prince. Il le fait avertir à Péluse de son arrivée prochaine. Trois conseillers dirigeaient toutes les actions de Ptolémée, l'eunuque Pothin, le rhéteur Théodote et l'officier Achillas. Ils engagent leur pupille à prier Pompée de débarquer et à s'en débarrasser sur-le-champ. C'était un moyen sûr de plaire au vainqueur de Pharsale. Un petit bateau de pêche est expédié, monté par Achillas et par deux Romains, Septimius, ancien compagnon d'armes de Pompée, et un autre officier, Salvius. Pompée prend congé de ses amis et de sa famille, le jour anniversaire de son triomphe sur Mithridate, descend dans la barque fatale, suivi d'un de ses affranchis, Philippe, et de l'esclave Sciné, et salue courtoisement Septimius, qui s'incline sans lui répondre. De loin, Cornelia et ses amis observent tous ces mouvements avec une anxiété des plus vives. Pompée tenait, dit-on, un rouleau de parchemin sur lequel il avait écrit les notes d'un discours à Ptolémée. Arrivé près de terre, il s'appuie sur la main de Philippe pour débarquer. Alors Septimius s'approche par derrière et le frappe de son épée. Le blessé roule en s'enveloppant la face de sa toge. Salvius et Achillas lui portent les derniers coups. Sa tête, séparée du corps, est emportée au palais du roi, tandis que le tronc est jeté à la mer et poussé sur les brisants. Un cri d'horreur s'échappe de la trirème qui porte Cornelia, avec les autres spectateurs de cette scène affreuse, et qui s'éloigne en toute hâte pour échapper à la poursuite des Égyptiens. « Philippe, dit Plutarque, demeuré seul à côté du cadavre, le lave d'eau de mer et l'enveloppe, faute d'autre vêtement, d'une de ses tuniques. En regardant autour de lui sur le rivage, il aperçoit quelques débris d'un pauvre bateau pêcheur, vieux, mais suffisant pour former un bûcher à un cadavre nu, à des restes mutilés. Pendant qu'il rassemble et dispose ces débris, un Romain, du nom de Cordus, qui avait fait ses premières campagnes sous Pompée, s'approche de lui : « Qui es-tu, lui dit-il, toi qui songes à rendre les honneurs funèbres au grand Pompée ? — Je suis son affranchi. — Eh bien ! tu ne feras pas seul cette belle action. Admets-moi à prendre part à ce pieux office. Je n'aurai point à me plaindre de mon séjour sur la terre étrangère, puisque, en retour de mille soucis, j'aurai eu le bonheur de toucher et d'ensevelir de mes mains le plus grand capitaine de Rome » (28 septembre 48). Pompée avait cinquante-huit ans.

Pendant que les chefs pompéiens s'enfuient de différents côtés, le vainqueur poursuit sa victoire avec une activité infatigable. Antoine retourne en Italie; Calenus tient en respect la Grèce méridionale, et César fait voile vers l'Égypte. Il voulait, s'il était possible, sauver Pompée. Théodote lui apporte la tête et l'anneau de son rival. César reçoit l'anneau, mais il se détourne avec horreur de la tête mutilée, et lui donne, les larmes aux yeux, une sépulture digne d'elle. Les meurtriers comprennent quel va être leur sort. Ptolémée était en lutte avec sa sœur, la fameuse Cléopâtre. César donne raison à la sœur contre le frère. Les Alexandrins font mine de se soulever, et les meurtriers de Pompée assiégent César dans son palais. Mais, avec une poignée de soldats, il soutient héroïquement leurs attaques; puis, mettant le feu aux édifices voisins, l'arsenal et le port, il se sauve dans la presqu'île de Pharos, se jette à la nâge et rejoint ses vaisseaux. Par un retour agressif, il fond sur les assaillants et immole aux mânes de son gendre les hommes lâches et perfides qui l'avaient assassiné. Le corps du roi lui-même fut retrouvé sous la vase et reconnu à sa cuirasse d'or (47).

Satisfait de cette vengeance, César se dirige vers le Pont, où Pharnace, fils de Mithridate, suscitait une révolte contre Rome. César l'attaque et le défait à Ziela avec une rapidité rendue proverbiale par les mots : « *Veni, vidi, vici ;* je suis venu, j'ai vu, j'ai vaincu ! »

De retour à Rome, César, dictateur pour la troisième fois, se concilie le peuple par des mesures libérales, et les soldats par des promesses et même par des sévérités. Un jour, des légions de Campanie se mutinent et demandent leur congé. Deux chefs, Cosconius et Galba, sont tués dans le tumulte : César convoque les soldats dans le Champ de Mars, et le premier mot qu'il leur adresse, au lieu de « *Commilitones,* compagnons d'armes, » est « *Quirites,* citoyens romains ». Licenciés par ce mot seul, accablés de honte, ils implorent leur pardon, que César leur accorde aux conditions les plus rigoureuses.

Il se transporte alors en Afrique, où les républicains et les Pompéiens s'étaient réunis autour de Caton, de Metellus Scipion et de Juba, roi de Numidie. Utique était le siège du sénat des « Trois Cents » réunis antérieurement à Thessalonique. Le 4 avril 46, César sort de son campement, la nuit, pour investir Thapsus, que Juba et

Scipion essaient en vain de défendre. Ils sont battus. Scipion veut fuir en Espagne ; mais, assailli par un orage, il craint de tomber aux mains du vainqueur, se perce de son épée et se jette dans la mer. Caton, réfugié dans Utique, voyant que tout est perdu, fait échapper les sénateurs qui se trouvaient avec lui et prend la résolution de se donner la mort. Après le bain et le souper, il se retire, et lit le dialogue de Platon sur l'immortalité de l'âme. Vers minuit, après quelque temps de sommeil, il envoie à la mer pour s'assurer du départ de ses amis, soupire en apprenant que la mer est orageuse ; puis, après un nouveau sommeil, il se lève et s'enfonce son épée dans le corps. On accourt au bruit ; un médecin panse la blessure, mais Caton arrache l'appareil et expire sur-le-champ (46). César, en arrivant à Utique, apprend cette mort et s'écrie : « O Caton, pourquoi m'as-tu envié l'honneur de pardonner à mon plus noble ennemi ? » Les derniers Pompéiens Considius, Afranius, Faustus Sulla, Juba, Petreius périssent également de mort violente, et la République expire avec eux.

Réfugiés en Espagne, Varus, Labienus, et les deux fils de Pompée, Cneius et Sextus, soutiennent le suprême effort de la guerre civile. César interrompt les fêtes, les jeux et les festins de son triomphe, pour anéantir ces débris. Après des engagements meurtriers, mais indécis, les Pompéiens viennent se poster devant Munda pour y livrer la bataille. Elle a lieu le 17 mars 45. Chaudement disputée, elle se termine, sur le soir, par la victoire de César. Trente-trois mille Pompéiens succombent dans cette journée sanglante, où sont tués Varus et Labienus. « Jusqu'ici, s'écrie César, j'ai combattu pour la victoire ; aujourd'hui j'ai lutté pour la vie ! » Cneius Pompée est tué dans sa fuite ; Sextus se réfugie chez les Cajétans. L'Espagne se soumet.

César concentre alors en lui tous les pouvoirs, dictateur à vie, maître des mœurs, imperator, consul sans collègue, tribun, grand pontife et augure. Le sénat, sur la proposition de Cicéron, lui donne le titre de Père de la Patrie et le droit de porter une couronne de laurier. Le mois de Quintilis, où il est né, prend désormais le nom de *Julius* (juillet). Dans son premier triomphe on étale, entre autres merveilles, le Rhin, le Rhône et l'Océan représentés en or, pour rappeler la conquête de la Gaule. Dans le second, remporté sur l'Égypte, on voit les images du Nil, d'Arsinoé, femme du roi Ptolémée, et celle de Pharos, tout étincelante de lumière. Le troisième offre Pharnace et le Pont; le quatrième, Juba, les Maures et l'Espagne deux fois subjuguée. De Pharsale, de Thapsus et de Munda, il n'est pas fait mention, mais on expose aux regards Caton, Petreius et Scipion se perçant de leur épée. Vercingetorix, conduit par les rues, est décapité dans sa prison. Et cependant, derrière le char du triomphateur, les soldats chantent des couplets ironiques : « Fais bien, tu seras battu; fais mal, tu seras roi ! Maris de Rome, gare à vous, nous amenons le galant chauve ! » On distribue ensuite aux citoyens du blé et trois cents sesterces par tête; vingt mille sesterces à chaque soldat. Un grand banquet de vingt-trois mille tables, de trois lits chacune, réunit les soldats et le peuple; puis, après le festin, ce sont des combats de gladiateurs et de captifs, combats à pied et à cheval, combats d'éléphants, combats navals dans le Champ de Mars transformé en lac.

Maître absolu de Rome et du monde entier, César conçoit et entreprend de grandes réformes et d'utiles travaux. Construction d'un temple au dieu Mars, réforme du calendrier, vaste port à Ostie, grande route de l'Adriatique à la mer Tyrrhénienne par-dessus l'Apennin, Capoue et Carthage relevées de leurs ruines, percement de l'isthme de Corinthe, immense amphithéâtre au pied de la roche Tarpéienne, droit de cité à toutes les professions libérales exercées même par des étrangers, grandes bibliothèques concentrant tous les produits de la pensée humaine, réunion en un seul code de toutes les lois du peuple romain, guerre déclarée aux Parthes qui menacent les frontières, voilà par quels projets et par quelles œuvres il veut justifier son usurpation. C'est au milieu de ces pensées qu'il est arrêté par la mort.

Cassius Longinus, ancien lieutenant de Crassus, avait fait preuve d'un grand courage dans la guerre contre les Parthes. Un passe-droit ayant froissé son orgueil et provoqué son humeur vindicative, il s'était déclaré pour Pompée, et, après Pharsale, il s'était rendu à César, qui lui avait pardonné. Marié à Junia Tertulla, sœur de Brutus, il avait avec celui-ci des rapports de famille et d'amitié. Il l'entraîne dans ses projets de conspiration et de meurtre contre César. Marcus Junius Brutus, neveu et gendre de Caton, âme généreuse, mais étroite, toute tendue de stoïcisme, avait aussi combattu à Pharsale et éprouvé la générosité du vainqueur. César avait pour lui une affection très-vive et l'appelait son fils. Brutus croit de son devoir de fouler aux pieds tous les sentiments de tendresse et d'aider Cassius à rétablir la République. « Cassius, disait-on, hait le tyran, et Brutus la tyrannie. »

La conjuration est organisée. On ne dit rien à Cicéron, dont on craint la faiblesse, mais on s'ouvre à Ligarius, ancien ami de Pompée, au préteur Labéon, à Albinus Brutus, riche influent et familier de César, puis à un grand nombre d'autres citoyens ou sénateurs considérables, Casca, Cimber, Trebonius, qui gardent tous un profond silence. Ce qui décide Brutus à presser l'issue du complot, c'est le bruit que César veut prendre le nom de roi. Il est certain que les Césariens en faisaient les avances au dictateur. La nuit, on couronnait ses statues. A la fête des Lupercales, Antoine lui offre le diadème, que César repousse avec mollesse. Les conjurés ne veulent pas tarder davantage. On prend jour pour les ides de Mars. Malgré le secret religieusement gardé, les avertissements n'avaient pas manqué à César. Des amis lui disent de se défier de Brutus : il se touche et dit : « Brutus attendra bien la fin de ce corps chétif. » Le devin Spurinna lui recommande de prendre garde au jour des ides. Le grec Artémidore de Cnide, qui enseignait les lettres à Rome, lui remet un billet sur la conjuration. Sa femme Calpurnia le supplie de ne pas sortir. César ne veut rien entendre et se rend au sénat, qui siége dans une salle adjacente au théâtre de Pompée.

Pendant qu'il s'avance le long du Forum et du Velabrum, une partie des conspirateurs escortent sa litière. Au moment où il descend, Popilius Lena s'approche de lui et entame une conversation animée. Les conjurés se croient perdus : quelques-uns même saisissent les dagues cachées sous leurs robes pour se donner la mort. Mais Brutus, reconnaissant aux gestes de Lena qu'il s'agit d'une supplique et non d'une révélation, rassure les siens par un sourire. César entre : ses ennemis forment autour de lui une masse compacte, en le conduisant à son siége. Trebonius retient Antoine en conversant à la porte avec lui. A peine le dictateur est-il assis que Tillius Cimber vient lui présenter une pétition en faveur de son frère, frappé d'exil. Les autres, joignant leurs prières à celles du sollicieur, prennent les mains et embrassent le cou de César. Celui-ci d'abord les écarte doucement; mais, comme ils insistent, il les repousse avec force. Tillius saisit sa toge des deux mains et la lui jette violemment sur les bras. Alors Casca, qui était derrière, tire son arme et lui effleure l'épaule d'un coup mal dirigé. César se retourne, saisit l'épée et s'écrie en latin : « Scélérat de Casca, que fais-tu? » et Casca en grec à son frère Lucius : « Frère, au secours! » Cependant les conjurés font le cercle avec leurs épées, pendant que les autres sénateurs restent immobiles, stupéfaits, muets. César, traqué comme une bête fauve, se débat et se défend au milieu de tous ces bras : il blesse même de son stylet un des assaillants; mais, apercevant dans la presse Brutus l'épée nue, il s'écrie : « Et toi aussi, mon fils? » s'enveloppe la tête de son manteau et s'abandonne aux coups. Soit hasard, soit dessein formé par les meurtriers, il est repoussé jusqu'au piédestal de la statue de Pompée, qu'il inonde de son sang; et l'on eût dit que Pompée présidait à la punition de son ennemi. Le cadavre était percé de vingt-trois blessures, dont une seule mortelle. Le meurtre consommé, tous les conjurés s'enfuient, laissant par terre, seul et baigné dans son sang, celui qui avait été Jules César (15 mars 44).

CHAPITRE XXII.

Réaction contre les conjurés. — Fuite de Brutus et de Cassius. — Arrivée d'Octave, accueilli par Cicéron et dédaigné par Antoine. — Supériorité d'Octave. — Second triumvirat. — Mort de Cicéron. — Guerre contre Brutus et Cassius. — Bataille de Philippes. — Mort des meurtriers de César. — Partage du monde entre Octave et Antoine. — Défaite de Sextus Pompée. — Cléopâtre. — Bataille d'Actium. — Mort d'Antoine et de Cléopâtre. — Fin de la République.

PRÈS avoir tué César, les conjurés, forts pour un coup de main, faibles pour un coup d'État, se retranchent dans le Capitole, au lieu de s'emparer du pouvoir. Les amis de César, Lépide, Antoine et Cicéron lui-même, agissent avec décision. Lépide soulève les vétérans, campés dans l'île du Tibre; Antoine, alors consul, se fait livrer le trésor public, les papiers et les épargnes de César; Cicéron fait proclamer une amnistie. L'apaisement ainsi produit, on procède aux funérailles du dictateur. Antoine, qui mène le deuil, lit au peuple le testament du mort, qui adopte pour fils son petit-neveu, le jeune Octave, laisse au peuple ses jardins et à chaque citoyen trois cents sesterces. Puis, quand il voit les esprits échauffés par la reconnaissance, il soulève la toge qui couvre le cadavre, montre le sang qui la rougit et les coups dont elle est percée. La foule éclate en sanglots et en menaces. Il semble que César se lève de sa couche funèbre pour demander vengeance. On court à la curie où il a été frappé, et l'on y met le feu. Les meurtriers prennent la fuite. Antoine, poursuivant son avantage,

gagne à prix d'argent les soldats, le sénat, le peuple, fait dépouiller Brutus et Cassius de leurs provinces de Syrie et de Macédoine, et prépare ainsi les voies aux desseins d'Octave, qui va devenir son rival.

Le fils d'Octavius et d'Atia, âgé de dix-neuf ans, achevait ses études à Apollonie, quand il apprend le meurtre de son grand-oncle. Il n'hésite pas à partir pour Rome, afin de réclamer son héritage. Les centurions des légions voisines s'étaient mis, avec leurs troupes, à sa disposition. Ses amis intimes, Salvidienus et Agrippa, lui conseillaient d'accepter cette offre : mais il avait hâte d'arriver. A Rome, ses partisans accourent à sa rencontre : Cicéron lui fait l'accueil le plus empressé. Mais Antoine, qui le redoute, lui donne une audience courte et arrogante dans les jardins de Pompée. Bientôt il se déclare ouvertement contre lui, refuse de l'admettre à faire valoir ses droits d'héritier, et s'apprête à lui tenir tête à main armée. Fort de l'appui du peuple et du sénat, soutenu par l'éloquence de Cicéron, qui lance ses *Philippiques* contre Antoine, Octave fait appel aux vétérans de César et accepte la lutte. Deux légions d'Antoine passent de son côté. Antoine assiége dans Modène Decimus Brutus, qui refuse de sortir de la Gaule cisalpine. Octave entre en campagne avec les deux consuls Hirtius et Vibius Pansa, délivre Brutus, qui, peu de temps après, est tué près d'Aquilée, et s'empare du camp d'Antoine, qu'il force à quitter l'Italie. Hirtius périt sur le champ de bataille, et Pansa, grièvement blessé, meurt quelques jours après (44).

Cette double mort fait planer sur Octave le soupçon d'y avoir contribué, et lui laisse le commandement de toutes les troupes. Il retourne à Rome, se fait nommer consul et se réconcilie avec Antoine et Lépide. Des proscriptions sanglantes suivent de près le second triumvirat (43). Réunis près de Bologne, dans une île du Reno, les trois chefs s'attribuent la puissance consulaire pour cinq ans, se réservent chacun deux provinces autour de l'Italie, et envoient à Rome au consul Pedius l'ordre de mettre à mort dix-sept des personnages les plus considérables. Pour cimenter cette alliance, les troupes exigent qu'Octave épouse Claudia, fille de Fulvie, femme d'Antoine. De nouvelles listes de proscrits sont ajoutées à la première : les massacres s'organisent : les scènes des jours néfastes de Marius et de Sulla recommencent, et de hideux trophées de têtes humaines sont suspendus à la tribune du Forum.

La proscription de Cicéron est le plus grand des crimes commis par les triumvirs. L'illustre orateur, sacrifié par Octave à la vengeance d'Antoine et de Fulvie, avait fui de Tusculum à Gaète. Il s'y repose quelque temps dans une de ses villas, puis il remonte en litière et redescend vers le rivage. Au même instant, les meurtriers arrivent, conduits par le centurion Herennius et par le tribun Popilius, que Cicéron avait sauvé d'une condamnation capitale. Cicéron, qui les entend, ordonne à ses serviteurs de déposer la litière, porte, par un geste qui lui était familier, sa main gauche à son menton, pâle, les cheveux en désordre, le visage amaigri par les chagrins, et tend la gorge à Herennius. Il avait soixante-quatre ans. Sa tête, coupée par Popilius, est portée à Rome avec sa main droite, et on pend au-dessus des rostres ces membres mutilés (7 décembre 43). Les triumvirs déclarent alors les proscriptions finies et tournent leurs efforts contre les assassins de César.

Brutus et Cassius s'étaient enfuis de l'Italie. Plutarque nous montre Brutus, à Élée, pleurant d'attendrissement, avec sa femme Porcia, devant un tableau représentant les adieux d'Hector et d'Andromaque ; mais, arrivé à Athènes, puis en Asie, il reprend toute sa fermeté, réunit une armée assez nombreuse et opère sa jonction avec Cassius, qui s'était mis à la tête des légions de Syrie. Antoine et Octave passent en Macédoine et se disposent à livrer bataille. La veille de ce combat décisif, Brutus a, dit-on, une vision étrange. Il lisait, le soir, dans sa tente éclairée par une faible lumière : il entend du bruit et aperçoit une figure qui semblait d'un spectre. « Qui es-tu ? que veux-tu ? lui dit-il. — Je suis ton mauvais génie, dit le fantôme : tu me verras demain à Philippes. » C'est, en effet, dans les plaines de Philippes que les armées se rencontrent. L'aile de Brutus pousse l'ennemi si vigoureusement qu'elle force le quartier d'Octave. Celle de Cassius, mise en déroute, gagne les hauteurs. Croyant son collègue défait, Cassius dépêche un centurion de vétérans, qui ne peut revenir assez tôt pour lui dire que Brutus est vainqueur. Il se couvre alors la tête et présente le cou à son affranchi. Sa tête roule à terre, au moment où le centurion accourt lui annoncer la victoire de Brutus. Vingt jours plus tard, le combat recommence. Brutus, seul contre les forces combinées de ses rivaux, est vaincu et contraint de s'enfuir. Suivi de quelques serviteurs dévoués, il traverse une rivière aux bords escarpés et boisés, s'arrête dans un endroit creux et s'assoit sur une grande roche. La nuit était avancée. Il adresse quelques paroles à Clitus, un de ses domestiques, et à Dardanus, son écuyer, prie Straton d'Égée, son maître de rhétorique et son ami intime, de lui prêter un fatal secours, élève son bras gauche au-dessus de sa tête, saisit de la main droite l'épée de Straton, en place la pointe contre la mamelle gauche, à l'endroit même où le cœur bat, et meurt percé d'un seul coup (42). On prétend que, en se donnant la mort, il s'écria : « Vertu, tu n'es qu'un nom ! »

Délivrés des derniers défenseurs de la liberté romaine, les vainqueurs se partagent l'empire romain. Antoine choisit l'Orient ; Octave, l'Occident. Lépide, qui possédait l'Afrique, est dépouillé de sa part et revêtu de la dignité inoffensive de grand prêtre. Pressé de prendre possession de son gouvernement, Antoine se rend en Cilicie, dans la ville de Tarse, où il mande à son tribunal la reine d'Égypte, Cléopâtre, qui, après avoir été aimée de Jules César, veut subjuguer le nouveau maître de l'Orient. Elle remonte le Cydnus sur un navire à poupe d'or, avec les voiles de pourpre déployées et les avirons d'argent, entourée de suivantes vêtues en Néréides et en Graces, et couchée sous un dais semé d'or, dans la parure traditionnelle de Vénus. Ses charmes dans tout leur éclat et son esprit dans toute sa force séduisent Antoine, et le jettent dans un amour qui l'entraîne à sa perte. Octave, pour arracher son collègue à cette redoutable fascination, lui fait épouser sa sœur Octavia, espérant qu'une grande beauté, unie à beaucoup de sérieux et de bon sens, le ramèneront à la raison. Mais ni ce mariage, ni la lutte contre Sextus Pompée, qui, maître de la Sicile, réduit Rome à la disette en la privant des transports de blé, et ne cesse de combattre que lorsque, vaincu par Agrippa dans un combat naval près de Myles (35), il est mis à mort par ordre d'Antoine; ni une expédition désastreuse contre les Parthes, où l'héroïsme d'Antoine ne peut préserver son armée d'une déroute et d'une retraite qui rappelle celle de Xénophon et des Dix Mille, rien ne le guérit de son aveuglement fatal.

A la fin, Octave, irrité des dédains essuyés par Octavia et de l'ascendant de Cléopâtre, porte ses griefs devant le sénat, et somme Antoine de déposer un pouvoir qu'il n'a pas rougi d'abdiquer pour une femme étrangère. Antoine refuse, et, se faisant l'auxiliaire de Cléopâtre, il se rend au défi d'Octave et au lieu du combat, fixé près du promontoire acarnanien d'Actium. Agrippa, chef de la flotte d'Octave, a sous ses ordres deux cent cinquante vaisseaux liburnes, d'une manœuvre facile et rapide. L'armée de terre se compose de quatre-vingt mille hommes de pied et d'environ douze mille chevaux. Antoine n'a pas moins de cinq cents navires de combat, hauts, massifs et munis de tours de bois, semblables à des forteresses. Son armée de terre est de cent mille hommes de pied et de douze mille cavaliers. Un grand nombre de rois alliés, venus de diverses contrées de l'Orient, servent sous ses ordres. La galère capitane, sur laquelle est Cléopâtre, porte le nom d'*Antoniade*. Le combat engagé vers le midi, les navires d'Octave, de trois à six rangs de rames, prêts à toutes les évolutions, attaquent, se retirent, se détournent avec aisance, et, s'attachant plusieurs en même temps à la lourde masse des galères d'Antoine, les choquent de leurs éperons et les couvrent de traits et de feux. Ceux d'Antoine répondent par des projectiles du haut de leurs tours de bois. Agrippa étend alors son aile gauche pour envelopper Antoine ; ce qui force Publicola, commandant de l'aile droite ennemie, à élargir aussi sa droite et à se séparer du centre. Cette manœuvre jette un commencement de trouble dans la flotte d'Antoine. Cependant le combat est encore douteux et l'issue indécise, lorsque tout à coup l'*Antoniade*, accompagnée de soixante vaisseaux égyptiens, déploie ses voiles pour faire retraite et cingler vers le Péloponèse. A ce moment, Antoine, entraîné follement par celle qu'il aime, comme s'il faisait partie d'elle et de ses mouvements, abandonne ses soldats qui combattent et qui meurent pour lui, monte sur une galère à cinq rangs de rames, accompagné de deux lieutenants, et suit la femme qui se perd et qui va le perdre lui-même (2 septembre 31).

Octave s'élance sur leurs traces : ils ont préparé leur fuite sur l'Océan : des garnisons défendent Paretorium et Péluse, les deux boulevards de l'Égypte : mais c'est en vain. Réfugié dans la tour de Timon le misanthrope, puis dans le palais de Cléopâtre, où tous deux s'étourdissent dans les jeux et les banquets de la société des *Inséparables dans la mort,* Antoine, désespérant de fléchir Octave, se perce de son épée. On le transporte devant les chambres funéraires, voisines du temple d'Isis, où Cléopâtre s'était enfermée. La reine refuse d'ouvrir, mais elle paraît à l'une des fenêtres, d'où elle descend des cordes et des chaînes. On y attache Antoine, souillé de sang, respirant à peine, et Cléopâtre, aidée de deux de ses femmes, Iras et Charmium, le soulève à grand peine, les bras raides et le visage tendu. Il venait d'expirer, quand Proculeius arrive de la part d'Octave et promet à Cléopâtre la vie sauve, si elle consent à se rendre. Elle refuse. Octave vient lui-même auprès d'elle et se flatte de l'amener à Rome pour orner son triomphe ; mais Cléopâtre, après cette entrevue, se fait apporter, dit-on, un aspic dans un panier de figues, présente son bras nu à la morsure, et s'endort d'un sommeil mortel. A cette nouvelle, Octave fait courir au palais. On ouvre les portes, et on voit la reine déjà morte, couchée sur un lit d'or, vêtue de ses habits royaux. Iras était morte à ses pieds. Charmium, affaiblie et défaillante, lui arrange encore le diadème autour de la tête. Un des gardes s'écrie en colère : « Voilà qui est beau, Charmium ! — Très-beau, répond-elle en expirant, et digne d'une femme issue de tant de rois ! »

Antoine mort, l'Égypte est réduite en province ; et la République romaine, n'ayant désormais qu'un seul maître, n'est plus qu'un souvenir du passé.

TROISIÈME PARTIE

EMPIRE

CHAPITRE PREMIER

Octave. César-Auguste, maître de l'univers. — Tibère. — Caligula. — Claude. — Néron : fin de la famille des Césars. — Galba. — Othon. — Vitellius. — Avènement des Flaviens : Vespasien. — Titus. — Domitien.

CTAVE, maître de l'univers, prend le titre de *Prince*, chef de l'Etat, et d'*Imperator*, chef de la force armée. Comme héritier de son grand-oncle, il ajoute à son nom celui de César, tandis que le sénat et le peuple lui confèrent le titre religieux d'Auguste (*augere*, agrandir), qui le consacre à la postérité. Tous les offices et tous les pouvoirs sont concentrés entre ses mains : direction suprême du pouvoir législatif, de la justice et des finances, inviolabilité tribunitienne, surveillance des mœurs, de la vie privée, de la religion et du culte, consulat à vie et proconsulat perpétuel, administration de Rome et des provinces. Jamais souverain d'Asie n'exerça un despotisme aussi absolu sur le peuple, qui, après s'être montré le plus jaloux de sa liberté, n'avait plus souci que des distributions de blé et des jeux du

cirque. Le maître n'en abusa pas. A la faveur de la paix, de grands travaux s'exécutent dans Rome et dans l'Italie. Auguste, aidé d'Agrippa et de Mécène, veut laisser de marbre la ville qu'il a trouvée de brique. Des temples, des théâtres, des obélisques, des palais, des aqueducs, des bibliothèques publiques, confiées à Varron, s'élèvent dans les quartiers restaurés ou nouveaux. Des cités ruinées sortent de la poussière de leurs décombres. Les routes anciennes sont prolongées ; des routes nouvelles sont percées et des services de poste organisés de toutes parts. Sous l'influence de l'empereur et de ses conseillers, de grands poètes, d'éminents historiens, mus d'un sentiment sincère et national, Virgile, Horace, Ovide, Tite-Live, Velleius, célèbrent l'agriculture des vieux Sabins, les origines de Rome, ses fastes, ses triomphes, ses gloires de toute nature. Quelques artistes italiens rivalisent avec les œuvres merveilleuses de la Grèce.

Auguste n'aimait pas la guerre, il disait que les lauriers sont beaux, mais stériles : il est cependant forcé de combattre en Espagne, dans les Alpes Rhétiques, Vindéliciennes et Noriques, en Dalmatie et en Pannonie, pour renforcer les frontières de l'empire romain. Heureux avec les Parthes, qui rapportent les drapeaux arrachés à Crassus, il éprouve un échec terrible en Germanie. Le faste, la cupidité et l'imprévoyance du gouverneur Quinctilius Varus provoquent un soulèvement chez les Chérusques et les Bructères, sous la conduite d'Arminius (Herman). Trois légions et beaucoup de troupes auxiliaires remplissent de leurs cadavres les ravins de la forêt des Teutoburges. Les aigles sont perdues, et Varus se donne la mort. Un grand nombre de prisonniers sont immolés sur les autels des dieux. A la nouvelle de ce désastre, Auguste s'écrie avec désespoir : « Varus, rends-moi mes légions ! »

Des malheurs privés s'ajoutent à cette calamité publique. Marié d'abord à Claudia, fille de Fulvie et de Clodius, puis à Scribonia, dont il eut une fille, la trop fameuse Julie, puis enfin à Livia, mère en premières noces de Drusus et de Tibère, Auguste voit mourir successivement ses deux petits-fils, Caius et Lucius, fils d'Agrippa et de Julie, et Marcellus, fils de sa sœur Octavia. Il est ainsi contraint d'adopter pour héritier son beau-fils et gendre Tibère, qu'il déteste et dont il est détesté. Des désordres scandaleux ou des haines, tantôt sourdes, tantôt violentes, le forcent à envoyer en exil plusieurs membres de sa famille : douleurs et humiliations qui assombrissent les seize dernières années de son règne de quarante-quatre ans. Quelques conspirations éclatent contre lui, mais elles sont étouffées à leur début.

Dans l'été de l'année 14, il voyageait en Campanie, naviguant doucement entre les îles du golfe de Naples, ou visitant les sites délicieux du littoral, lorsqu'une grave maladie d'entrailles l'arrête à Nola. Il y meurt le 19 août, à l'âge de soixante-seize ans. Son corps rapporté à Rome est enseveli dans le tombeau qu'il s'était préparé. On dit que, quand il sentit sa mort prochaine, il prit un miroir, s'arrangea les cheveux, et, tourné vers ses amis, leur dit comme un acteur, à la fin du spectacle : « N'ai-je pas bien joué le mime de la vie ? » Un sénateur, pour un million de sesterces, jura qu'il avait vu l'âme d'Auguste remonter au ciel.

Auguste avait une belle figure, le nez aquilin, les yeux clairs et brillants, le regard pénétrant, les cheveux blonds et bouclés, la taille moyenne. Ses mœurs étaient simples, ses habitudes modestes. Fut-ce un homme de génie, un grand homme? Non, mais un habile politique, de race secondaire, capable de comprendre la situation de Rome, les nécessités de l'Empire, de les dominer et de les diriger. La guerre étrangère et la guerre civile avaient épuisé Rome. Auguste, qui avait pris pour devise : « *Festina lente*, hâte-toi lentement, » pansa les blessures, rétablit l'ordre et fit régner avec lui la paix qui porte son nom, *pax augusta*. Il a également l'honneur d'avoir donné son nom au siècle de la littérature romaine, qui produisit les plus beaux chefs-d'œuvre de la pensée. Enfin, et pour comble de gloire, au moment où

« tout l'univers, dit Bossuet, vit en paix sous la puissance d'Auguste, Jésus-Christ vient au monde. »

Tibère, successeur d'Auguste, ne se donne pas, comme lui, la peine de séduire les Romains : il les opprime et les écrase sous le poids de la servitude. Il étend le crime de lèse-majesté, inventé par Auguste, et en fait une loi de finance qui encourage les délateurs. La bassesse du sénat s'incline devant tous les caprices d'une tyrannie sans limites.

Général habile, administrateur actif et intelligent, Tibère s'était distingué dans les guerres de Germanie. A son avénement, les légions qu'il avait laissées en Pannonie et sur le Rhin se soulèvent en demandant pour solde un denier par jour, le congé après seize ans, et une somme fixe payée dans le camp même le jour de la vétérance. Drusus, fils de Tibère, aidé du préfet Séjan, apaise à grand peine les légions de Pannonie. Germanicus, neveu de Tibère, calme, au péril même de ses jours, celles des rives du Rhin, qu'il conduit ensuite à la victoire, après avoir donné la sépulture aux cadavres blanchis des soldats de Varus.

A Rome, Tibère continue la politique d'Auguste avec d'autant plus de facilité que toutes les résistances sont brisées. Il avait rappelé Germanicus des provinces rhénanes pour l'envoyer en Orient. Voulait-il l'envoyer à la mort ? La popularité de Germanicus lui faisait-elle ombrage ? Pison et Plancine, créatures de la vindicative Livia, mère de Tibère, servirent-ils les projets de l'empereur, en empoisonnant son neveu ? L'impartialité de Tacite hésite à se prononcer. Moins douteuse est la dureté avec laquelle Tibère traite Hortalus, un descendant du grand Hortensius, auquel on accorde, comme par grâce, un peu d'argent qui l'aide à prolonger sa misère. Il se montre encore plus implacable à l'égard de Libo Drusus, accusé de conspiration contre la vie de l'empereur, et contraint de se donner la mort.

Malgré son caractère soupçonneux et défiant, Tibère accorde toute sa confiance à Séjan, qui, pendant plusieurs années, possède réellement la conduite de l'État.

L'an 26, Tibère quitte Rome, pour n'y plus revenir et se fixe en Campanie. Afin de satisfaire de honteux penchants, il se retire dans l'île de Caprée, à l'entrée du golfe de Naples. Alors commence une série de tragédies sanglantes. Ælius Séjan, fort de son crédit sans bornes et voulant satisfaire à la fois son ambition et sa vengeance, corrompt la femme de Drusus, fils de Tibère, qui avait levé la main sur lui, et l'empoisonne, de complicité avec Livia, veuve de sa victime. Quelques partisans de Germanicus s'étaient groupés autour d'Agrippine, Silius, Sabinus et d'autres hommes illustres : ils sont traînés en prison ou mis à mort. Cremutius Cordus, accusé d'attachement à la république, se laisse mourir de faim. Agrippine, enfermée dans l'île de Pandataria, subit le même sort. De ses trois fils, Néron se tue, Drusus est empoisonné, Caïus seul échappe, à cause de son jeune âge. Mais l'heure même de Séjan était venue. Tibère finit par soupçonner les desseins de son préfet. Il envoie à Rome Sertorius Macron prendre le commandement des gardes prétoriennes. Macron s'assure des troupes, prive Séjan de sa garde ordinaire, produit au sénat une longue lettre, où Tibère exprime ses appréhensions. Le sénat décrète la mort de Séjan, qui est immédiatement exécuté. Son corps, traîné par un croc dans les rues de Rome, est jeté dans le Tibre. L'oncle de Séjan, Blæsus, son fils, ses deux filles et de nombreux amis partagent son triste sort. Dès ce moment, la cruauté de Tibère ne connaît plus de frein. On montre encore à Caprée le rocher d'où les condamnés, sur un signe de l'empereur, étaient précipités dans la mer. Tibère survit peu de temps à ces hideuses exécutions.

Quelques victoires remportées en Afrique sur Tacfarinas, en Belgique sur Florus, dans la Lugdunaise sur Sacrovir, en Orient sur Artaban et son fils Arsace, jettent un peu d'éclat sur les derniers moments du vieil empereur. Il meurt le 16 mars 37, dans la villa de Lucullus, à Misène, étouffé, dit-on, par Macron, commandant des gardes prétoriennes, ou empoisonné par son successeur, le dernier fils de Germanicus, Caïus Caligula.

Caïus César, né à Antium, fut surnommé Caligula (bottine), nom d'une chaussure de soldat qu'il portait dans le camp, où il fut élevé. Son avénement est salué avec enthousiasme par le peuple heureux de voir sur le trône un fils de Germanicus. Ses premiers actes annoncent un règne juste et bienfaisant. Mais à la fin du huitième mois, sa conduite change tout-à-coup. Une maladie sérieuse ayant affaibli ses facultés, il n'agit plus que comme un fou licencieux et sanguinaire. Il se fait élever un temple sous le nom de Jupiter Latialis, mange et couche dans les écuries des cochers verts, élève à la dignité de consul son cheval Incitatus, lui donne une maison complète, des esclaves et des meubles. Sa sœur Drusilla étant morte, et ayant été mise au rang des divinités, ce fut un crime de la pleurer parce qu'elle était déesse, et de ne pas la pleurer, parce qu'elle était sa sœur. Meurtrier de son père Tibère, de son beau-père Silanus et de son aïeule Antonia, il souhaitait que le peuple romain n'eût qu'une seule tête pour la trancher d'un seul coup. « Qu'on me haïsse, s'écriait-il, pourvu qu'on me craigne! » Un jour, il fait construire un pont de bateaux entre Baies et Pouzolles sur une assez grande étendue; puis, après l'avoir recouvert de terre, il y bâtit des maisons. Quand ce pont est terminé, il y donne un splendide banquet, et, à la fin de la fête, il fait précipiter dans la mer un grand nombre de conviés. Pour remplir le trésor, il épuise Rome et l'Italie de ses extorsions, pille la Gaule, se dirige avec ses troupes vers l'Océan, comme pour passer en Bretagne, les range en bataille, et leur donne le signal de ramasser des coquillages, qu'il appelle les dépouilles de l'Océan conquis. Le monde romain se fatigue enfin de ce fou couronné. Cassius Cherea, tribun de la cohorte prétorienne, et quelques autres chefs militaires le tuent le 24 janvier 41. L'extérieur de Caligula répondait à son caractère : teint pâle, corps énorme, jambes menues, yeux enfoncés, tempes creuses, front large et menaçant. L'orage l'effrayait : il s'enveloppait la tête à la vue de l'éclair, et se cachait sous son lit pour ne pas entendre les roulements du tonnerre.

Au moment où Cherea et ses complices assassinaient Caïus Caligula, Claude, oncle de l'empereur, s'était réfugié dans l'hermæum (salle à manger), blotti, mourant de peur, derrière une tapisserie. Un soldat aperçoit ce vieillard, à la lèvre tombante, aux narines humides, à la tête agitée d'un tremblement continuel, et, apprenant qu'il est oncle de Caligula, se prosterne devant lui et le salue du nom d'empereur. Les autres soldats le mettent dans une litière, le portent au camp et lui font serment de fidélité, moyennant quinze grands sesterces donnés à chaque homme. Le sénat confirme l'élection.

Claude avait cinquante ans. Nourri loin des affaires, occupé de grammaire et de littérature, d'une nature faible et d'une intelligence étroite, il n'était pas cruel ; mais, gouverné par sa femme Messaline et par ses affranchis Posidès, Felix, Polybe, Pallas et Narcisse, il consent à des actes cruels qu'il n'eût jamais commis de son gré. Les désordres de Messaline ayant provoqué contre elle une sorte de réveil dans l'ame de Claude, elle est mise à mort et remplacée par Agrippine, fille de Germanicus.

Cette femme, belle et intelligente, mais corrompue et ambitieuse, empoisonne son époux imbécile et place sur le trône son fils Néron, qu'elle avait eu de Domitius Ahenobarbus. Comme contraste à ces tristes tableaux de l'histoire impériale, la courageuse Arria donne à son mari Pætus, coupable de conspiration contre Claude, l'exemple d'une mort héroïque. En même temps, des guerres heureuses font honneur aux armes romaines. Suetonius Paullinus et Geta soumettent les Maures ; Plautius et Corbulon font rentrer dans l'ordre les peuples de Bretagne. Claude mort, Sénèque le voue au ridicule dans une apothéose bouffonne ; et, avec l'aide de Burrhus, s'efforce de diriger vers le bien la nature vicieuse de Néron (54).

Les commencements de Néron sont marqués par une douceur, qui donne un démenti à sa mère Agrippine, lorsqu'elle avait dit que d'elle et de Domitius il ne pouvait naître qu'un monstre. Mais bientôt le jeune homme de dix-sept ans, à la figure efféminée, aux yeux bleus, à la vue basse, laisse percer le caractère de l'enfant mal élevé et gâté jusqu'à la corruption. Il commence par résister à sa mère, qui le menace de se déclarer en faveur de Britannicus, âgé d'une quinzaine d'années et capable de devenir un rival redoutable. Néron fait empoisonner le jeune prince dans un repas. Agrippine s'emporte : on la chasse du palais. Néron, foulant alors aux pieds toute bienséance, court déguisé, pendant la nuit, les rues de Rome avec de jeunes debauchés, insultant, volant même les citoyens, s'exposant à mille outrages, recevant des coups sans être reconnu, et s'applaudissant de ses bassesses. Pour flatter la populace, il fait distribuer du pain, des viandes, du gibier, des habits, de l'argent et des pierres précieuses. En retour, il demande des applaudissements lorsqu'il chante sur la scène ou qu'il conduit un char dans le cirque. Mais ses prodigalités, ses festins, le luxe de sa maison d'or ne satisfont pas son âme avide de sang et de débauche. Il fait mourir successivement Agrippine, sa mère, sa femme Octavia, les sénateurs Thrasea et Bora Soranus. L'incendie de Rome, l'an 64, que quelques historiens lui imputent, est une occasion pour lui de persécuter les chrétiens. Leurs supplices sont atroces. On les enveloppe de peaux de bêtes fauves pour les faire déchirer par les chiens; on les met en croix; on les enduit de résine, et Néron s'en sert comme de flambeaux pour éclairer les fêtes de ses jardins. Les Romains finissent par se lasser du joug de ce monstre. Une conspiration est formée par Calpurnius Pison, les chefs de l'armée et les principaux du sénat. Mais cette première tentative échoue : les conspirateurs sont mis à mort, entre autres le poète Lucain et Sénèque. Bientôt pourtant, après Rome, les provinces se soulèvent. Julius Vindex en Gaule, Sergius Galba en Espagne, lèvent l'étendard de la révolte. Néron, condamné à mort par le sénat, s'enfuit dans une maison de campagne à quatre milles de Rome, et là, après de longues hésitations, aidé de son secrétaire Épaphrodite, il se perce d'un poignard en s'écriant : « Quelle mort pour moi, un si grand artiste ! »

Le maître de la situation était Virginius Rufus, commandant des légions du Rhin. Ses soldats lui offraient l'empire, mais il n'en voulait pas, attaché par conviction à la forme républicaine. Rufus allait se concerter avec Vindex, lorsque celui-ci, sur un faux avis, se tue de désespoir. Rufus fait proclamer Galba, vieillard de soixante-douze ans, partisan de la république, mais convaincu que l'empire ne peut se maintenir sans une tête qui gouverne. Cependant la dynastie des Césars étant finie avec Néron, Galba espère que l'élection tiendra lieu de liberté. Malgré ces bonnes intentions, Galba, faible et indulgent jusqu'à l'excès, laisse ses favoris Vinius, Laco et Icelus commettre sous son nom mille injustices. Pour se donner un appui, il adopte comme successeur désigné Piso Licinianus, d'un caractère semblable au sien. Marcus Salvius Othon, ancien favori de Néron, homme ambitieux, mais perdu de dettes, déçu dans son espoir d'être adopté par Galba, soulève les prétoriens. Galba, après sept mois de règne, est massacré dans le Champ de Mars : Piso a la tête coupée : Othon est proclamé empereur (69).

Le sénat s'empresse de reconnaître Othon, mais le véritable souverain est désormais la milice prétorienne. Les prétoriens nomment eux-mêmes leurs chefs, et jusqu'au préfet de la ville, Sabinus, frère de Vespasien. Dans une émeute, ils veulent massacrer une partie du sénat, et Othon ne les arrête qu'à force de fermeté mêlée à d'éloquentes prières. De leur côté les légions du Rhin, séjournant à Cologne, ont proclamé Vitellius. C'est le signal de la guerre civile. Trois victoires remportées par l'armée d'Othon sur Cecina et Valens, généraux de Vitellius, ne sont pas assez décisives pour arrêter l'ennemi ; mais sa défaite à Bédriac, entre Vérone et Crémone, le réduit à se donner la mort, malgré les supplications de ses soldats, dont plusieurs se tuent sur sa tombe. Il meurt à Brixellium en héros, après une vie de débauches et d'intrigues.

Vitellius prend alors le chemin de Rome. C'était un soldat aimant la bonne chère, au visage de chat-huant, au cou gras et apoplectique. Le sénat et le peuple le reconnaissent. Quoique ses légions marquent leur passage par des cruautés, il montre quelque modération à son avénement. Mais bientôt une insatiable gloutonnerie lui fait dépenser pour sa table des sommes énormes. Il ne se préoccupe que de mets nouveaux et des moyens les plus révoltants d'entretenir en lui une faim continuelle. Il régnait depuis huit mois, lorsque les légions de Pannonie, de Mésie, de Syrie et de Judée se révoltent, et prêtent serment à Flavius Vespasien, absent ou présent. Mucien, gouverneur de Syrie, triomphe des hésitations du général en chef d'Orient et l'engage à marcher sur Rome. Vespasien laisse à son fils aîné Titus le soin de continuer la guerre contre les Juifs, et s'apprête à détrôner Vitellius. Son frère, Flavius Sabinus, et un tribun légionnaire, Antonius Primus, servent activement ses projets. Une lutte terrible s'engage jusque dans l'intérieur de Rome. Le Capitole est brûlé, et Sabinus massacré par les Vitelliens. Mais Antonius reste maître de la ville, après un combat sanglant dans le Champ de Mars. Vitellius, traîné hors de son palais, les habits déchirés, la corde au cou, les mains liées au dos, souillé de boue et d'ordures, est mis en pièces aux Gémonies, et de là traîné avec un croc dans le Tibre (20 décembre 69). Vespasien arrive au milieu des décombres fumants et se met à travailler avec les ouvriers qui réparent la ville.

Le chef des Flaviens était un soldat de fortune, affable, gai, aimant à rire, très-brave, et signalé par les guerres importantes de Germanie, de Bretagne, d'Afrique et de Judée. Il inaugure une période de repos et de tranquillité qui dure douze années. « Le sceptre, dit Suétone, qui avait erré, pour ainsi dire, entre les mains de trois princes élevés au trône tour à tour et renversés par la révolte et par le meurtre, se fixe enfin et s'affermit dans la famille Flavia. » Comme Auguste, Vespasien prend pour devise *Festina lente*, et fait graver sur les monnaies un papillon et une écrevisse. Sa vie frugale et simple forme un contraste frappant avec celle des empereurs qui l'avaient précédé, et sert plus à épurer les mœurs que toutes les lois et les édits. Plusieurs événements militaires marquent le *règne* de ce prince. Agricola, beau-père de Tacite, achève la conquête de la Bretagne. Titus s'empare de Jérusalem, détruit le temple qui n'est plus rebati, et disperse dans l'univers la nation juive, qui depuis lors n'a jamais réuni ses tronçons épars. Civilis, chef des Bataves, uni à des peuplades germaines qu'encourageait une de leurs prophétesses, Velleda, proclame l'indépendance de la Gaule. Vaincu par Cerealis, il fait une paix honorable pour lui. Velleda meurt prisonnière des Romains. Julius Sabinus, un des promoteurs du soulèvement gaulois, trouve un asile dans une grotte souterraine. Il y demeure avec son épouse Epponine pendant neuf années. Découverts tous deux, ils ne peuvent obtenir de la politique impitoyable de Vespasien le pardon qu'ils avaient mérité. Durant l'été de 79, Vespasien va, pour rétablir sa santé, passer quelque temps dans la maison de son père, au milieu des montagnes de la Sabine : il y meurt le 14 juin, à l'âge de soixante-neuf ans. Quand il sentit approcher sa dernière heure, il se leva en disant : « Un empereur doit mourir debout ! »

Vespasien avait deux fils, Titus et Domitien, Titus lui succède. Dans son enfance, Titus avait failli mourir pour avoir goûté à table du poison qui tua Britannicus. Il vécut pour donner à Rome et au monde deux années de bonheur. On se défiait de lui : on allait jusqu'à craindre un nouveau Néron. Sa douceur, sa bonté, ses manières affables lui valent le surnom de « délices du genre humain ». Il regardait comme perdue une journée, où il n'avait pu accorder une grâce ou faire quelque bonne action. Par égard pour les préjugés du peuple romain, que scandalisait un mariage avec une étrangère, il renvoie Bérénice, son épouse juive, dans sa patrie. Une terrible éruption du Vésuve, qui détruit Stabies, Herculanum, Pompéï, et qui coûte la vie à Pline l'Ancien, est l'événement remarquable du *règne de Titus*. Pris de la fièvre en sortant d'un spectacle, il meurt à Reate dans la même maison que son père, le 15 septembre 81, à l'âge de quarante et un ans.

A Titus succède le cruel Domitien, un Néron chauve, comme l'appelle Juvénal. Tyran sombre, lâche et voluptueux, il humilie les armes romaines en achetant la paix aux Marcomans et aux Daces, s'occupe de combats d'animaux et de gladiateurs, convoque le sénat pour savoir à quelle sauce accommoder un énorme turbot offert par un pêcheur de l'Adriatique, s'enferme dans son cabinet pour y tuer des mouches avec un poinçon, prête l'oreille aux dénonciateurs, aux flatteurs et aux espions, prend plaisir aux exécutions et aux tortures, et chasse de Rome les orateurs et les philosophes. Il est enfin tué dans son palais par les complices de ses affreux plaisirs, à l'instigation de Domitia, sa femme (96). Avec lui finit la famille des Flaviens.

CHAPITRE II.

Les Antonins : Nerva. — Trajan. — Hadrien. — Antonin-le-Pieux. — Marc-Aurèle. — Commode. — Les princes syriens : Pertinax. — Didius Julianus. — Septime-Sévère. — Caracalla et Géta. — Macrin. — Élagabal. — Alexandre Sévère. — Anarchie militaire. — Maximin. — Les trois Gordiens. — Philippe l'Arabe. — Decius. — Gallus. — Valérien. — Gallien. — Claude II — Aurélien. — Tacite. — Probus. — Carus. — Carin. — Numérien.

A la nouvelle de la mort de Domitien, le sénat proclame empereur Cocceius Nerva, vieillard respectable, qui s'efforce de guérir les plaies qu'avait faites son prédécesseur. Les légions du Danube veulent se révolter. La voix éloquente du philosophe Dion Chrysostome les ramène à la raison. Nerva, maître tranquille du pouvoir, inaugure une période de quatre-vingts années, qui est un des temps les plus heureux de l'histoire : c'est le siècle des Antonins. Les bannis sont rappelés et réintégrés dans leurs biens, les persécutions religieuses suspendues, les impôts diminués, la loi de majesté restreinte, les terres distribuées aux pauvres, les charges confiées aux bons citoyens. Tacite est nommé consul. Pour couronner ces mesures réparatrices, Nerva, privé d'enfants, désigne au trône l'Espagnol Ulpius Trajan, qui lui succède le 27 janvier 98, et qui mérite d'être appelé le plus grand des empereurs romains.

Né à Italica, près de Séville, Trajan fut tout d'abord destiné aux armes et servit avec distinction en Orient et en Germanie. Son avénement est accueilli avec joie, et le nouvel empereur ne trompe point l'attente du peuple. Il était à Cologne, quand Nerva mourut. Il arrive à Rome quelques mois après, et y entre à pied, accompagné de sa femme Pompeia Plotina. Pline le jeune, dans son *Panégyrique*, le loue de cette simplicité des temps antiques ; mais ce qui lui fait plus d'honneur encore, c'est la diminution des taxes et l'augmentation des revenus, la restitution ou la vente des villas et des palais confisqués par ses prédécesseurs, la justice substituée à l'arbitraire, la liberté de la parole rendue aux citoyens et les élections aux comices, de grandes routes, de nombreuses voies de communication restaurées ou percées, les ports d'Ancône et de Civita Vecchia creusés, un pont, qui existe encore, jeté sur le Tage, un autre sur le Danube, des colonies établies, soit comme stations militaires, soit comme places de commerce, la bibliothèque Ulpienne fondée sur le Forum et transportée plus tard dans les Thermes de Dioclétien, Pline le jeune et Tacite honorés de son intimité, un théâtre dans le Champ de Mars, une colonne, œuvre admirable d'Apollodore de Damas, où furent déposées les cendres de Trajan et qui servit de modèle à la colonne d'Antonin érigée par Marc-Aurèle, puis à celle de la place Vendôme, faite avec le bronze des canons ennemis.

Vainqueur de Décébalus, roi des Daces, Trajan fonde dans la province de Dacie un établissement important qui devient le berceau des Principautés danubiennes. En Orient, il combat les Parthes, conquiert les villes de Babylone, de Séleucie, de Ctésiphon, et étend les frontières de l'Empire jusqu'au delà de l'Euphrate. L'Arabie du Nord se soumet à son autorité, et il songe à imiter l'expédition d'Alexandre dans les Indes, lorsqu'il meurt à Sélinonte, en Cilicie (août 117), après un règne de dix-neuf ans.

Trajan n'avait point d'enfants. Son parent et son compatriote, Ælius Hadrianus, est élevé sur le trône. Ce règne, comme celui de Trajan, est une période de calme et de bonheur. Malgré ses défauts, Hadrien, résolu à conserver la paix avec les nations étrangères et à développer le bien-être des provinces, parcourt successivement :

à l'ouest la Gaule, l'Espagne, la Bretagne, les pays du Rhin ; à l'est l'Asie, l'Egypte, la Grèce, voyageant avec une suite peu nombreuse et presque toujours à pied. Respectueux envers le sénat, plein de sollicitude pour l'administration de la justice, bon envers les esclaves, Hadrien fait fleurir les lettres, les sciences et les arts. Plutarque, les rhéteurs Fronton et Hérode Atticus, ainsi que l'antiquaire gaulois Favorinus contribuent à l'illustration de son règne. Plusieurs monuments magnifiques s'élèvent dans différentes parties de l'empire, et plus particulièrement à Athènes, où Hadrien séjournait de préférence. Il existe encore des ruines qui attestent l'activité féconde de ce prince, surnommé le réparateur de l'univers, *restitutor orbis*, les arènes de Nîmes, la villa de Tibur, le Môle d'Hadrien aujourd'hui château Saint-Ange, et le pont qui réunit cette forteresse à la ville de Rome. Vers la fin de sa vie, ses soupçons le rendent cruel. Il fait mourir quelques personnes de sa famille, qu'il s'imagine conspirer contre lui. Aussi le sénat hésite-t-il, lorsqu'il meurt à Baies le 12 juillet 138, s'il ne condamnera pas sa mémoire. On lui pardonne en faveur d'Antonin le Pieux, qu'il avait choisi pour successeur.

Antonin, qui donne son nom à la période de bonheur relatif traversée alors par l'empire, est un des meilleurs princes dont le monde ait gardé le souvenir. Son règne de vingt-quatre ans est un age d'or de bienfaisance, de justice et de tolérance ; c'est l'épanouissement de tous les arts de la paix (161).

A cet homme de bien succède un prince qui continue glorieusement ce beau règne. Marc-Aurèle, philosophe stoïcien et guerrier, clément, sage, sobre et libéral, semble réaliser l'idéal de Platon, qui dit que les peuples seront heureux lorsque les rois seront philosophes ou les philosophes rois. Élève d'Épictète, il avait pour maxime que la justice consiste surtout dans l'égalité devant la loi. Aussi, dans le livre où il a consigné ses *Pensées*, considère-t-il l'univers comme sa maison et ses sujets comme ses frères. Cependant l'ame stoïque et généreuse de Marc-Aurèle est attristée par les désordres de sa famille et par les maux renaissants de l'Empire. La légèreté de sa femme Faustine, les débauches de son gendre Lucius Verus, l'humeur sombre et farouche de son fils Commode, lui causent de cruels chagrins ou de sinistres pressentiments. D'un autre côté, pendant que les Parthes sont battus par Avidius Cassius (165), les Germains se soulèvent, et Marc-Aurèle entre en lutte avec les Quades, les Iapyges, les Vandales et les Marcomans. Il était sur le point d'en triompher et de leur imposer la paix, lorsqu'il meurt à Sirmium en Pannonie (180).

Commode, un monstre, succède à son père. Après cinq règnes glorieux, le monde retombe dans les horreurs de la tyrannie. Caligula, Néron et Domitien semblent revivre dans ce fou sanguinaire. Commode achète la paix aux barbares et se livre ensuite à la bassesse de ses passions. Avec la taille d'un gladiateur, il en a tous les goûts, et il y met sa gloire. Fier d'être appelé l'Hercule romain, il abat un éléphant d'un seul coup et tue à l'arc des milliers de bêtes fauves dans les cirques. Bientôt une conspiration se trame entre Marcia, sa femme, le préfet prétorien Lætus, le chambellan Eclectus et le préfet de la ville Pertinax. Craignant de se voir proscrits par Commode, ils agissent sans délai et lui donnent du poison, le 31 décembre 192. Le poison opérait lentement : Narcisse, célèbre athlète, achève l'œuvre sinistre en étranglant l'empereur.

Pertinax, fils d'un marchand de charbon, élevé, malgré lui, à l'empire, était un homme sage, économe, rangé. Il veut rétablir l'ancienne discipline et abolir le *donativum*, octroyé par les autres empereurs. Les soldats, excités par Lætus, se soulèvent. Pertinax se met en devoir de les haranguer. Pendant qu'il parle, un Germain lui lance son javelot dans la poitrine : il tombe : on le crible de coups : sa tête est mise au bout d'une pique (193).

Sulpicianus, beau-père de Pertinax, songe à le remplacer. Il offre une forte somme aux soldats. Ceux-ci conçoivent alors le dessein de mettre l'empire à l'enchère. Sulpicianus en offre cinq mille drachmes par tête de prétorien. Un riche sénateur, Didius Julianus, en promet six mille deux cent quarante. L'empire lui est adjugé. Il le garde deux mois.

Trois généraux distingués, Pescennius Niger, chef de l'armée de Syrie, Claudius Albinus qui commande en Grande-Bretagne et Septime Sévère en Illyrie, se disputent la succession de Julianus (194). Septime Sévère arrive le premier sous les murs de Rome. Julianus est mis à mort. Sévère se tourne alors contre Niger, qu'il bat auprès d'Issus. Il met ensuite le siége devant Byzance, qu'il prend en 196, passe l'Euphrate, soumet les Arabes de Mésopotamie, revient en Italie et défait Albinus dans une sanglante bataille, livrée près de Lyon le 19 février 197. Rentré dans Rome, où il ne fait qu'un court séjour, Sévère se rend en Orient, repousse l'invasion des Parthes, et pendant trois ans remporte de brillantes victoires. A partir de 202, il demeure tranquille à Rome durant sept années, affermissant son autorité par le concours de jurisconsultes et de légistes, dévoués à sa personne, et la discipline militaire par une sévérité inexorable. En 208, apprenant que les Calédoniens bravent ses lieutenants, il part pour la Grande-Bretagne, avec ses deux fils Bassien surnommé Caracalla, et Géta. Là, il essaie de refouler les ennemis par de nouveaux retranchements et par une muraille, qui conserve encore son nom. Son armée souffre beaucoup dans cette campagne à travers les forêts, les plaines marécageuses, les terrains humides. Cinquante mille hommes périssent de maladie et de fatigue. Sévère lui-même, atteint de la goutte, meurt à Eboracum (York), dans la soixante-sixième année de son âge, après un règne de dix-huit ans. On croit que la découverte d'une conspiration, tramée contre lui par son fils aîné, abrégea ses jours (211). Son dernier mot fut : « *Laboremus*, travaillons ! »

Bassien Antonin et Geta succèdent à leur père, qui les avait appelés ensemble à l'empire. L'aîné, surnommé Caracalla, à cause de la longue tunique gauloise qu'il avait adoptée comme vêtement, ne peut consentir à partager la pourpre avec son frère, qu'il déteste depuis leur première enfance. Peu de temps après leur retour dans Rome, Caracalla entre dans la chambre, où Géta se trouvait avec Julia Domna, sa mère, et le tue sans pitié. Seul maître de l'empire, il s'abandonne à ses instincts féroces et fait mettre à mort le jurisconsulte Papinien, ainsi que plusieurs personnages de distinction. Joignant l'extravagance à la cruauté, il se jette dans des dépenses folles, qu'il couvre par des exactions violentes et avec de la fausse monnaie. Il se fait bâtir des thermes magnifiques, où il entasse des merveilles d'art, qui ont été heureusement retrouvées de nos jours. Il déclare la guerre aux Alamanni (Allemands), peuples germains, dont le nom n'existe pas dans Tacite. Afin de se décorer du nom de *Parthicus*, il demande au roi des Parthes, Artaban, la main de sa fille. Artaban le reçoit comme son gendre. Caracalla donne alors le signal d'un affreux massacre, auquel Artaban échappe avec peine. Mais un jour que Caracalla visitait le temple de la Lune, à Edessa, un centurion, qui avait une injure à venger, et excité par le préfet des gardes Macrin, dont la vie était menacée, s'élance sur l'empereur et le tue. Le meurtrier périt aussitôt sous les coups des Germains qui composaient la garde particulière du prince (avril 217). Macrin est salué empereur par les légions.

Macrinus ou Macrin était un officier de fortune. Après avoir acheté la paix aux Parthes, il reprend le chemin de Rome. Le sénat lui confirme les pouvoirs impériaux. Mais les soldats, gagnés par Julia Mœsa, sœur de l'impératrice Julia Domna, proclament empereur Bassien Élagabal, fils de Socuzis et grand prêtre du Soleil, à Émèse. Macrin veut résister à son compétiteur. Trahi par une partie de ses troupes, il est vaincu sur les frontières de la Syrie et de la Phénicie (8 juin 218), s'enfuit à Chalcédoine et est tué avec son fils Diadumène.

Élagabal, sans attendre la décision du sénat, prend la puissance tribunitienne et consulaire, les deux grands attributs du pouvoir impérial. Il n'avait que dix-sept ans. Le nom de Marc-Aurèle Antonin, qu'il reçoit à son avénement, paraît un sobriquet dérisoire. C'est un fou superstitieux et corrompu. Le luxe, la débauche, les prodigalités insensées, les largesses entretenues par des confiscations renouvelées de Caracalla, suscitent contre lui le dégoût et la haine des prétoriens qui le tuent (11 mars 222), le jettent dans le Tibre et proclament empereur son cousin Alexandre Sévère, enfant de quatorze ans, fils de Mammée, et petit-fils de Julia Mœsa.

Mammée, femme d'un grand esprit et d'un caractère vigoureux, entoure le jeune empereur de conseillers habiles. Il a pour ministres les jurisconsultes Paul et Ulpien, l'historien Dion Cassius. Sous ce gouvernement honnête, les excès du luxe disparaissent, la simplicité renaît, les impôts sont diminués. Alexandre fait graver sur le frontispice de son palais la maxime : « Fais à autrui ce que tu veux qu'on te fasse » Caractère aimable, intelligence ouverte à toutes les pensées généreuses, il place dans son lavarium les images des grands hommes qu'il regardait comme les bienfaiteurs de l'humanité, et parmi eux Orphée, Abraham, Jésus-Christ. La nécessité de faire la guerre, à la tête de soldats toujours prêts à se révolter, abrége la durée du règne d'Alexandre. Vainqueur des Parthes, il est contraint de revenir sur le Rhin, pour repousser une invasion de Germains en Gaule et en Illyrie. Son armée, soulevée par le Thrace Maximin, le met à mort, ainsi que sa mère (mars 235).

Maximin, Goth d'origine, avait commencé par garder les troupeaux : c'était un géant, d'une force herculéenne, haut de sept pieds, mangeant par jour quarante livres de viande et buvant vingt litres de vin. A peine est-il proclamé empereur, que le sénat suscite contre lui le proconsul d'Afrique Gordien Ier et son fils Gordien II, descendants des Gracches et alliés à la famille de Trajan. Le jeune Gordien périt dans un combat et Gordien Ier se donne la mort. Le sénat proclame alors un ancien soldat Maxime Pupien et le jurisconsulte Claude Balbin, auxquels on adjoint Gordien III, en qualité de César. Les soldats n'en veulent pas. Une terrible sédition remplit Rome de meurtres et d'incendies. Maximin

sont reconnus empereurs. Numérien, qui se hâte de traiter avec les Perses et de revenir vers le Bosphore, est tué par son beau-père Arrius Aper (12 septembre 284). Aper est égorgé, à son tour, par le Dalmate Dioclétien, qui ne tarde pas à défaire Carin, dont la mort le laisse maître de l'empire (284).

CHAPITRE III

Dioclétien. — Organisation de l'autocratie et de la tétrarchie : deux Augustes et deux Césars. — Abdication de Dioclétien. — Constantin : le christianisme, religion de l'État : fondation de Constantinople. — Constance. — Julien. — Jovien. — Valentinien. — Valens. — Gratien. — Théodose. — Séparation définitive de l'empire. — Fin de l'empire romain.

Né à Salone, en Dalmatie, d'un père esclave, Dioclétien, parvenu au pouvoir suprême, conçoit le dessein d'organiser l'autocratie, en détruisant tout ce qui pouvait encore rester des souvenirs de l'ancienne république et d'introduire à la cour et dans le gouvernement l'esprit, les habitudes et les mœurs des monarchies orientales. Fixé à Nicomédie, grande ville de la Bithynie, à l'extrémité N.-E. du golfe Astacène, il s'associe, avec le titre d'Auguste, son compagnon d'armes le Dace Maximien, soldat obscur comme lui. Les deux Augustes prennent pour auxiliaires deux Césars : Galère, ancien bouvier, homme plein de courage, et Constance Chlore (le pâle), noble Illyrien, de la famille de Flavius. Tous deux, appelés à Nicomédie, reçoivent la pourpre devant les troupes en grand appareil (1er mars 292). On donne le nom de tétrarchie au pouvoir ainsi divisé entre les deux Augustes et les deux Césars. Dioclétien garde l'Orient ; Galère a la Thrace et les provinces du Danube ; Maximien, l'Italie, l'Afrique et les Iles ; Constance Chlore la Gaule, la Bretagne, l'Espagne et la Mauritanie. L'habileté et l'esprit de conciliation de Dioclétien maintient pendant treize ans la concorde entre les trois autres chefs associés à sa puissance. Des guerres heureuses en

Gaule et en Orient contribuent à cet accord et à la grandeur de l'empire. Mais une maladie, qui ôte à Dioclétien toutes ses forces, le décide à quitter le pouvoir. Il abdique, le 1er mai 305, à Nicomédie, force son collègue Maximien à faire la même chose à Milan, et se retire à Salona, sa ville natale, où il passe les huit dernières années de sa vie dans une retraite philosophique, voué aux plaisirs de la campagne et à la culture de son jardin. Il y meurt en 313. Après l'organisation du pouvoir personnel impérial et les grandes guerres qui servent à le consolider, l'événement le plus mémorable du règne de Dioclétien est la persécution contre les chrétiens, qui vaut à cette période sanglante le nom d'ère des martyrs.

L'abdication de Dioclétien est suivie d'un temps de troubles et de guerres civiles. Les deux Césars prennent le titre d'Augustes. En Orient, Galère et son neveu Maximinus Daïa entassent rigueurs sur rigueurs ; en Italie, Maxence, fils de Maximien, s'empare du gouvernement et sème partout l'épouvante. Pour comble de confusion, Maximien revendique son titre d'Auguste et s'apprête à le soutenir les armes à la main. Seul en Occident, Constance Chlore, agissant avec modération et avec douceur, soulage les souffrances de la guerre et arrête la persécution contre les chrétiens. Lorsqu'il meurt à Eboracum (York) en 306, son fils Constantin, ambitieux et prudent, gagné à la foi chrétienne par Hélène, sa mère, réclame sa part de l'empire, et est reconnu souverain des contrées situées au delà des Alpes. Maximien cherche à soulever les troupes gauloises : Constantin le contraint à se donner la mort (310). Maxence, monstre de cruauté, de rapacité et de déréglement, essaie de résister à Constantin. Vaincu au village de Saxa Rubra, près du pont Milvius, à peu de distance de Rome, il se jette dans le Tibre, où il périt (312). C'est dans cette campagne que Constantin se convertit décidément au christianisme. On raconte que, près d'Autun en Gaule, ou d'Andernach sur le Rhin, d'autres disent à Vérone, il aperçut au ciel une croix lumineuse, avec cette inscription *Hoc signo vinces!* (Par ce signe tu vaincras). Il prend alors pour bannière le *labarum* (*labar*, victoire), lance traversée d'un bâton, duquel tombe un voile de pourpre, où est peint le monogramme grec du Christ XP. avec la croix, gagne l'affection des chrétiens devenus fort nombreux, et assure ainsi son influence prépondérante dans l'armée et dans le monde, que va régénérer une civilisation nouvelle. Après la mort de Maxence, Constantin se dirige contre Licinius, paysan dace, que Galère avait élevé au rang d'Auguste, et qui était maître de l'Orient. Battu sur terre à Andrinople et à Chalcédoine, puis sur mer à Chrysopolis, Licinius est forcé d'abdiquer, et pendu, peu de temps après, à Thessalonique (325).

Constantin, désormais sans rivaux, songe à transférer le siége de l'empire à Byzance, qu'il nomme Constantinople, et fait la dédicace de la nouvelle capitale en 320. La situation était admirablement choisie, entre l'Orient et l'Occident. Sept collines, semblables à celles de Rome, un climat riant, un terrain fertile, un port d'un aspect splendide ; les constructions répondant à la beauté du site ; murs, palais, thermes, églises, aqueducs, fontaines, forum, portiques, arcs de triomphe : la vue en est encore merveilleuse aujourd'hui. C'est là que Constantin passe les sept dernières années de sa vie, développant et achevant l'organisation autocratique de Dioclétien, réglant le cérémonial et la hiérarchie, mettant le christianisme à l'abri des persécutions par l'édit de Milan (323), et des hérésies de Donatus ou d'Arius par le concile de Nicée (325), divisant l'empire en quatre préfectures, Orient, Illyrie, Italie et Gaules, subdivisées en quatorze diocèses et cent dix-neuf provinces, séparant les fonctions civiles des fonctions militaires, mettant de l'ordre dans les finances, constituant la noblesse et un remarquable système d'administration. Toutes ces mesures lui valent le surnom de Grand. Il faut dire cependant que, si Constantin eut du génie, il le ternit par des calculs d'intérêt personnel. Et d'abord, il ne parut envisager la religion et la morale que comme des moyens de gouvernement. La cruauté avec laquelle il livra aux bêtes des prisonniers ennemis, la dureté qu'il montra en faisant exécuter son épouse Fausta, son fils Crispus, son beau-frère Bassianus et son neveu, prouvent que son caractère perfide et vindicatif n'avait pas laissé pénétrer jusqu'au fond de son âme les principes de justice et de charité, que le Christ avait légués aux hommes en mourant sur la croix.

A peine Constantin est-il mort (337), que ses fils Constantin II, Constance et Constant, mécontents de la part qu'il leur avait assignée, se disputent l'empire les armes à la main. Le sang coule sur différents points de l'Orient et de l'Occident; la famille impériale est décimée. Constantin II périt à Aquilée (340), vaincu par Constant, qui est tué dix ans après dans la ville d'Helena, au pied des Pyrénées (350), par les soldats de l'usurpateur Magnence. Constance, survivant à ses deux frères, tire de la retraite Gallus et Julien, fils de Julius Constantin, frère de Constantin et massacré peut-être d'après un ordre secret du grand empereur. Gallus, nommé César par Constance, ne tarde pas à lui porter ombrage. Sur je ne sais quels soupçons il est conduit à Pola, en Italie, et décapité. Son frère Julien, épargné, dit-on, grâce à l'intervention de l'impératrice Eusébie, reçoit des mains de Constance la pourpre césarienne en 355, sur la grande place de Milan, est envoyé en Gaule comme gouverneur et s'acquitte avec succès de cette mission belliqueuse. Pendant son séjour dans la petite ville de Parisii, où l'on voit encore les thermes qu'il habitait, il est salué empereur par les légions placées sous ses ordres (360).

Julien, prince philosophe, émule de Marc-Aurèle, instruit dans les lettres et dans les sciences, écrivain châtié, élégant, spirituel, s'efforce de réaliser les deux grands projets qui occupèrent sa courte vie : combattre le christianisme qu'il avait abandonné, et éloigner les Perses des frontières orientales. Ses œuvres littéraires sont une protestation en faveur de l'hellénisme, espèce de paganisme réformé, des traités philosophiques, une satire sur les habitants d'Antioche et sur les Césars. Ses campagnes, après la brillante guerre de Gaule, sont un commencement de lutte avec Constance, qui meurt dès le début (361), et une expédition contre le roi de Perse Sapor. Arrivé à Phrygia, dans les plaines célèbres par la défaite de Crassus, Julien veut soutenir une attaque soudaine des ennemis. Il oublie qu'il combat nu, reçoit une flèche qui lui perce les côtes et s'enfonce dans le foie, et succombe à sa blessure le 25 juin 363, à l'age de trente-deux ans.

Jovien, proclamé empereur par les légions, se hâte de conclure la paix avec Sapor et de ramener ses troupes vers Constantinople. Son règne ne dure que huit mois. Il meurt empoisonné par ses serviteurs.

Le tribun des gardes, Valentinien, rude soldat de la Pannonie, est déclaré successeur de Jovien (364). Il confie l'Orient à son frère Valens, et va lui-même combattre en Occident, sur le Rhin et le Danube. La Gaule et la Bretagne étaient couvertes de barbares : Firmus, un chef maure, occupait l'Afrique. Valentinien et ses lieutenants Jovin, Sébastien et Théodose, font face à tant de dangers. La Gaule et la Bretagne sont délivrées, la Germanie envahie, l'Afrique soumise, et Valentinien rentre triomphant à Trèves avec son fils, Gratien. Une mort soudaine l'arrête au milieu de ses exploits (375). Il laisse le trône à Gratien et à son second fils, Valentinien II, enfant de quatorze ans, placé sous la tutelle de sa mère Justine. Pendant ce temps, Valens comprimait avec énergie les troubles civils ou religieux de l'Orient. Mais l'invasion des Wisigoths, et surtout celle des Huns, commandés par Attila, se déchaîne comme un torrent sur les provinces orientales. Valens fait d'inutiles efforts pour l'arrêter : il est blessé et meurt à la bataille d'Andrinople, la plus désastreuse des défaites, après celle de Cannes (9 août 378). Gratien, plus heureux, bat les Alamans près de Colmar.

Mais l'empire d'Orient était demeuré sans chef. Gratien jette les yeux sur le fils du comte Théodose, un des plus habiles généraux de Valentinien. Après la mort de son père, décapité à Carthage sur des soupçons de trahison, Théodose s'était retiré dans l'Espagne, sa patrie. Gratien l'en rappelle, et, le 19 janvier 379, il lui donne, avec le titre d'Auguste, les deux préfectures d'Orient et d'Illyrie. A force de patience, de courage et de ruse, Théodose finit par triompher des Goths, auxquels il donne des terres ou qu'il incorpore dans les légions (382). En 387, il tourne ses armes contre l'usurpateur Maxime, qui s'était déclaré empereur d'Occident, après le meurtre de Gratien, tué près de Lyon (25 août 383). Maxime est défait sur les bords de la Save et mis à mort dans Aquilée. Théodose laisse l'Occident aux mains du jeune Valentinien. Mais de nouveaux troubles y éclatent. Le Franc Arbogast et le rhéteur Eugène se soulèvent contre Valentinien, qu'on trouve mort dans son lit, le 15 mai 392. Théodose marche contre eux et les défait près d'Aquilée. Arbogast se tue; Eugène est égorgé (394). En 390, Théodose donne au monde un mémorable exemple de colère sauvage et d'humilité chrétienne. Une révolte avait éclaté à Thessalonique : plusieurs officiers et beaucoup de soldats avaient été massacrés. Théodose, résolu à tirer une vengeance exemplaire de la cité coupable, fait inviter aux jeux du cirque les habitants, qui sont massacrés au nombre de sept mille. Saint Ambroise, archevêque de Milan, reproche à Théodose ce crime horrible et refuse de le recevoir dans l'église, s'il ne se soumet à une pénitence publique. Théodose obéit et ne se montra jamais plus digne du nom de Grand.

On voit que les temps anciens sont finis et que le moyen âge commence. L'humanité entre dans une phase nouvelle sur les débris du paganisme vaincu, et à la suite du christianisme triomphant. Ce qui faisait la force et la grandeur de l'empire romain, c'est-à-dire son unité persistante à travers les siècles, disparaît et cède la place à la division. Il semble que les Romains eux-mêmes n'existent plus. Les Barbares ont tout envahi. Les peuples que Fénelon représente comme « tenus en réserve sous un ciel glacé » vont descendre des hauts plateaux de l'Asie centrale, ou des plaines boisées de la Germanie, pour prendre possession du monde et pour le régénérer.

Avant de mourir (17 janvier 395), Théodose partage l'empire entre ses deux fils : Arcadius à l'Orient, et Honorius l'Occident. Le schisme est désormais accompli, et pour toujours : les destinées de Rome se séparent de celles de Constantinople. L'empire d'Occident dure encore près de cent années, avant d'être détruit par Odoacre, chef des Hérules, mais il succombe le premier, parce que toutes les nations barbares l'attaquent à la fois. L'empire d'Orient, après les plus singulières vicissitudes, traîne, pour ainsi dire, jusqu'à l'année 1453, où les Turcs s'emparent de Constantinople, sous la conduite de Mahomet II. Et c'est alors que, suivant la belle image de Montesquieu, « l'empire, réduit aux faubourgs de Constantinople, finit comme le Rhin, qui n'est plus qu'un ruisseau, lorsqu'il se perd dans l'Océan. »

FIN.

TABLEAU CHRONOLOGIQUE

DE L'HISTOIRE POLITIQUE,

LITTÉRAIRE ET ARTISTIQUE DES ROMAINS

TABLEAU CHRONOLOGIQUE

Av. J.-C.	FONDATION de Rome.	HISTOIRE POLITIQUE.	HISTOIRE DES LETTRES, ETC.
		TEMPS PRIMITIFS ET ROYAUTÉ.	
1500		Immigration pélasgique : Sicules, Liburnes, Venètes.	
1400		Immigration celtique : Ombriens.	
1183		Énée dans l'Italie centrale; Antenor dans l'Italie septentrionale; Diomède dans l'Italie méridionale. Les Sicanes, chassés par les Liguriens, passent en Sicile.	
1100		Immigration des Rasènes : Tusci ou Étrusques.	
795		Amulius s'empare de la souveraineté du Latium, d'où il chasse son frère Numitor.	
754	1	Fondation de Rome, colonie d'Albe. Romulus.	Commencement de l'ère de la fondation de Rome, selon Varron, le 20 avril 754 ; selon Caton, 753.
750	4	Les Étrusques fondent Capoue, Nole, etc., dans la	

Av. J.-C.	FONDATION de Rome.	HISTOIRE POLITIQUE.	HISTOIRE DES LETTRES, ETC.
		Campanie. Enlèvement des Sabines.	
747	7	Les Romains et les Sabins font la paix.	
738	16	Romulus triomphe des Camériens.	Romulus remporte sur Acron, roi des Céniniens, les premières *dépouilles opimes*.
733	21	Victoire de Romulus sur les Véiens.	
717	37	Mort de Romulus.	
716	38	Interrègne. Numa Pompilius.	
709	45	Les douze prêtres Saliens établis par Numa.	
672	82	Tullus Hostilius.	
667	87	Les Horaces et les Curiaces.	
665	88	Destruction d'Albe. Guerre entre Rome et Fidènes.	
660	94	Démarate passe de Corinthe en Étrurie.	
651	103	Guerre de cinq ans entre les Romains et les Sabins.	
640	114	Ancus Martius.	
631	123	Les Fidénates et les Sabins se révoltent contre Rome.	
628	126	Fondation d'Ostie, ville maritime.	
616	138	Tarquin l'Ancien.	
590	164	Bellovèse franchit les Alpes avec sept peuplades gauloises, bat les Étrusques près du Tésin et fonde Milan ainsi que d'autres villes.	
578	176	Servius Tullius.	
534	220	Tarquin le Superbe.	Monuments : Capitole, *Cloaca maxima*. Recueil des lois royales.
514	240		
509	245	Lucrèce ; Brutus ; fin de la royauté.	

Av. J.-C.	FONDATION de Rome.	HISTOIRE POLITIQUE.	HISTOIRE DES LETTRES, ETC.
		RÉPUBLIQUE.	
509	245	Traité de commerce entre Rome et Carthage. Supplice des fils de Brutus.	
508	246	Porsena. Horatius Cocles; Mucius Scævola; Clelia.	
507	247	Tarquin se rend à Tusculum chez Manilius Octavius.	
505	249	M. Valerius et P. Postumius remportent deux victoires sur les Sabins.	
503	251	Le Sabin Appius Claudius passe chez les Romains.	
502	252	Spurius Cassius triomphe des Sabins.	
501	253	Institution de l'Ovatio ou petit triomphe.	
500	254	Sigovèse et Bellovèse conduisent une troupe émigrante de Gaulois en Italie.	
499	255	Prise de Fidènes. Ligue générale des Latins contre Rome.	
498	256	Titus Lartius, premier dictateur. Citoyens en état de porter les armes : 150,700.	
496	258	Victoire des Romains sur les Latins au lac Regille.	
495	259	Dissension à Rome. Guerre contre les Volsques.	
494	260	Mort de Tarquin. Le peuple refuse de prendre les armes.	
493	261	Retraite sur le mont Sacré. Tribuns du peuple.	

Av. J.-C.	FONDATION de Rome.	HISTOIRE POLITIQUE.	HISTOIRE DES LETTRES, ETC.
492	262	*Comitia tributa*. Famine.	
491	263	Coriolan exilé.	
490	264	Préparatifs des Volsques.	
489	265	Coriolan devant Rome.	
488	266	Mort de Coriolan. Spurius Cassius bat les Herniques.	
486	268	Sp. Cassius conclut une alliance entre Rome et le Latium.	
485	269	*Lex Agraria*. Cassius est précipité de la roche Tarpéienne.	
483	271	Commencement de la guerre contre Véies.	
481	273	Nouveaux troubles à Rome.	
480	274	Bataille sanglante contre les Étrusques.	
479	275	Défaite des Volsques.	
478	276	Victoires sur les Æques et les Tusculans.	
477	277	Les trois cents Fabius périssent dans un combat contre les Véiens, près du fleuve Cremera. Éruption de l'Etna.	
476	278	Les Véiens prennent le Janicule.	
474	280	103,000 citoyens en état de porter les armes. Armistice de quarante ans avec les Véiens.	
472	282	Extension des *Comitia tributa*, par Volero.	
471	283	Appius combat les Volsques.	
470	284	Appius prévient sa condamnation par une mort violente.	

Av. J.-C.	FONDATION de Rome.	HISTOIRE POLITIQUE.	HISTOIRE DES LETTRES, ETC.
468	286	Guerre contre les Volsques et les Æques.	
465	289	134,214 citoyens en état de porter les armes. Succès du consul Quintus Fabius.	
464	290	Revers de Spurius Furius.	
463	291	Épidémie à Rome. Excursion et ravages des Æques.	
462	292	Défaite des Æques et des Volsques.	
461	293	Q. Cincinnatus paye une forte caution pour son fils Cæso.	
460	294	Pouvoir consulaire restreint par la loi Terentilla.	
459	295	Colonie d'Antium détachée de Rome. 117,319 citoyens en état de porter les armes. Le Sabin Herdonius s'empare du Capitole et en est chassé.	
457	297	Jeux séculaires. Dix tribuns au lieu de cinq. Le dictateur Cincinnatus dégage le consul Minutius cerné par les Æques.	
455	299	Campagne contre les Æques et les Sabins.	
453	301	Épidémie dans toute l'Italie.	
452	302	Décemvirat.	
451	303		Lois des XII Tables.
450	304		Le calendrier romain est rectifié d'après celui des Grecs.
449	305	Mort de Virginie. Expulsion des Décemvirs.	
448	306	Deux patriciens choisis pour tribuns du peuple. *Lex Trebonia*. Victoire de M. Horatius sur les Sabins.	

Av. J.-C.	FONDATION de Rome.	HISTOIRE POLITIQUE.	HISTOIRE DES LETTRES, ETC.
447	307	Questeurs choisis pour la première fois par le peuple.	
446	308	Victoire sur les Æques et les Volsques.	
445	309	Invasion des Æques et des Volsques. Canuleius, tribun du peuple. Loi *Canuleia* sur les mariages des patriciens et des plébéiens.	
444	310	Mariages des deux ordres. Tribuns militaires avec le pouvoir consulaire. Capoue samnite.	
442	312	Censure.	
441	313	Lutte des Volsques et des Romains au sujet d'Ardée.	
440	314	Spurius Mælius.	
439	315	Dictature de Cincinnatus.	
438	316	Députés romains mis à mort par les Fidénates.	
437	317	Lars Tolumnius traite les Romains avec insolence : il est tué par Cornelius Cossus : *Secondes dépouilles opimes.*	
435	319	Les Romains prennent Fidènes. Grand tremblement de terre.	
434	320	Durée de la censure limitée à dix-huit mois. Trêve avec les Véiens.	
431	323	Guerre contre les Volsques et les Sabins. Bataille près de l'Algide.	
430	324	Trêve de huit ans accordée aux Æques.	
428	326	Sécheresse, disette, peste. Éruption de l'Etna.	
426	328	Restriction de la puissance aristocratique du Sé-	

Av. J.-C.	FONDATION de Rome.	HISTOIRE POLITIQUE.	HISTOIRE DES LETTRES, ETC.
		nat. Reprise de la guerre contre Véies et Fidènes.	
425	329	Prise de Fidènes.	
424	330	Capoue tombe au pouvoir des Samnites. Lois agraires.	
423	331	Nouvelle invasion des Æques.	
421	333	Quatre questeurs, deux patriciens et deux plébéiens.	
419	335	Soulèvement de Laricum.	
418	336	La loi agraire.	
414	340	Prise de Voles.	
412	342	Ferentinum pris et rendu aux Herniques.	
409	345	Nouvelles propositions des lois agraires.	
408	346	Trois questeurs plébéiens. Guerre contre les Volsques.	
406	348	Prise d'Anxur.	
405	349	Siége de Véies. Il dure dix ans. Établissement de la solde.	
404	350	Reprise d'Anxur par les Volsques. Augmentation de la colonie de Vélitres.	
403	351	La cavalerie soldée.	
402	352	Échecs devant Véies par suite des différends des généraux romains.	
401	353	Capena et Faléries se soulèvent en faveur de Véies.	
399	355	Sur les dix tribuns militaires, cinq plébéiens. Falisques et Capénates battus par Camille.	
397	357	Tribuns militaires choisis tous parmi les patriciens.	
396	358	Prise de Véies. L'empire de Rome s'étend de Falé-	

Av. J.-C.	FONDATION de Rome.	HISTOIRE POLITIQUE.	HISTOIRE DES LETTRES, ETC.
		ries jusqu'à Terracine, entre les Apennins et la mer.	
395	359	Capena soumise. Écoulement des eaux du lac d'Albe.	
394	360	Prise de Faléries par Camille.	
393	361	Prise de Sutrium.	
392	362	La colonie romaine de Vitellia est ravagée par les Æques. Envoi d'une colonie à Circei.	
391	363	152,573 citoyens en état de porter les armes. Bannissement de Camille.	
390	364	Les Gaulois. Bataille d'Allia. Prise de Rome.	
389	365	Cære unie à Rome. Reconstruction de la ville.	
388	366	Révolte des Latins et des Herniques.	
387	367	Nouveaux troubles suscités par les tribuns.	
386	368	Camille prend Sutrium et Nepetum et y établit des colonies.	
385	369	Bataille de Satricum.	
384	370	Cornelius Cossus, dictateur, bat les Volsques.	
383	371	Manlius est précipité de la roche Tarpéienne.	
382	372	Colonie à Sutrium. Mesure de l'étendue du pays pomptin. Guerre contre Vélitres.	
381	373	Colonie à Setia.	
380	374	Expédition contre Tusculum.	
379	375	Soulèvement des Préuestins. Bataille d'Allia. Censeurs élus pour régler	

Av. J.-C.	FONDATION de Rome.	HISTOIRE POLITIQUE.	HISTOIRE DES LETTRES, ETC.
		le cens d'après les fortunes.	
378	376	Expédition contre Antium et Ecetra.	
377	377	Le pays des Volsques ravagé. Nouvelle élection de censeurs.	
376	378	Lois liciniennes. Anarchie.	
373	381	Établissement d'une colonie à Nepetum.	
371	383	Défaite des habitants de Vélitres.	
370	384	Siége de Tusculum par les Latins.	
367	387	Camille introduit l'usage d'une armure plus pesante et du pilum. Il bat les Gaulois.	
366	388	L'un des consuls, Sextius, est choisi parmi les plébéiens. Préture et édilité curules.	Temple de la Concorde.
365	389	Peste. Mort de Camille. Manlius Imperiosus, dictateur.	Premier drame dans le genre étrusque.
362	392	Dévouement de Curtius. Bataille malheureuse contre les Herniques.	
361	393	Manlius accusé par Pomponius. Le peuple obtient le droit de nommer six tribuns militaires.	
360	394	Incursions des Gaulois. Manlius Torquatus.	
359	395	Attaque des Tiburtins.	Loi Pætilia sur la brigue.
358	396	Triomphe de Sulpicius sur les Gaulois. Fabius vaincu par les Étrusques. Alliance avec les Latins.	
357	397	Création de deux nou-	

Av. J.-C.	FONDATION de Rome.	HISTOIRE POLITIQUE.	HISTOIRE DES LETTRES, ETC.
		velles tribus. Prise de Priverne. M. Rutilius, premier dictateur plébéien, triomphe des Tarquiniens et des Falisques.	
355	399	Deux consuls patriciens.	
353	401	Les Samnites recherchent l'amitié des Romains.	
352	402	Un consul plébéien.	
351	403	Premier censeur plébéien. Trêve de quarante ans avec les Tarquiniens et les Falisques. Commission des quinquevirs au sujet des dettes.	
350	404	Grande armée gauloise battue par Popilius.	
349	405	Valerius Corvus.	
348	406	Excursion des Gaulois. Flotte grecque sur les côtes du Latium.	
347	407	Traité de commerce avec Carthage.	
346	408	Paix des Gaulois avec Rome. Jeux séculaires.	
345	409	La Campanie sous la dépendance de Rome. Prise de Sora sur le Liris.	
344	410		Temple de Juno Moneta.
343	411	Commencement de la guerre contre les Samnites. 160,000 citoyens en état de porter les armes. Bataille près du mont Gaurus.	
342	412	Révolte des soldats romains à Capoue.	
341	413	Paix et alliance défensive avec les Samnites contre le Latium.	
340	414	Soulèvement des Latins.	

Av. J.-C.	FONDATION de Rome.	HISTOIRE POLITIQUE.	HISTOIRE DES LETTRES, ETC.
339	415	Bataille près du Vésuve. Dévouement de Decius. Nouvelle révolte des Latins. Q. Publius Philo, dictateur plébéien.	
338	416	Soumission des Latins et des Campaniens.	
337	417	Premier préteur plébéien.	
336	418	Paix avec les Gaulois.	
333	421	Défaite des Sidicins.	
332	422	Deux nouvelles tribus. Alexandre d'Épire, appelé au secours de Tarente, se bat contre les Samnites, les Bruttiens et les Lucaniens.	
329	425	Prise de Priverne, reconnue comme municipe.	
328	426	Colonie établie à Terracine.	
327	427	Lutte avec Palæopolis.	
326	428	Nouvelle guerre contre les Samnites.	
325	429	L. Papirius Cursor et Q. Fabius Rullianus.	
324	430	Colonie de Lucéries. Papirius Cursor, dictateur.	
323	431	Première alliance de Rome avec les Lucaniens et les Apuliens. Bataille sanglante.	
321	433	Veturius et Postumius aux Fourches Caudines. Colonie de Suessa Aurunca.	
320	434	Les deux consuls sont livrés aux Samnites.	
319	435	Colonies de Saticula et d'Interamna.	
318	436	Trêve avec les Samnites. Deux nouvelles tribus. Envoi d'un gouverneur romain à Capoue.	

Av. J.-C.	FONDATION de Rome.	HISTOIRE POLITIQUE.	HISTOIRE DES LETTRES, ETC.
317	437	Les armées romaines pénètrent jusque dans la Lucanie.	
316	438	Reprise des hostilités avec les Samnites.	
315	439	Bataille sanglante devant Saticula. Bataille près de Lautulæ.	
314	440	Avantages des Romains.	
312	442	Guerre contre les Étrusques.	Voie Appienne. Aqueduc appien.
310	444	Bataille près du lac Vadimon. Prise de Pérouse par Fabius.	
309	445	Colonie de Sora et d'Albe. Grande bataille contre les Samnites près de Longula.	
308	446	Alliance avec les Ombriens. Les Marses, les Samnites et les Péligniens sont vaincus par Fabius. Défaite des Étrusques.	
307	447	Colonie de Carseoli. Les Herniques cherchent à secouer le joug.	
306	448	Les Gaulois se mêlent à la guerre samnite. Les Romains ravagent l'Apulie.	
305	449	Défaites des Samnites à Tifernum et à Bovianum.	
304	450	Traité avec les Samnites. Les Æques sont presque entièrement exterminés.	Caïus Flavius publie un formulaire de droit, un calendrier des tribunaux et des fêtes. Fabius Pictor peint le temple du Salut.
303	451	Établissement des tribus urbaines.	
302	452	Les Romains protégent leurs alliés de l'Italie mé-	

Av. J.-C.	FONDATION de Rome.	HISTOIRE POLITIQUE.	HISTOIRE DES LETTRES, ETC.
		ridionale contre une armée grecque mercenaire.	
301	453	Le dictateur Valerius ramène les Marses à l'alliance de Rome.	
300	454	Nouvelle guerre avec les Étrusques, les Samnites et les Gaulois. Plébéiens admis au sacerdoce.	
299	455	Fondation de Narnia. Deux nouvelles tribus.	
298	456	Reprise de la lutte avec les Samnites.	
297	457	Bataille de Maleventum (Bénévent).	
296	458	Armée samnite, gauloise et étrusque.	
295	459	Colonies de Sinuessa et de Minturnes. Bataille de Sentinum. Dévouement de Decius.	
294	460	Les Samnites seuls continuent la guerre.	
293	461	Bataille d'Aquilonia. Les villes des Samnites sont prises et détruites.	Papirius Cursor fait placer le premier cadran solaire.
292	462	Les Gaulois rentrent en lutte. Quintus Fabius Maximus fait prisonnier C. Pontius, général des Samnites. Le cours du Velinus est détourné.	La statue d'Esculape est apportée d'Épidaure dans l'île du Tibre.
291	463	Colonie de Venouse.	
290	464	Paix avec les Samnites, négociée par M. Curius Dentatus.	
289	465	172,300 citoyens en état de porter les armes. Les *Triumviri capitales*.	
288	466	La loi Hortensia donne force de loi aux plébiscites.	

Av. J.-C.	FONDATION de Rome.	HISTOIRE POLITIQUE.	HISTOIRE DES LETTRES, ETC.
286	468	Guerre avec les Volsiniens.	
285	469	Guerre contre les Lucaniens.	
284	470	Censure de Fabius Luscus et d'Æmilius Papus.	
283	471	Les Gaulois et les Étrusques sont défaits au lac Vadimon par Dolabella. L'Étrurie est incorporée à l'État romain. Sena, colonie romaine.	
282	472	Guerre avec Tarente. Triomphe sur les Volsiniens et les Volciens.	
281	473	Pyrrhus appelé à Tarente. Une légion romaine s'empare de Rhegium.	
280	474	Bataille d'Héraclée. C. Fabricius député vers Pyrrhus. Cineas dans le sénat romain.	
279	475	Bataille d'Asculum.	
278	476	Fabricius, consul. Pyrrhus passe en Sicile et s'empare de presque toute l'île.	
276	478	Alliance de Rome et de Carthage contre Pyrrhus. Curius Dentatus vainqueur à Bénévent.	
273	481	Alliance entre Rome et l'Égypte. Colonies de Cosa et de Pæstum.	
272	482	Prise de Tarente.	
271	483	Révolte des légionnaires de Rhegium.	
270	484	Insurrection de l'Ombrie comprimée.	
269	485		Premier argent monnayé à Rome sous les consuls Fabius Pictor et Gulo

Av. J.-C.	FONDATION de Rome.	HISTOIRE POLITIQUE.	HISTOIRE DES LETTRES, ETC.
268	486	Colonies d'Ariminum et de Bénévent.	
267	487	Défaite des Volsiniens.	
266	488	Conquête définitive de l'Italie méridionale.	
265	489	Lutte avec les Volsiniens. Huit questeurs au lieu de quatre.	
264	490	Première guerre punique. Appius Claudius dégage Messine.	Premier combat de gladiateurs dans les funérailles.
263	491	Hiéron, de Sicile, passe du côté des Romains. La ville de Ségeste en fait autant.	
262	492	Hannibal, fils de Giscon, s'enfuit de la Sicile. Hannon est battu. Les Romains prennent Agrigente.	
261	493	Les Carthaginois inquiètent les côtes de l'Italie.	
260	494	Première victoire navale des Romains sous Duilius Nepos, auprès de Myles.	Colonne rostrale de Duilius.
259	495	Les Romains occupent la Sardaigne et la Corse.	
258	496	300 Romains, sous la conduite de Calpurnius Flamma, sauvent l'armée en Sicile.	
257	497	Seconde victoire navale des Romains, sous Regulus, près d'Ecnome.	
256	498	Première expédition des Romains en Afrique.	
255	499	Regulus battu par Xanthippe.	
254	500	Dur châtiment du tribun militaire Q. Cassius. Prise de Panorme.	
253	501	La flotte romaine est dé-	

Av. J.-C.	FONDATION de Rome.	HISTOIRE POLITIQUE.	HISTOIRE DES LETTRES, ETC.
		truite par une tempête près du cap Palinure.	
252	502	Coruncanius, premier pontifex maximus plébéien.	
251	503	Regulus vient à Rome.	
250	504	Victoire de Metellus près de Panorme. Siége de Lilybée.	
249	505	Claudius Pulcher bat Adherbal, près de Drépane.	
248	506	Flotte de Junius perdue par une tempête.	
247	507	Échange et retour des captifs.	
246	508	Nomination d'un prætor peregrinus.	
245	509	Bataille navale près d'Ægimurum.	
244	510	Hamilcar s'empare d'Eryx. Brundusium, colonie romaine.	
243	511	Défaite des Falisques.	Construction de la voie Aurelia.
242	512	Victoire navale de Lutatius près des îles Ægates. Fin de la première guerre punique. Deux dernières nouvelles tribus.	
240	514	Guerre civile à Carthage.	Livius Andronicus fait représenter à Rome la première tragédie écrite en grec.
239	515		Naissance du poète Ennius à Rudia, en Campanie.
238	516	Rome occupe la Sardaigne et la Corse. Invasion des Gaulois de la Gaule transalpine.	
237	517	Hamilcar va en Espagne.	

Av. J.-C.	FONDATION de Rome.	HISTOIRE POLITIQUE.	HISTOIRE DES LETTRES, ETC.
235	519	Le temple de Janus est fermé. La Sardaigne est réduite en province romaine.	Cn. Nævius, poëte. T. Coruncanius, jurisconsulte. Naissance de Porcius Caton.
233	521	Fabius en Ligurie.	
232	522	Proposition du tribun Flaminius. *Lex Flaminia*, pour le partage des terres prises sur les Sénonais.	
231	523	Premier divorce à Rome. Pomponius décourage les Corses.	
230	524	Commencement de la guerre d'Illyrie.	
228	526	Paix avec la reine Teuta. Les Romains admis aux jeux helléniques par les Grecs. Mort d'Hamilcar.	
227	527	Traité de Carthage avec Rome au sujet de l'Espagne. Choix de quatre préteurs.	Naissance de Plaute à Sarsina, en Ombrie.
226	528	Les Gaulois envahissent l'Italie.	
225	529	Ils sont battus à Clusium par L. Æmilius.	
224	530	Les Boïens sont définitivement soumis.	
223	531	Les Romains franchissent le Pô pour la première fois.	
222	532	La guerre d'Illyrie renouvelée contre Demetrius de Pharos.	
221	533	Les consuls commencent l'année de leur gouvernement aux Ides de mars. Voie flaminienne et routes aboutissantes.	
221	533	La Gaule cisalpine réduite en province romaine par Marcellus. Marcellus	

Av. J.-C.	FONDATION de Rome.	HISTOIRE POLITIQUE.	HISTOIRE DES LETTRES, ETC.
		remporte les troisièmes dépouilles opimes. Envoi de colonies à Placentia et à Crémone. Hasdrubal tué.	
220	534	Demetrius de Pharos s'enfuit chez Philippe de Macédoine.	Fabius Pictor.
219	535	Hannibal prend Sagonte. Deuxième guerre avec l'Illyrie.	
218	536	Seconde guerre punique. Rencontre sur les bords du Tésin. Bataille de la Trébie. Armée romaine en Espagne.	Archagathus, premier médecin grec à Rome.
217	537	Bataille du lac Trasimène. Fabius, dictateur.	
216	538	Bataille de Cannes. Prise de Capoue. Victoire des Scipions près d'Ibera en Espagne.	Loi Oppia contre le luxe des femmes. Opposition inutile de Caton l'Ancien.
215	539	Hiéronyme de Syracuse se ligue avec Hannibal. Victoire des Scipions près d'Illiberis. Victoire de Marcellus à Nole.	
214	540	Philippe de Macédoine se déclare contre Rome. Bataille d'Apollonie. Double victoire des Scipions près d'Auringis. Marcellus va en Sicile. Hannon est battu complétement près de Bénévent, avec son armée de réserve, par Sempronius Gracchus.	
213	541	Les Étoliens soutenus par les Romains.	
212	542	Prise de Syracuse par Marcellus. Mort d'Archimède. La Sicile réduite en province romaine. Tarente	Cincius Alimentus et C. Acilius, annalistes. Monuments de l'art grec à Rome.

Av. J.-C.	FONDATION de Rome.	HISTOIRE POLITIQUE.	HISTOIRE DES LETTRES, ETC.
		perdue par les Romains. Les deux Scipions périssent en Espagne. Hannibal cherche en vain à faire lever le siége de Capoue.	
211	543	Sempronius Gracchus meurt par trahison. Capoue est reprise par les Romains, bien qu'Hannibal apparaisse aux portes de Rome.	
210	544	Conquête de toute la Sicile par les Romains. P. Cornelius Scipion va en Espagne. Premier curio maximus plébéien.	
209	545	Tarente perdue pour Hannibal. Victoire de Scipion à Bæcula.	
208	546	Marche d'Hasdrubal sur l'Italie. Marcellus périt.	Le temple de la Vertu et de l'Honneur orné de chefs-d'œuvre grecs.
207	547	Claudius Nero bat Hannibal à Grumentum. Hasdrubal est battu à Sena, sur le Métaure, par les consuls Cl. Nero et Livius Salinator.	L. Andronicus compose un hymne de supplication ou action de grâces pour une victoire.
206	548	Alliance de Scipion avec Syphax. Conquête de l'Espagne carthaginoise jusqu'à Gadès; elle devient province romaine.	
205	549	P. Corn. Scipion revient d'Espagne; il est élu consul. Magon aborde à Gênes. La statue d'Ida, la mère des dieux, *mater Idæa*, est transportée de Pessinunte à Rome.	Ennius est amené à Rome par le questeur Caton.
204	550	Scipion en Afrique.	Cn. Nævius est contraint de fuir à cause

Av. J.-C.	FONDATION de Rome.	HISTOIRE POLITIQUE.	HISTOIRE DES LETTRES, ETC.
			de ses poésies satiriques. M. Cethegus, orateur.
203	551	Scipion bat Hasdrubal et Syphax en Afrique. Magon est battu en Ligurie.	
202	552	Rappel d'Hannibal. Ptolémée V Épiphane est placé sous la tutelle du sénat romain. Bataille de Zama et fin de la deuxième guerre punique.	Caton le Censeur, orateur, historien, agronome.
200	554	Deuxième guerre de Macédoine. Commencement des guerres contre l'Espagne.	
199	555	Victoire de Cn. Corn. Cethegus sur les Insubriens et les Cénomans. Les Carthaginois sont battus par Masinissa.	
198	556	T. Quintius Flaminius marche contre Philippe et gagne les Achéens.	
197	557	Bataille des Cynoscéphales. Démêlés d'Antiochus le Grand avec Rome au sujet de la conquête de la plus grande partie de l'Asie Mineure et de la Chersonèse de Thrace. Six préteurs.	
196	558	Rome surveille Carthage et la Numidie. Paix avec Philippe et proclamation de la liberté de la Grèce aux jeux isthmiques.	Abrogation de la loi Oppia.
195	559	Hannibal se retire auprès d'Antiochus. Guerre avec ce roi. Caton l'Ancien commande en Espagne. Lutte	

Av. J.-C.	FONDATION de Rome.	HISTOIRE POLITIQUE.	HISTOIRE DES LETTRES, ETC.
		avec les Liguriens et les Boïens.	
194	560	Expédition contre les Boïens.	
193	561	Masinissa, secrètement soutenu par les Romains, affaiblit Carthage par la prise de la riche province d'Empories. Guerre des Romains contre les Ligures.	
192	562	Antiochus vient en Grèce.	Naissance de Térence.
191	563	Glabrion chasse les Syriens d'Europe. Guerre avec les Gallo-Grecs. Fulvius Nobilior bat les Étoliens. Carthage s'offre à payer un tribut.	
190	564	Bataille de Magnésie sur le Sipyle. Scipion l'Asiatique.	
189	565	Invasion des Gaulois dans l'Asie Mineure. Triomphe de Cn. Manlius Vulso.	
187	567	Exil volontaire de Scipion l'Africain. La guerre continue avec la Ligurie.	
186	568	Sénatus-consulte contre les Bacchanales, à Rome. Troubles en Espagne.	Construction de nouveaux égouts.
185	569	Caton l'Ancien attaque les Scipions. Nouveaux démêlés avec Philippe de Macédoine.	Première basilique considérable, sous le nom de basilique Porcia.
184	570	Sévère censure de Caton. Philippe est obligé de se justifier devant une commission de députés. Hannibal se réfugie chez Prusias, roi de Bithynie.	Ælius Pætus Catus, jurisconsulte. Mort de Plaute.
183	571	Mort de Scipion l'Afri-	

Av. J.-C.	FONDATION de Rome.	HISTOIRE POLITIQUE.	HISTOIRE DES LETTRES, ETC.
182	572	cain et d'Hannibal. Victoire sur les Liguriens et les Celtibériens. Colonie d'Aquilée. Masinissa prend encore une province aux Carthaginois.	
181	573		On retrouve les œuvres de Numa Pompilius.
180	574	Seleucus IV, par crainte de Rome, cesse la guerre contre Eumène.	
179	575	Conquêtes dans l'intérieur de l'Espagne. Elles entraînent à de longues guerres.	
178	576	Soulèvements dans l'Istrie.	
177	577	Les Istriens découragés. Tib. Sempronius Gracchus réprime la rébellion de Sardes.	Cæcilius Statius, poëte comique.
176	578	Soulèvement en Sardaigne et en Corse.	
174	580	Censure sévère de Fulvius Flaccus et de Postumius Albinus. Masinissa prend à Carthage la province Tysca.	Expulsion des philosophes grecs. Construction du temple de la Fortune équestre.
172	582	Rome renouvelle son alliance avec Persée. Les deux premiers consuls plébéiens.	
171	583	Commencement de la troisième guerre de Macédoine. La confédération des Béotiens est dissoute.	
170	584		Naissance du poëte Attius. Mort d'Ennius.
169	585	Le préteur Anicius bat Gentius, roi d'Illyrie.	
168	586	Victoire de Paul Émile à Pydna. Les citoyens romains cessent de payer un tribut.	C. Sulpicius Gallus prédit une éclipse de lune.

Av. J.-C.	FONDATION de Rome.	HISTOIRE POLITIQUE.	HISTOIRE DES LETTRES, ETC.
167	587	Otages de la ligue Achéenne. Polybe. Triomphe de Paul Émile. Mort de ses deux fils.	Première bibliothèque fondée à Rome.
166	588	Persée meurt en captivité.	Représentation de l'*Andrienne*, première comédie de Térence.
164	590		Le censeur Q. Marcius Philippus dresse le premier cadran solaire d'après le méridien de Rome.
162	592	Rome partage l'Égypte entre Philometor et Physcon et s'empare de la tutelle en Syrie. Première tentative pour dessécher les marais Pomptins.	
161	593	Sénatus-consulte contre les écoles de rhéteurs à Rome.	Mort de Térence.
160	594		La dernière comédie de Térence, *les Adelphes*, est représentée aux funérailles de Paul Émile.
159	595		Scipion Nasica invente le moyen de mesurer le temps avec de l'eau (Clepsydre).
158	596	324,000 citoyens romains en état de porter les armes.	
157	597	Députation en Afrique pour terminer la querelle de Masinissa et de Carthage. Expédition du consul Marcius contre les Dalmates.	
155	599	Guerre contre les Dalmates et les Liguriens.	Sénatus-consulte pour la construction d'un théâtre à demeure. Arrivée à Rome des philosophes grecs Carnéade, Diogène et Critolaüs.

Av. J.-C.	FONDATION de Rome.	HISTOIRE POLITIQUE.	HISTOIRE DES LETTRES, ETC.
154	600	De 255 à 150 av. J.-C. les Romains sont malheureux dans leurs expéditions contre les Lusitaniens et les Celtibériens.	Cratès de Mallus, grammairien, vient à Rome.
152	602	Victoire de Masinissa et chute d'Utique.	
151	603	Perfidie du préteur Galba envers les Lusitaniens.	
150	604	Troisième guerre punique. Guerre avec Viriathe.	Mort de Caton l'Ancien. Naissance du poëte satirique Lucilius.
149	605		Le poëte Pacuvius. Loi Calpurnia sur la concussion.
148	606	Les Carthaginois repoussent les attaques des Romains. Andriscus est battu par Metellus, et la Macédoine est réduite en province romaine.	Metellus Macedonicus bâtit le temple de Jupiter Stator et celui de Junon.
147	607	Guerre des Romains contre les Achéens; contre Viriathe.	
146	608	Carthage détruite. Le territoire de Carthage devient province romaine sous le titre de province d'Afrique.	C. Lælius Sapiens, littérateur, artiste, ami intime de Scipion.
145	609	Lælius bat Viriathe.	
144	610	Les Romains offrent leur amitié à Jonathan Macchabée.	
142	612	Expédition de Q. Metellus Macedonicus en Espagne.	
141	613	Commencement de la guerre avec Numance.	
140	614	Meurtre de Viriathe préparé par Cæpion. Pompée devant Numance.	
138	616	L'armée romaine composée de 30,000 hommes, sous	

Av. J.-C.	FONDATION de Rome.	HISTOIRE POLITIQUE.	HISTOIRE DES LETTRES, ETC.
		Mancinus, essuie une honteuse défaite contre 4,000 Numantins.	
137	617	Expédition de D. Brutus en Espagne.	
136	618	Scipion l'Africain, Septimius Mummius et L. Metellus, accompagnés du stoïcien Panætius, entreprennent une importante mission en Égypte, en Syrie et en Grèce. Brutus pénètre jusqu'à l'Océan.	
135	619	La guerre des esclaves commence en Sicile et dure trois ans. Conquête de la Galice.	
134	620	Scipion, aidé de Jugurtha, bloque plus étroitement Numance. Première campagne de Marius.	L. Cornelius Piso Frugi, Cassius Hemina, Sempronius Asellio, annalistes.
133	621	Loi Licinia renouvelée par Tiberius Gracchus. Il est tué. Attale III lègue son royaume à Rome. Prise de Numance.	L. Afranius, poëte comique. Tib. Gracchus, orateur.
132	622	Scipion l'Africain revient d'Espagne. Défaite des esclaves à Enna.	Prusias pille les plus précieux chefs-d'œuvre de Pergame.
131	623	Guerre de Pergame Premiers censeurs plébéiens. 317,823 citoyens en état de porter les armes.	Lucilius, poëte, Servius Sulpicius Galba, Pub. Mucius et Q. Mucius Scævola, jurisconsultes.
130	624	Aristonic de Perpérène est battu. Héritage de Pergame. Les tribuns du peuple obtiennent par la loi Atinia le droit de siéger et de voter dans le Sénat.	C. Fannius, orateur.
129	625	Mort, peut-être violente,	

Av.-J.-C.	FONDATION de Rome.	HISTOIRE POLITIQUE.	HISTOIRE DES LETTRES, ETC.
		de Scipion l'Africain. Le consul M. Fulvius Flaccus veut qu'on accorde aux alliés le droit de cité.	
128	626	M. Fulvius Flaccus jette les premiers fondements de la puissance romaine dans la Gaule cisalpine, en envoyant secourir Massalia (Marseille).	Construction de l'aqueduc d'Aqua Tepula, nom d'une source conduite jusqu'au Capitole.
126	628	Paix à Rome. C. Gracchus, questeur en Sardaigne. Censure sévère de L. Cassius Longinus et de Cn. Servilius Cæpion.	
125	629	Première guerre dans la Gaule méridionale. Destruction de Frégelles.	Loi sur le droit de cité des Italiotes. Construction de la voie Domitia à travers la Savoie et la Provence.
124	630	Retour de C. Gracchus; il est élu tribun du peuple.	C. Gracchus, L. Cælius Antipater, Pl. Licinius Macer, orateurs, savants.
123	631	Guerre contre les îles Baléares. Premier tribunat de Caius Gracchus. Aquæ Sextiæ (Aix), première colonie de Romains dans la Gaule. Carthage rebâtie par ordre du Sénat romain. Triomphe de Fulvius Flaccus sur les Ligures, les Voconces et les Saliens.	Lois agraire, frumentaire; sur la liberté des citoyens. Loi viaria.
122	632	Second tribunat de C. Gracchus. Victoire de Domitius sur les Arvernes, de Fabius sur les Allobroges. Judicature attribuée à l'ordre des chevaliers.	Loi judiciaria sur l'organisation des provinces. Mort de Polybe.
121	633	C. Gracchus tué avec plus de 3,000 citoyens.	

Av. J.-C.	FONDATION de Rome.	HISTOIRE POLITIQUE.	HISTOIRE DES LETTRES, ETC.
119	635	Le tribun du peuple C. Marius fait jeter en prison le consul Metellus, parce qu'il s'oppose à la loi sur les *pontes* et *ovilia*, servant d'enclos aux comices.	
118	636	La Gaule narbonnaise province romaine. Conquête de la Dalmatie par Metellus. Commencement des démêlés avec Jugurtha.	
117	637	Partage du royaume de Numidie.	
114	640	Les Scordisques battent le consul C. Caton.	Naissance de Terentius Varron, le plus savant des Romains.
113	641	Les Cimbres battent le consul Papirius Carbo. Les deux frères Metellus triomphent le même jour, l'un de la Sardaigne, l'autre de la Thrace.	Licinius Crassus, orateur.
112	642	Jugurtha prend Cirta et fait périr Adherbal. Le tribun C. Memmius force le sénat à la guerre. Drusus chasse les Scordiques au delà du Danube.	
111	643	Jugurtha achète la paix du consul Calpurnius Pison. Citation de Jugurtha à Rome.	
110	644	Meurtre de Massiva par le secours de Bomilcar. Reprise de la guerre sous les consuls Sp. Albinus et son frère Aulus. Condamnation d'Opimius.	Naissance de Titus Pomponius Atticus, l'ami de Cicéron.
109	645	Q. Metellus est revêtu du commandement en chef. Invasion des Cimbres et des	

Av. J.-C.	FONDATION de Rome.	HISTOIRE POLITIQUE.	HISTOIRE DES LETTRES, ETC.
108	646	Teutons dans la Gaule romaine et défaite du consul Junius Silanus. Alliance de Jugurtha avec Bocchus. Triomphe de Minucius sur les Scordisques.	Voie Æmilia, continuant la voie Flaminienne et traversant le cœur de la Gaule cisalpine.
107	647	Marius brigue et obtient le consulat. Triomphe de Metellus sur les Numides. Défaite de L. Cassius Longinus par les Liguriens et de M. Æmilius Scaurus par les Cimbres et les Teutons.	Naissance de Cicéron, près d'Arpinum.
106	648	Jugurtha conduit à Rome pour orner le triomphe de son vainqueur.	
105	649	Grande défaite des Romains en Gaule par suite de la division des consuls Cn. Manlius et Q. Cæpion.	Æmilius Scaurus, Rutilius Rufus, orateurs.
104	650	Marius obtient le commandement en chef et reste consul pendant quatre ans. Guerre des esclaves en Sicile.	Loi Domitia sur les sacerdoces. Loi Servilia sur la concussion.
103	651	Une partie des Cimbres franchit les Pyrénées; mais ils sont repoussés par les Celtibériens.	Q. Lutatius Catulus, orateur.
102	652	Bataille d'Aix. Anéantissement des Teutons.	T. Quintius Atta introduit la comédie togée, représentant les Romains dans la vie commune.
101	653	Bataille de Vérone et fin de la guerre cimbrique. Soulèvement des esclaves en Sicile.	
100	654	Marius consul pour la sixième fois. Troubles sus-	Naissance de Jules César.

Av. J.-C.	FONDATION de Rome.	HISTOIRE POLITIQUE.	HISTOIRE DES LETTRES, ETC.
		cités par Saturninus et Glaucias. Aquilius met fin à la guerre des esclaves.	
99	655	Les Romains sous Dolabella font la conquête de la Lusitanie. Metellus est rappelé de son exil volontaire.	L. Afranius compose des comédies togées.
97	657	Cyrène léguée aux Romains par le roi Ptolémée Apion.	Loi Licinia contre le luxe.
95	659	La loi Licinia Mucia éloigne de Rome les alliés.	Naissance du poëte Lucrèce.
93	661	Bannissement de P. Rutilius, accusé de concussion.	Plotius Gallus, L. Licinius Crassus, Marcus Antonius, orateurs.
92	662	Les différends entre les rois de l'Asie Mineure sont terminés par le préteur Sulla.	Défense d'ouvrir à Rome des écoles de rhéteurs.
91	663	Guerre sociale après le meurtre du tribun Livius Drusus.	Q. Valerius d'Antium, historien.
90	664	Le droit de cité est accordé par la loi Julia aux Étrusques, Latins, Ombriens, demeurés fidèles. Nicomède III est rétabli par les Romains sur le trône de Bithynie. Mort du consul Rutilius.	Q. Novius, poëte.
89	665	Le consul L. Porcius est tué par les Marses. Mithridate se rend maître de la Cappadoce et de la Paphlagonie.	
88	666	Guerre sociale terminée par Sulla. Guerre contre Mithridate. 8,000 Romains sont massacrés dans l'Asie Mineure. Marius s'unit à Sulpicius. Première guerre civile.	
87	667	Cinna obligé de céder au	

Av. J.-C.	FONDATION de Rome.	HISTOIRE POLITIQUE.	HISTOIRE DES LETTRES, ETC.
86	668	consul Octavius; son retour. Prise d'Athènes par Sulla. Mort de Marius. Archélaüs battu à Chéronée et à Orchomène par Sulla. Flaccus passe en Asie avec une armée.	Valerius Caton, poëte satirique. Naissance de Catulle et de Salluste.
85	669	Sulla conclut la paix avec Mithridate. L. Valerius Flaccus est tué par son lieutenant Fimbria, qui, poursuivi par Sulla, se donne la mort.	
84	670	Sulla lève d'énormes contributions en Asie. Cinna est tué par ses propres soldats. Incendie du Capitole.	
83	671	Retour de Sulla en Italie. Guerre de Mithridate avec Murena.	
82	672	Victoire de Sulla sur Norbanus. L'armée de Scipion gagnée par corruption. Le jeune Pompée. Victoire de Sacriport sur le jeune Marius, et devant les portes de Rome sur Pontius Telesinus. Sertorius en Espagne.	Cornelius Sulla, Sisenna, Rutilius, Cl. Quadrigarius, historiens. Cicéron prononce son premier plaidoyer *pro Quinctio*.
81	673	Sulla dictateur. Réforme de la Constitution. Nouvelle guerre avec Mithridate, commencée par Murena, et terminée sous les ordres de Sulla par une transaction.	Premier plaidoyer public de Cicéron *pro Sexto Roscio*.
80	674	Guerre contre Sertorius en Espagne jusqu'en 681. Metellus Pius. Guerre en Afrique contre les chefs de la faction démocratique, C. Domitius et le roi Iarbas,	Inauguration du nouveau Capitole de Sulla et de Catulus.

Av. J.-C.	FONDATION de Rome.	HISTOIRE POLITIQUE.	HISTOIRE DES LETTRES, ETC.
		terminée par le triomphe de Pompée.	
79	675	Sulla abdique la dictature.	
78	676	Il meurt dans sa villa de Cumes. Tentative de M. Æmilius Lepidus, pour renverser la constitution de Sulla. Q. Servilius l'Isaurique subjugue la Sicile.	
77	677	Double défaite de Lepidus devant Rome et en Etrurie par Catulus et Pompée. Pompée envoyé contre Sertorius. Appius bat les Thraces.	Antonius Gniphon, grammairien gaulois.
76	678	Deuxième tentative pour annuler la constitution de Sulla par le tribun Sicinius ; le sénat la fait échouer.	Cicéron, questeur.
75	679	Négociations entre Sertorius et Mithridate. Servilius fait la guerre aux pirates. La Bithynie léguée aux Romains. Opimius rend la judicature aux chevaliers.	Q. Hortensius, orateur. Asclépiade, médecin.
74	680	L. Lucullus renouvelle la guerre contre Mithridate.	
73	681	Prise de Cyzique par Lucullus. Curion pénètre jusqu'à l'Ister.	
72	682	Guerre des gladiateurs et des esclaves. La défaite de quatre généraux romains ouvre à Spartacus le chemin des Alpes. Crassus obtient le commandement et sauve Rome. Meurtre de Sertorius par Perpenna.	
71	683	Fuite de Mithridate auprès de Tigrane. Pompée termine la guerre des esclaves. La puissance des tri-	Licinius Macer, orateur et poëte. Cicéron, édile.

Av. J.-C.	FONDATION de Rome.	HISTOIRE POLITIQUE.	HISTOIRE DES LETTRES, ETC.
		buns du peuple rétablie. M. Lucullus brise la puissance des peuples thraces.	
70	684	Alliance entre Mithridate et Tigrane. Jalousie des consuls Crassus et Pompée.	Naissance de Virgile. Catulle. Plaidoyer de Cicéron contre Verrès.
69	685	Victoire de Lucullus sur les deux rois réunis à Tigranocerte.	
68	686	Victoire de Lucullus à Artaxata. Mutinerie parmi ses troupes. Mithridate reprend presque tout son territoire.	Cicéron, préteur.
67	687	Lucullus perd le commandement. La Crète est réduite en province romaine par Metellus. Les pirates sont chassés par Pompée. Loi Manilia, qui donne à Pompée le commandement contre Mithridate.	Plaidoyer de Cicéron *pro Cluentio*.
66	688	Victoire nocturne de Pompée sur Mithridate, près de l'Euphrate.	Q. Roscius, acteur comique. Théâtre de M. Scaurus.
65	689	Première conjuration de Catilina déjouée par le hasard. Soumission de Tigrane. Mithridate se réfugie en Taurie. Expédition de Pompée dans les régions du Caucase. Seconde conjuration de Catilina, comprimée par la mort de Pison.	Naissance d'Horace. Naissance de Tibulle.
64	690	La Bithynie, la Cilicie et la Syrie réduites en provinces romaines. Pompée maître de Jérusalem. Troisième conjuration de Catilina.	
63	691	Cicéron consul. Supplice	Ælius Tubéron, L. Lu-

Av. J.-C.	FONDATION de Rome.	HISTOIRE POLITIQUE.	HISTOIRE DES LETTRES, ETC.
		des conjurés. Trahi par son fils Phraate. Mithridate se donne la mort. La Palestine tributaire. Le Pont réduit en province romaine.	cinius, Q. Cornificius, Quintus Cicéron et M. Cœlius Rufus, orateurs.
62	692	Victoire du proconsul Antonius à Pistola sur Catilina. Caton fait échouer le projet de Pompée, qui voulait rentrer à Rome à la tête de son armée. Naissance d'Octave. Clodius profane la fête de la Bonne Déesse.	L. Cotta, orateur L. Ælius, littérateur et philosophe.
61	693	Pompée triomphe. C. César commande en Espagne.	Naissance de Sénèque le rhéteur.
60	694	Premier triumvirat.	Théâtre de M. Æmilius Scaurus.
59	695	César, consul. Partage des terres de Campanie et du canton de Stellas.	Naissance de Tite-Live.
58	696	Lois de Clodius. Exil de Cicéron. Arioviste battu à Vesontio par César. Fuite de Ptolémée Aulétès.	
57	697	Cypre réduite en province romaine. César bat les Belges. Ses quartiers d'hiver à Lucques. Rappel de Cicéron.	
56	698	Pompée veut rappeler Ptolémée Aulétès. Il en est empêché par Caton. César bat les Aquitains. Nouvelle ligue des triumvirs.	
55	699	Second consulat de Pompée et de Crassus. César bat à Liége les Germains, qui étaient entrés dans les Gaules. Il passe en Bretagne.	Loi Trebonia. Pompée bâtit le premier théâtre permanent.
54	700	César fait une seconde	L'acteur tragique

Av. J.-C.	FONDATION de Rome.	HISTOIRE POLITIQUE.	HISTOIRE DES LETTRES, ETC.
		descente en Bretagne. Crassus entreprend une expédition contre les Parthes. Gabinius remet Aulétès sur le trône d'Égypte. Mort de Julia, fille de César et femme de Pompée.	Æsopus. Bibliothèque de M. Lucullus.
53	701	César fait une seconde expédition en Germanie. Soulèvement des Gaulois. Crassus vaincu et tué par les Parthes. Une grande fermentation empêche pendant huit mois à Rome l'élection des consuls.	
52	702	Après le meurtre de Clodius par Milon, Pompée, nommé seul consul, s'adjoint pour collègue Metellus Scipion, son beau-père. Les Parthes attaquent la Syrie. C. Cassius les repousse.	Cicéron prononce son discours *pro Milone*.
51	703	Ligue des Gaulois sous Vercingetorix. César offre de déposer son commandement. Nomination de son successeur. Cicéron en Cilicie.	Mort de Lucrèce. Decimus Laberius, auteur de mimes. Amphithéâtre de Curion.
50	704	Soumission de toute la Gaule. C. Salluste est exclus du Sénat.	
49	705	Passage du Rubicon. Première expédition de César contre Afranius et Petreius en Espagne. Perte de ses légions sous Curion en Afrique. César change la dictature pour le consulat.	
48	706	César débarque à Acroceraunus en Épire. Mauvais succès. Bataille de Dyrra-	C. Licinius Calvus, orateur.

Av. J.-C.	FONDATION de Rome.	HISTOIRE POLITIQUE.	HISTOIRE DES LETTRES, ETC.
		chium. Bataille de Pharsale. Mort de Pompée. Guerre d'Alexandrie. Antipater nommé procurateur de la Judée.	
47	707	Expédition de César contre Pharnace. Troubles à Rome excités par le tribun Dolabella, qui promet l'abolition des dettes. Retour de César.	
46	708	Victoire de César à Thapsus sur Scipion et Juba. Caton se tue à Utique : la Numidie est réduite en province romaine. César revient d'Afrique.	Amélioration du calendrier de Sosigène. Servius Sulpicius Rufus, orateur.
45	709	Sanglante bataille de Munda. César est nommé dictateur perpétuel et obtient le titre d'*imperator*.	Les maîtres et les médecins obtiennent le droit de cité.
44	710	César est assassiné. Nouveau partage des provinces. Cléopâtre emprisonne son jeune frère Ptolémée XIII.	Naissance d'Ovide. Asinius Pollion, poëte et historien; Junius Brutus, philosophe; A. Hirtius, historien. *Philippiques* de Cicéron.
43	711	Lutte contre Antoine à Modène. Second triumvirat. Sadalès lègue la Thrace aux Romains. Dolabella, poursuivi par Cassius, se donne la mort.	Mort de Cicéron. Messala Corvinus, jurisconsulte.
42	712	Double bataille de Philippes. Partage des terres.	Publius Syrus, mime.
41	713	Guerre de Péruse. Cléopatre paraît devant Antoine à Tarse.	
40	714	Transaction d'Antoine avec Octave, et de tous deux avec Sextus Pompée.	Corn. Nepos, Salluste, historiens; Varron d'Atax, poëte;

Av. J.-C.	FONDATION de Rome	HISTOIRE POLITIQUE.	HISTOIRE DES LETTRES, ETC.
39	715	Les Parthes inondent la Syrie et l'Asie Mineure. Guerre avec les Parthes. Hérode le Grand.	Nigidius Figulus, philosophe.
38	716	Sextus Pompée renouvelle la guerre. Bataille navale dont le succès est douteux.	C. Asinius Pollion fonde la première Bibliothèque publique de l'Aventin.
37	717	Pacorus, général des Parthes, battu par Ventidius. Antoine donne à Cléopatre la Phénicie, Cyrène et Cypre.	
36	718	Défaite de Sextus Pompée. Il fuit et est tué en Phrygie. Lépide exclu du triumvirat, qui devient un duumvirat. Expédition d'Antoine contre les Parthes.	Bathylle, Pylade, pantomimes.
35	719	Soumission de la Dalmatie et de la Pannonie.	Mort de Salluste. L'Aqua Julia est réunie à l'Aqua Tepula par Agrippa. Nouveaux égouts.
34	720	Antoine triomphe à Alexandrie du roi d'Arménie Artavasde.	
33	721	Antoine recommence, de concert avec le roi des Mèdes, une expédition contre les Parthes. Octave subjugue les Dalmates.	
32	722	Antoine se sépare ouvertement d'Octave. Guerre avec Octave.	Mort de Pomponius Atticus.
31	723	Bataille navale d'Actium. Octave impérator.	M. Vipsanius Agrippa, général, artiste, etc.
30	724	Fin d'Antoine et de Cléopatre. L'Égypte réduite en province romaine. Le pouvoir tribunitien est conféré pour toujours à Octave.	Mort de Cornelius Nepos.

Av. J.-C	FONDATION de Rome.	HISTOIRE POLITIQUE.	HISTOIRE DES LETTRES, ETC.
		EMPIRE.	
29	725	Soumission de la Mœsie. Nouvelle colonisation de Carthage. Le temple de Janus fermé.	
28	726	463,000 citoyens romains.	Octave fonde la Bibliothèque palatine. Antonius Musa, médecin. Cornelius Gallus, poëte.
27	727	Le sénat décerne à Octave le titre d'Auguste. Guerre contre les Cantabres.	Mort de Varron. L. Varius, poëte. Construction du Panthéon.
26	728	Conjuration de M. Ægnatius.	C. Trebatius Testa, Alphenus Varus, jurisconsultes.
25	729	Soumission du nord de l'Espagne et de l'ouest de la Gaule. Tiridate se réfugie auprès d'Auguste.	Helvius Cinna, Cassius Severus, poëtes.
24	730	Malheureuse expédition d'Ælius Gallus en Arabie.	
23	731	Maladie dangereuse d'Auguste. Mort de Marcellus, fils d'Octavia, sœur d'Auguste.	
22	732	Peste et famine en Italie. Conjuration de Murena et autres contre Auguste. L'impératrice Livia.	T. Valgius Rufus, poëte.
21	733	La Gaule se révolte; elle est remise sous le joug. Auguste marie sa fille Julia avec Agrippa, et abandonne à celui-ci l'administration de l'empire.	Valerius d'Ostie.
20	734	Tibère reprend les dra-	Julius Honorius, orateur.

Av. J.-C.	FONDATION de Rome.	HISTOIRE POLITIQUE.	HISTOIRE DES LETTRES, ETC.
		peaux romains sur les Parthes.	
19	735	Auguste est revêtu à perpétuité du pouvoir consulaire; il prend aussi la magistrature des mœurs. Agrippa bat les Cantabres rebelles.	Mort de Virgile et vraisemblablement aussi de Tibulle. Naissance de Velleius Paterculus, historien.
18	736	Détermination du nombre des sénateurs. Lois contre le célibat. Otages parthes.	Properce.
17	737	Auguste adopte les deux fils aînés d'Agrippa, Caius et Lucius. Célébration des jeux séculaires. Invasion des Sucambres en Gaule.	Naissance de Drusus Germanicus.
16	738	Lollius battu par les Germains.	Mort d'Æmilius Macer, poëte.
15	739	Soumission de la Rhétie, de la Vindélicie et du Noricum.	Mort de Properce.
13	741	Auguste nommé Pontifex Maximus.	*Fossa Drusiana*, ou canal creusé par Drusus Senior depuis le Rhin jusqu'à l'Yssel.
12	742	Mort d'Agrippa. Auguste désigne ses fils Caius et Lucius pour ses successeurs. Guerre des Romains sous Drusus contre les Germains. Tibère revient de Pannonie. Sanglante bataille en Thrace.	
11	743	Renouvellement de la guerre avec les Germains.	
10	744	Drusus sur le Weser.	
9	745	Drusus sur l'Elbe; il meurt dans la retraite. Tibère lui succède dans le commandement.	Cornelius Severus, poëte.
8	746	Par ordre du sénat le	Mort d'Horace. Ver-

Ap. J.-C.	FONDATION de Rome.	HISTOIRE POLITIQUE.	HISTOIRE DES LETTRES, ETC.
		mois Sextilis prend le nom d'Augustus (Août).	rius Flaccus, historien, dirige l'éducation des deux neveux d'Auguste.
7	747	Domitius Ænobarbus en Germanie.	
6	748	Tibère, jaloux des jeunes Césars, va passer sept ans à Rhodes.	
5	749	L'Arménie devient un sujet de discorde entre les Romains et les Parthes.	
3	751		Porcius Latro, rhéteur.
2	752	Julia est reléguée dans l'île Pandatária, sur les côtes de la Campanie. C. César va commander l'expédition d'Arménie. M. Vicinius prend le commandement en Germanie.	Trogue Pompée, historien.
1	753	Naissance de Jésus-Christ.	M. Manilius, poëte. Rutilius Lupus, rhéteur. Gratius Faliscus, poëte. Vitruve, architecte. A. Sabinus, poëte.
1	754	Soulèvement en Germanie.	Antistius Labeo et Ateius Capito, jurisconsultes. Julius Hyginus, grammairien et bibliothécaire.
2	755	Lucius César meurt à Marseille. Tibère revient à Rome; il reprend le commandement en Germanie.	Naissance de Sénèque, philosophe et précepteur de Néron.
3	756	C. Cæsar meurt à Limyra en Lycie pendant son retour de Syrie.	Pedo Albinovanus, poëte.
4	757	Tibère adopté par Auguste.	L. Annæus Florus, historien.
5	758	Quintilius Varus prend le commandement en Germanie. Famine à Rome.	

Ap. J.-C.	FONDATION de Rome.	HISTOIRE POLITIQUE.	HISTOIRE DES LETTRES, ETC.
6	759	La Judée et Samarie réduites en provinces romaines.	
7	760	Le jeune Agrippa est déporté à Planasia.	
8	761	La Pannonie demande la paix.	Exil d'Ovide à Tomi, en Scythie.
9	762	Bataille dans la forêt de Theutbergh et défaite de Varus par Arminius. Guerre de Dalmatie.	Loi Papia Poppæa contre les célibataires.
10	763	Tibère envoyé en Germanie.	
11	764	Auguste associe à l'Empire Tibère, qui adopte Germanicus.	
12	765	Tibère triomphe des Pannoniens et des Dalmates.	Fastes Prænestins, ou listes consulaires trouvées plus tard à Préneste.
13	766		Cornelius Celsus, médecin.
14	767	Les Romains couvrent le Rhin de lignes de démarcation. Germanicus arrive en Allemagne. Mort d'Auguste. Tibère, empereur. Agrippa Postumius assassiné.	
15	768	La Mœsie réduite en province romaine.	Monument d'Ancyre ou testament politique d'Auguste. Mort d'Ovide.
16	769	Germanicus vainqueur à Idistavisus.	
17	770	La Cappadoce et la Comagène réduites par Germanicus en provinces romaines. Un tremblement de terre détruit douze villes en Asie.	
19	772	Germanicus meurt à Antioche, empoisonné par Pison.	Mort de Tite-Live.

Ap. J.-C.	FONDATION de Rome.	HISTOIRE POLITIQUE.	HISTOIRE DES LETTRES, ETC.
20	773	Arminius est tué dans une conjuration.	Masurius Sabinus, jurisconsulte. Fenestella, annaliste. Sénèque le père, rhéteur.
21	774	Tibère fait un voyage en Campanie. Soulèvement des Éduens.	
22	775		Cremutius Cordus, historien. Mort d'Asinius Gallus. Valère Maxime, historien. Naissance de Pline l'Ancien.
23	776	L. Ælius Séjan obtient la confiance de Tibère.	
25	778		Phèdre, fabuliste.
26	779	Tibère se retire à Caprée.	
27	780	Ponce Pilate, procurateur de Judée.	
28	781	Soulèvement des Frisons.	
29	782	Mort de Livia.	
30	783	Persécution d'Agrippine et de ses enfants.	Mort de Velleius Paterculus.
31	784	Chute de Séjan.	
33	786	Crucifiement de Jésus-Christ. Drusus meurt à Rome. Agrippine meurt de faim à Pandataria.	
34	787	Après la mort de Philippe, la Galilée et la Trachonitis deviennent provinces romaines.	Naissance de Perse.
37	790	Caïus Caligula, empereur.	
38	791		Naissance de Lucain et de Juvénal.
39	792	Hérode Antipas déposé. Expédition en Germanie.	
40	793	Pont à Puteoli. Expédition en Bretagne.	
41	794	Caligula assassiné par Cassius Cherea et Cornelius Sabinus. Claude, empereur. Les Cattes sont vaincus.	

Ap. J.-C.	FONDATION de Rome.	HISTOIRE POLITIQUE.	HISTOIRE DES LETTRES, ETC.
		Agrippa, petit-fils d'Hérode le Grand, roi de toute la Palestine.	
42	795	La Mauritanie est réduite en province romaine. Révolte de Camille, procurateur en Dalmatie.	Quinte Curce, historien. Scribonius Largus médecin de Claude.
43	796	Expédition de Claude en Bretagne. La Lycie devient romaine.	
44	797	La Judée réduite en province romaine.	Columelle, agronome, poëte.
47	800	La Thrace réduite en province romaine. Jeux séculaires. Guerre avec les Chauces.	
48	801	L'impératrice Messaline et Silius sont condamnés à mort par Claude.	
49	802	Agrippa II est fait roi de Chalcis.	
50	803	Néron adopté par Claude. Agrippine. Colonia Agrippina. Les Cattes se soulèvent.	Rhemnius Fannius Palæmon, grammairien.
51	804	La Bretagne perdue jusqu'à l'Humber. Caractacus, roi des Bretons, est conduit enchaîné à Rome. Invasion des Suèves en Pannonie et en Mœsie.	
52	805	Démêlés avec les Parthes.	
53	806	Agrippa II obtient encore la tétrarchie de Philippes avec le titre de roi.	
54	807	Claude est empoisonné. Néron, empereur. Mort violente de Britannicus.	L. Annæus Sénèque, précepteur de Néron.
56	809	La guerre d'Arménie commence.	
59	812	Poppæa Sabina engage	

Ap. J.-C.	FONDATION de Rome.	HISTOIRE POLITIQUE.	HISTOIRE DES LETTRES, ETC.
60	813	Néron à faire assassiner sa mère.	Asconius Pedianus, grammairien.
61	814	Baodicée, reine des Bretons, bat les Romains : elle est battue bientôt après par Suetonius Paullinus.	
62	815	Néron fait périr sa femme Octavie. Mort de Burrhus. Tigellin, favori de Néron.	Mort de Perse.
64	817	Incendie de Rome. Fin de la guerre d'Arménie sous Carbulon. Oppression de la Palestine par le procurateur Gessius Florus.	
65	818	Conjuration de Pison. Tiridate reprend la couronne d'Arménie comme un présent de Néron.	Mort de Lucain et de Sénèque. Valerius Probus, grammairien.
66	819	Persécution des chrétiens. Les Juifs opprimés par les Romains prennent les armes. Néron va en Grèce assister aux Jeux.	Petronius Arbiter, auteur du *Satyricon*. Mort de Thrasea et de Pætus.
67	820	L'armée romaine commence la campagne de Galilée.	Silius Italicus, poëte.
68	821	Révolte de Julius Vindex dans la Gaule celtique et de Galba en Espagne, auquel se joint Othon. Révolte des prétoriens à Rome. Fuite et mort de Néron. Galba, empereur.	
69	822	Othon, empereur. Bataille de Bedriacum. Vitellius, empereur. Bataille de Crémone. Titus Flavius Vespasien, empereur. Victoire sur les Bataves. Civilis.	Sempronius Proculus, jurisconsulte. Incendie du Capitole.

Ap. J.-C.	FONDATION de Rome.	HISTOIRE POLITIQUE.	HISTOIRE DES LETTRES, ETC.
70	823	Titus est fait César. Siége et sac de Jérusalem. Les Bataves sous Civilis forcés par Cerealis de reconnaître les lois de l'empire. Invasion des Sarmates dans la Mœsie.	Valerius Flaccus, poëte.
71	824	Revers des Bataves. Le temple de Janus fermé.	Cornelius Pinus et Accius Priscus.
74	827	Dernier cens. Le Capitole rebâti : la Comagène est réduite en province romaine.	Expulsion des philosophes stoïciens et cyniques.
75	828	Titus renvoie Bérénice.	Temple de la Paix.
76	829		Mort d'Asconius Pedianus, grammairien.
77	830		Curiatius Maternus, poëte tragique.
78	831	Conquête des Romains en Calédonie sous Agricola.	
79	832	Titus, empereur. Grande éruption du Vésuve qui engloutit Herculanum et Pompei ; peste, incendie à Rome.	Mort de Pline l'Ancien. Achèvement du Colisée et des Thermes.
80	833		Turnus, poëte satirique.
81	834	Domitien, empereur ; rétablissement des délations.	
82	835	Ridicule expédition contre les Cattes.	
85	838	Agricola est rappelé de Bretagne.	
86	839	La guerre avec les Daces commence. Domitien fonde les jeux Capitolins, qui devaient être célébrés tous les quatre ans.	
88	841	Célébration des jeux séculaires.	Mort de Valerius Flaccus. Martial, Juvénal, poëtes. Quintilien, rhéteur et maître de rhétorique.
89	842	Domitien bannit de Rome les philosophes et les ma-	

Ap. J.-C.	FONDATION de Rome.	HISTOIRE POLITIQUE.	HISTOIRE DES LETTRES, ETC.
		thématiciens. Il est battu par les Quades et les Marcomans.	
90	843	Domitien achète la paix de Decebalus. Il soutient la guerre contre les Quades et les Marcomans.	
91	844	Il fait périr beaucoup de grands personnages.	
92	845	Guerre avec les Sarmates. Révolte d'Antonius sur le Rhin.	
93	846	Mort d'Agricola.	
95	848	Seconde persécution des chrétiens. Expulsion des philosophes.	Papinius Statius, (Stace), poëte.
96	849	Nerva, proclamé empereur par la garde prétorienne, est confirmé par le sénat.	M. Valerius Probus.
97	850	Trajan adopté par Nerva, et nommé César.	Sulpicia, femme poëte satirique.
98	851	Trajan, empereur.	
100	853		Tacite, Pline le Jeune.
101	854	Guerre contre les Daces. Soumission de l'Arabie Pétrée, selon quelques-uns.	Pline, en sa qualité de consul, prononce le panégyrique de Trajan.
102	855	Pline le Jeune, proconsul en Bithynie, envoie à l'empereur Trajan son célèbre rapport sur les chrétiens.	Pomponius Secundus, poëte tragique.
103	856	Fin de la guerre contre les Daces. Trajan célèbre un triomphe.	
105	858	Nouvelle guerre contre les Daces.	
106	859	La Dacie réduite en province romaine.	Frontin, tacticien.
107	860	Trajan triomphe. Cornelius Palma conquiert l'Arabie Pétrée. Troisième persé-	

Ap. J.-C.	FONDATION de Rome.	HISTOIRE POLITIQUE.	HISTOIRE DES LETTRES, ETC.
		cution contre les chrétiens.	
108	861	Route de Trajan à travers les marais Pomptins.	
110	863		Suétone, biographe.
113	866		Colonne Trajane.
114	867	Guerre avec les Parthes. La grande Arménie province romaine.	
115	868	Soulèvement des Juifs à Cyrène. Entrée triomphante de Trajan dans l'intérieur du royaume des Parthes.	
116	869	Fin de la guerre Parthique.	
117	870	Trajan se rend en Arabie et meurt à Sélinonte en Cilicie. Hadrien, empereur. La grande Arménie obtient encore des rois particuliers	Salvius Julianus, jurisconsulte.
118	871	Quatrième persécution des chrétiens. Invasion des Sarmates et des Roxolans dans la Dacie et la Pannonie.	
119	872		Mort de Juvénal.
120	873	Hadrien visite l'empire.	
121	874	Il fait élever un mur de démarcation en Bretagne.	
130	883	Il rebâtit la ville de Jérusalem et y élève un temple à Jupiter.	
131	884	Salvius Julianus compose l'Edictum Perpetuum. Mort d'Antinoüs, favori d'Hadrien.	*Édit perpétuel* ou collection fixe des édits des préteurs urbains.
132	885	Soulèvement des Juifs sous Barcochebas à cause de l'introduction des rites payens dans la colonie Ælia Capitolina. La Judée devient un désert.	

Ap. J.-C.	FONDATION de Rome.	HISTOIRE POLITIQUE.	HISTOIRE DES LETTRES, ETC.
133	886	Arrien repousse en Cappadoce l'invasion des Arriens.	
135	888	Fin de la guerre de Judée : les Juifs sont chassés.	
136	889	Ælius adopte L. Aurelius Verus qui, depuis cette époque, s'appelle Ælius Verus.	Môle d'Hadrien, aujourd'hui château Saint-Ange.
137	890	Séjour d'Hadrien à Tibur.	
138	891	Ælius Verus meurt victime de ses excès. Adoption d'Aurelius Antonin. Mort d'Hadrien.	
139	892	Marc-Aurèle épouse Faustine et devient César.	Justin le Martyr compose la première apologie des chrétiens.
142	895		M. Cornelius Fronton, rhéteur.
144	897	Les troubles de Bretagne sont apaisés par le lieutenant Lollius Urbicus.	
145	898	Antonin, par l'entremise de ses lieutenants, bat d'abord les Maures, puis les Germains et les Daces.	
146	899	Le culte de Sérapis est introduit à Rome et les mystères sont célébrés le 6 mai.	
147	900	Jeux séculaires.	
148	901		Mort de Salvius Julianus.
150	903		Titus Gaïus, jurisconsulte.
152	905	Antonin arrête la persécution des chrétiens.	
155	908	Cos et Rhodes ravagées par un tremblement de terre.	
156	909	Attilius Titianus est mis	

Ap. J.-C.	FONDATION de Rome.	HISTOIRE POLITIQUE.	HISTOIRE DES LETTRES, ETC.
		à mort par le sénat, parce qu'il aspirait à l'empire.	
159	912		Apulée, romancier, philosophe.
160	913		Aulu-Gelle, grammairien, philologue. Justin, abréviateur de l'historien Trogue Pompée. Sextus Pomponius, jurisconsulte.
161	914	Marc-Aurèle et Verus Commode empereurs. Commencement d'une nouvelle guerre parthique.	Flavius Avianus, fabuliste. Dionysius Cato, poëte didactique.
162	915	Malheurs dans l'empire. Invasion des Cattes dans la Gaule et la Rhétie. Prise de Ctésiphon.	Acron, Porphyrion, scoliastes d'Horace.
163	916	Conquête de l'Arménie.	
165	918	Le lieutenant Avidius Cassius est heureux contre les Parthes et pénètre jusqu'à Ctésiphon.	
167	920	Première guerre contre les Marcomans.	
169	922	L. Verus meurt.	
172	925	Les Marcomans, les Quades et les Iazyges se soulèvent de nouveau.	
174	927	Célèbre paix de Marc-Aurèle avec les Marcomans, les Vandales, etc.	Vers ce temps Marc-Aurèle écrit en grec ses *Pensées*.
175	928	Révolte d'Avidius Cassius terminée par sa mort.	
176	929	Mort de l'impératrice Faustine.	
178	931	Les Marcomans renouvellent la guerre.	
180	932	Mort de Marc-Aurèle à Sirmium en Pannonie. Commode, empereur.	Naissance de Cœlius Aurelianus, médecin.

Ap. J.-C.	FONDATION de Rome.	HISTOIRE POLITIQUE.	HISTOIRE DES LETTRES, ETC.
181	933	Commode achète la paix des Marcomans et revient à Rome.	
182	934	Guerre en Dacie.	
183	936	Tentative d'assassinat sur Commode avec ces mots : *Le sénat t'envoie ce poignard.*	
184	937	Guerre en Bretagne.	
185	938	Lucilla découvre une conspiration contre son père, et est tuée.	
186	939	Perennis, ministre romain, est tué par ses soldats. L'affranchi Cleander lui succède.	
187	940	Guerre des déserteurs.	
188	941	Matermus conspire en Espagne et vient en Italie.	
189	942	Cleander périt.	
190	943	Commode donne un libre cours à sa cruauté.	
191	944	Les temples de Vesta et de la Paix sont détruits par un incendie.	
192	945	Commode est assassiné.	
193	946	Pertinax, empereur, assassiné par ses gardes. Didius Julianus, le plus offrant, achète l'empire. Septime Sévère en Illyrie; Pescenninus Niger en Syrie; Albinus en Bretagne.	
194	947	Niger est battu à Issus par Sévère.	
196	949	Prise et destruction de Byzance.	
197	950	Après la sanglante défaite de Lyon, Albinus se donne la mort.	Æmilius Papinianus, jurisconsulte.
199	952		Serenus Sammonicus, poëte.

Ap. J.-C.	FONDATION de Rome.	HISTOIRE POLITIQUE.	HISTOIRE DES LETTRES, ETC.
200	953		Nonius Marcellus, grammairien.
202	955	Cinquième persécution des chrétiens. Mort de saint Irénée.	Le Panthéon restauré.
204	957	Jeux séculaires célébrés à Rome. Plautianus mis à mort.	
205	958	Sévère porte quelques lois utiles.	
206	959	Meurtre de plusieurs sénateurs.	
207	960	Sévère part pour la Grande-Bretagne.	
208	961	Guerre d'extermination contre les Calédoniens.	
211	964	Septime Sévère meurt à Eboracum (York) du chagrin que lui cause son fils aîné. Caracalla et Géta.	Jules Solin, savant, naturaliste.
212	965	Caracalla tue Géta. Le jurisconsulte Papinius refuse de faire l'apologie de ce parricide et meurt.	Tertullien, philosophe, théologien.
213	966	Les Allemands paraissent, s'emparent des contrées du haut Rhin et font invasion dans la Gaule. Caracalla voyage dans l'empire.	
215	968	Épouvantable massacre à Alexandrie. Caracalla bat les Goths dans une expédition en Asie. Il donne le droit de cité à tous les sujets de Rome.	
216	969	Expédition contre les Parthes.	
217	970	Caracalla assassiné par le préfet du prétoire Macrin. Macrin, empereur, achète la paix des Parthes.	Minucius Felix, apologiste du christianisme.

Ap. J.-C.	FONDATION de Rome.	HISTOIRE POLITIQUE.	HISTOIRE DES LETTRES, ETC.
218	971	Élagabal est élu empereur, après avoir battu Macrin à Antioche.	
219	972	Il admet sa mère dans le sénat. Adoration du soleil.	
220	973	Adoption d'Alexandre Sévère.	
222	975	Alexandre Sévère empereur. Le préfet du prétoire Ulpien est tué par les soldats.	Domitius Ulpianus, jurisconsulte. Terentianus Maurus, poëte.
223	976		Julius Paulus, jurisconsulte.
224	977		Cœlius Apicius, économiste agronome.
226	979	Fondation du nouvel empire de Perse.	Thermæ Alexandrinæ, ou Thermes d'Alexandre Sévère.
228	981	Victoire sur les Marcomans et les Quades.	
230	983	Julius Paulus est assassiné.	
231	984	Guerre contre les nouveaux Perses.	Herennius Modestinus, jurisconsulte.
233	986	Alexandre Sévère interrompt la guerre contre les nouveaux Perses, pour aller protéger contre les Allemands les frontières du Rhin et du Danube.	Marius Maximus, historien.
234	987	Il est assassiné. Maximin, empereur.	
235	988	Première persécution des chrétiens. Maximin bat les Allemands. Mort de Mammée.	
236	989	Les Gordiens, Pupien et Balbin. Les Goths envahissent la basse Mœsie; les Alains, la Thrace.	
237	990	Maximin, en sortant de Pannonie, veut triompher	

Ap. J.-C.	FONDATION de Rome.	HISTOIRE POLITIQUE.	HISTOIRE DES LETTRES, ETC.
238	991	des Sarmates. Les Francs. Maximin se rend de Sirmium en Italie pour se venger du sénat. Siège malheureux d'Aquilée. L'empereur est tué par ses soldats. Gordien. Jeux Capitolins célébrés.	Censorinus, grammairien.
240	993	Sabinien se révolte en Afrique; il est vaincu. Victoire sur les Francs.	Mort de Cœlius Aurelianus.
242	995	Gordien fait une expédition contre les nouveaux Perses. Les Goths, repoussés par Gordien, s'arrêtent à l'embouchure du Danube.	
243	996	Mort du commandant des gardes Misithée.	
244	997	Philippe l'Arabe, empereur. Les Goths envahissent la Mœsie et la Thrace. Les Francs sont battus à Mayence.	
245	998	Philippe fait la paix avec Sapor Ier et revient à Rome.	
246	999	Les Gépides en Carpathie.	
247	1000	Jubilé romain millénaire.	
249	1002	Decius, empereur.	
250	1003	Septième persécution des chrétiens. Les Goths, après avoir passé le Danube, pénètrent pour la première fois dans l'empire et battent Decius.	
251	1004	Revanche de Decius; il périt dans le combat.	
252	1005	Gallus empereur. Une peste terrible désole l'empire romain.	
253	1006	Gallus conclut une paix honteuse avec les Goths.	

Ap. J.-C.	FONDATION de Rome.	HISTOIRE POLITIQUE.	HISTOIRE DES LETTRES, ETC.
		Émilien, empereur. Valérien, empereur, associe son fils Gallien à l'empire.	
254	1007	Invasion des Francs, des Alains, des Goths.	
255	1008	Aurélien bat les Francs.	
256	1009	Gallien fait avec succès la guerre aux Allemands.	
257	1010	Guerre Persique.	
258	1011	Aurélien repousse les Perses. Bataille contre les Allemands.	Mort de S. Cyprien.
259	1012	Valérien tombe entre les mains du roi de Perse Sapor. Gallien seul empereur.	
260	1013	Des peuplades allemandes se rendent par l'Illyricum en Italie et s'approchent de Rome. Les Scythes et les Hérules prennent Athènes.	Ælius Lampridius, Ælius Spartius, Julius Capitolin, Trebellius Pollion, Flavius Vopiscus, auteurs de l'*Histoire Auguste*. Aquila Romanus, rhéteur.
261	1014	Mouvement général dans l'armée d'Orient.	
262	1015	Grandes calamités publiques. Troubles en Égypte.	
263	1016	Byzance ravagée pour la seconde fois.	
264	1017	Odenat, roi de Palmyre, administre les provinces de l'Orient pour Gallien.	
265	1018	Postumius père et fils périssent dans une révolte de l'armée devant Mayence.	
266	1019	Invasion des Goths en Asie.	
267	1020	Odenat, roi de Palmyre, meurt. Zénobie. Les Hérules, continuant leur invasion, ravagent avec une flotte la Grèce et les	

Ap. J.-C.	FONDATION de Rome.	HISTOIRE POLITIQUE.	HISTOIRE DES LETTRES, ETC.
		côtes de l'Asie. Guerre avec les Goths.	
268	1021	Claude II, empereur.	
269	1022	Il bat les Allemands près du lac de Benac, et près de Nisse les Goths qui avaient envahi la Mœsie. Zénobie prend possession de l'Égypte.	
270	1023	Aurélien, empereur, est le restaurateur de l'empire romain.	
271	1024	Il chasse les Goths et les Allemands, qui ont pénétré en Ombrie.	Modestus, tacticien.
272	1025	Huitième persécution des chrétiens. Les Francs ravagent la Gaule et l'Espagne.	
273	1026	. Zénobie, reine de Palmyre, est battue par Aurélien à Édesse et Palmyre détruite.	
274	1027	Expédition contre l'usurpateur gaulois Tetricus. Les Gaules, la Grande-Bretagne et l'Espagne se soumettent de nouveau. Aurélien cède volontairement du terrain aux Daces et transporte les colons romains au delà du Danube, dans la Mœsie, qui, depuis cette époque, est appelée Dacie d'Aurélien.	
275	1028	Aurélien assassiné. Interrègne de six mois. Tacite, élu empereur par le sénat, bat les Alains.	
276	1029	Tacite meurt dans une expédition contre les Goths. Aurelius Probus, empereur,	
277	1030	Il combat heureusement contre les Francs, les Bur-	

Ap. J.-C.	FONDATION de Rome.	HISTOIRE POLITIQUE.	HISTOIRE DES LETTRES, ETC.
		gundes, les Vandales, et établit les Allemands sur le sol romain.	
278	1031	Il arrache la paix aux Perses.	
280	1033		Calpurnius et Némesius, poëtes.
281	1034	Probus réprime des soulèvements en Bretagne et triomphe.	
282	1035	Carus, empereur. Ses deux fils, Carien et Numérien, sont nommés Césars. Il bat les Goths.	
283	1036	Il chasse les nouveaux Perses de la Mésopotamie. Il est frappé de la foudre à Ctésiphon.	
284	1037	Numérien est assassiné par Arrius Aper. Dioclétien, empereur, fait périr l'assassin Aper. Sabinus Julius périt de la main de Carin.	Ère de Dioclétien.
285	1038	Dioclétien bat le césar dans la haute Mœsie. Carin périt dans le combat. Dioclétien associe Maximin à l'empire.	
286	1039	Maximien combat, sur le Rhin, contre les Allemands et les Burgondes, pendant que Dioclétien résiste aux Perses.	
287	1040	Nouvelles invasions des barbares sur les côtes de la Gaule.	
288	1041	Carausius s'adjuge en Bretagne le titre d'empereur. Un nombre considérable de Francs est transporté par Maximien en Gaule dans les	

Ap. J.-C.	FONDATION de Rome.	HISTOIRE POLITIQUE.	HISTOIRE DES LETTRES, ETC.
		terres abandonnées des Trévires.	
289	1042	Guerre sans succès de Maximien contre Carausius.	Le rhéteur Claudius Mamertinus l'aîné prononce l'éloge de Maximien.
290	1043	Publication officielle du Codex par Grégoire et Hermogène. Carausius conclut la paix et conserve la Grande-Bretagne.	
291	1044		Il lit à Maximien son Genethliacon (anniversaire de la naissance de l'empereur).
292	1045	Partage de l'empire : Dioclétien reçoit les provinces d'Orient ; Galère, la Thrace et l'Illyrie ; Maximien, l'Italie, l'Afrique, et les îles, et Constance la Gaule, l'Espagne, la Bretagne et la Mauritanie.	
293	1046	Carausius assassiné par Allectus. En Afrique l'usurpateur Julianus est défait.	C. Eumenius, orateur.
294	1047	Nouveaux établissements des Francs dans les Gaules. Narsès cède aux Romains l'Arménie, la Mésopotamie et l'Assyrie. Dioclétien et Galère combattent contre les Sarmates, les Bastarnes et autres peuples.	
295	1048	Les Carpes se soumettent et sont établis.	Discours d'Eumenius pour le rétablissement des écoles.
296	1049	Allectus est renversé en Bretagne, Achille en Égypte. Galère est battu par les Perses.	

Ap. J.-C.	FONDATION de Rome.	HISTOIRE POLITIQUE.	HISTOIRE DES LETTRES, ETC.
297	1050	Les limites de l'empire romain en Asie sont reculées jusqu'au Tigre par Galère. Maximien soumet les cinq peuples mauresques.	Euménius prononce son éloge de Constance.
298	1051	Les Allemands sont défaits par les Romains à Langres et à Vindonissa.	
299	1052	Les Marcomans sont vaincus.	
301	1054	Dioclétien fortifie les frontières de l'empire du côté de la Perse.	Arnobe, C. Cœlius Lactance, philosophes, théologiens.
302	1055	Édit de Dioclétien et de Galère sur la persécution des chrétiens.	
303	1056	La persécution dure dix ans. Dernier triomphe à Rome.	
304	1057	Dioclétien tombe malade à Nicomédie.	
305	1058	Dioclétien et Maximien abdiquent l'empire. Galère et Constance, Augustes. Galère crée Sévère et Maximien Césars. Constance s'arme pour l'expédition contre les Pictes.	
306	1059	Constance meurt. Constantin proclamé Auguste par ses soldats. Maxence se déclare Auguste et associe son père Maximien à l'empire. Constantin bat les Francs.	
307	1060	Sévère est mis à mort par ordre de Maximien : à sa place Galère nomme Auguste Licinius. Maximien marie à Constantin sa fille Fausta.	

Ap. J.-C.	FONDATION de Rome.	HISTOIRE POLITIQUE.	HISTOIRE DES LETTRES, ETC.
309	1062	Constantin fait assassiner son beau-père.	
310	1063	La Grèce se relève sous Maximien.	Éloge de Constantin par Eumenius.
311	1064	Galère meurt des suites de ses désordres. Victoire de Constantin sur les Francs et les Allemands. Constantin se déclare pour la religion chrétienne.	
312	1065	Maxence périt dans un combat contre Constantin devant les portes de Rome.	Cycle des Indictions, de quinze années en quinze années.
313	1066	Mariage de Licinius avec la fille de Constantin. Licinius bat Maximin à Andrinople, où celui-ci se tue. Fin de la persécution des chrétiens. Dioclétien meurt à Salone, Maximin à Tarse.	
314	1067	Guerre contre les deux Augustes survivants. Constantin reprend tous les pays au sud du Danube, à l'exception de la Thrace et de la petite Mœsie.	
315	1068	Les hérésiarques ariens s'enhardissent.	
316	1069	Naissance de Constantin le Jeune.	Arc de triomphe de Constantin.
317	1070	Crispus bat les Francs. Naissance de Constance.	
319	1072	Constantin commence à favoriser les chrétiens.	
320	1073	Défaite des Germains sur le Rhin.	
321	1074		Éloge de Constantin par Nazarius.
322	1075	La guerre entre Constantin et Licinius recommence.	Publius Optatianus Porphyrius, poëte.

Ap. J.-C.	FONDATION de Rome.	HISTOIRE POLITIQUE.	HISTOIRE DES LETTRES, ETC.
323	1075	Bataille décisive en Bithynie; Constantin reste seul maître. Invasion malheureuse des Goths en Thrace et en Mœsie. Naissance de Constant.	
324	1077	Licinius mis à mort.	
325	1078	Premier concile de Nicée.	
326	1079	Crispus, faussement accusé, est condamné à mort par son père Constantin. Fausta est mise à mort.	
327	1080	Arius affranchi de son exil.	
328	1081	Constantin réside à Nicomédie.	
330	1083	Translation du siège de l'empire à Constantinople.	Julius Rufinianus, rhéteur.
331	1084	L'empereur donne l'ordre de détruire tous les temples païens. Nouvelle division de l'empire.	
332	1085	Victoire de Constantin sur les Visigoths à Marcianopolis.	
333	1086	Sapor envoie des ambassadeurs à Constantin.	
334	1087	Trente mille esclaves sarmates se répandent dans l'empire, après s'être révoltés contre leurs maîtres.	
335	1088	Nouveau partage entre les fils de Constantin.	
336	1089	Mort d'Arius. Armements contre les Perses.	
337	1090	Constantin II, Constance et Constant, empereurs. Les Vandales, battus par les Goths, sont recueillis en Pannonie comme sujets de Rome.	
338	1091	Guerre persique; elle	

Ap. J.-C.	FONDATION de Rome.	HISTOIRE POLITIQUE.	HISTOIRE DES LETTRES, ETC.
		continue avec des succès divers jusqu'en 363.	
339	1092	Tous les mariages aux degrés illicites sont interdits sous peine de mort.	
340	1093	Constantin II est battu à Aquilée et tué par Constant.	Julius Firmicus Maternus, mathématicien.
341	1094	Constant combat les Francs.	
342	1095	Il les défait complètement.	
344	1097	La nouvelle Césarée est engloutie par un tremblement de terre.	
345	1098	Grand tremblement de terre.	
348	1101	Bataille de Singara entre les Perses et les Romains.	Aurelius Prudentius Clemens, poëte chrétien.
350	1103	Magnence parait en Gaule comme prétendant à l'empire, et fait tuer Constant dans sa fuite à travers les Pyrénées.	
351	1104	Gallus est créé César. Magnence est battu par Constance à Mursa, en Pannonie.	
352	1105	Les Allemands sont appelés en aide contre lui.	
353	1106	A son retour en Gaule, battu une seconde fois, il se perce de son épée.	
354	1107	Gallus est tué par Constantin. Guerre avec les Allemands.	Naissance de saint Augustin. Ælius Donat, grammairien, précepteur de saint Jérome.
355	1108	A la place de Gallus assassiné, Julien est créé César.	
357	1110	Le césar Julien chasse les Francs, bat les Allemands à Strasbourg, et envoie à	

Ap. J.-C.	Fondation de Rome.	HISTOIRE POLITIQUE.	HISTOIRE DES LETTRES, ETC.
		Rome Elmodomare prisonnier. Invasion des Suèves dans la Rhétie, des Quades dans la basse Pannonie.	
358	1111	Un tremblement de terre détruit deux cent cinquante villes en Grèce et en Asie. Première apparition des Francs Saliens.	Fabius Marinus Victorinus, grammairien.
359	1112	L'empereur demande, dans l'expédition contre les Perses, que Julien lui envoie plusieurs légions.	
360	1113	Brouille de Constance et de Julien.	
361	1114	Julien est proclamé Auguste par son armée. Il abjure le christianisme. Constance meurt.	Écrits de l'empereur Julien.
362	1115	Julien donne des preuves de sa modération et de son amour pour la justice.	Claudius Mamertinus le Jeune, rhéteur.
363	1116	Il périt dans son expédition contre les Perses. Jovien, empereur, fait la paix avec les Perses et renonce aux conquêtes.	
364	1117	Valentinien Ier, empereur, associe son frère Valens à l'empire. Guerre presque continuelle avec les Allemands.	
365	1118	Révolte de Procope en Orient.	Flavius Eutrope, historien.
366	1119	Il est vaincu et puni.	
367	1120	Les Francs ravagent la Gaule. Les Saxons en Bretagne. L'empire des Goths est partagé en royaume des Visigoths sur la mer Noire	

Ap. J.-C.	FONDATION de Rome	HISTOIRE POLITIQUE.	HISTOIRE DES LETTRES, ETC.
		et royaume des Ostrogoths dans la Dacie.	
368	1121	Guerre heureuse avec les Visigoths, de 367 à 369. Gratien, empereur.	
369	1122	Les Allemands sont battus plusieurs fois.	Theodorus Priscien, grammairien.
370	1123	Cruauté de Valens contre les Orthodoxes.	Ammien Marcellin, Sextus Rufus, historiens.
371	1124		L. Ampelius, historien.
372	1125		Mort de saint Hilaire.
373	1126	Firmus, tyran en Afrique, est battu et pendu par Théodose. Valens fait la guerre aux Perses.	
374	1127	Guerre avec les Quades et les Suèves.	Saint Ambroise, évêque de Milan.
375	1128	Invasion des Huns en Europe. Gratien associe son jeune frère Valentinien II à l'empire.	
376	1129	Les Visigoths admis dans l'empire.	
378	1131	Valens périt dans une grande bataille contre le roi des Goths. Fridiger à Hadrianopolis.	
379	1132	Théodose, empereur. Guerre avec les Visigoths jusqu'en 382, avec les Ostrogoths jusqu'en 386.	Festus Rufus Avienus, poëte. Vibius Sequester, géographe.
380	1133	Second concile général à Constantinople.	Lacinus Pacatus, orateur. Flavius Végèce, tacticien. Vegetius Renatus, médecin. Ausone, poëte.
383	1136	Révolte de Maxime. L'empereur Gratien est vaincu et tué.	

Ap. J.-C.	FONDATION de Rome.	HISTOIRE POLITIQUE.	HISTOIRE DES LETTRES, ETC.
384	1137	Stérilité.	Plinius Valerianus, médecin.
386	1139	Théodose fait la guerre aux Gruthunges.	
387	1140	Révolte à Antioche.	
388	1141	Maxime est battu par Théodose en Pannonie, fait prisonnier et tué. Les Francs pénètrent en Gaule.	
390	1143	Révolte de Thessalonique cruellement punie par Théodose.	
391	1144	Théophile chasse du Musæum les savants d'Alexandrie, et détruit la Bibliothèque. Les Romains font une invasion dans l'empire des Francs.	
392	1145	Valentinien II est tué par son général franc Arbogaste, qui proclame Eugène César.	
394	1147	Théodose seul, après avoir fait prisonnier Arbogaste avec l'empereur Eugenius.	
395	1148	Théodose meurt. Arcadius et Honorius, ses fils, empereurs. Partage de l'empire. Alaric ravage la Macédoine et la Grèce : il obtient la préfecture de l'Illyrie Orientale. Meurtre de Rufin.	Claudien, poëte. Macrobe, savant, auteur des *Saturnales*. Sextus Aurelius Victor, historien. Symmaque, orateur.
396	1149	Désunion des deux empires.	Sextus Pomponius Festus, jurisconsulte.
397	1150	Stilicon bat les Goths en Arcadie.	Palladius Rutilius, poëte. Taurus Æmilius.
398	1151	Gildon, gouverneur de l'Afrique, est battu par	S. Ambroise meurt.

Ap. J.-C.	FONDATION de Rome.	HISTOIRE POLITIQUE.	HISTOIRE DES LETTRES, ETC.
		Mascezèle, son propre frère, et se tue.	
399	1152	L'eunuque Eutrope est assassiné.	Flavius Mallius Theodorus, grammairien.
400	1153	Invasion d'Alaric en Italie.	Marius Servius Honoratus, Junius Philargyrius, grammairiens et scoliastes.
401	1154		Sulpice Sévère, historien.
402	1155	Alaric ravage l'Italie.	
403	1156	Stilicon remporte à Vérone sur le roi des Visigoths Alaric une victoire chèrement achetée.	
404	1157	Honorius fixe sa résidence à Ravenne, ville fortifiée. Il interdit les jeux de gladiateurs.	
405	1158	Stilicon détruit une nouvelle horde avec la dernière armée romaine à Florence. Radagaise est pris et mis à mort.	
406	1159	Les Vandales, les Alains et les Suèves se dispersent avec la permission d'Honorius dans les Gaules et l'Espagne.	Tabula Peutingeriana, ou *Table de Peutinger*, sur laquelle sont tracées toutes les routes militaires de l'empire.
407	1160	Constantin en Gaule et en Espagne, prétendant à l'empire.	
408	1161	Stilicon est mis à mort, sous prétexte qu'il avait voulu mettre sur le trône son fils Eucharius. Alaric marche contre Rome, qui est réduite à acheter la paix. Anthemius, tuteur de Théodose.	
409	1162	Alaric marche une se-	

Ap. J.-C.	FONDATION de Rome.	HISTOIRE POLITIQUE.	HISTOIRE DES LETTRES, ETC.
		conde fois sur Rome, se rend maitre de la ville, et nomme Auguste le préfet de la ville. Attale. Soulèvement de la Bretagne et de l'Armorique.	
410	1163	Alaric se brouille avec Attale, marche une troisième fois sur Rome et la pille. Mort d'Alaric.	
411	1164	L'usurpateur Constantin, qui, depuis 407, s'était proclamé souverain en Bretagne et en Gaule, est vaincu et mis à mort par Constantin.	Flavius Sosipater Charisius, grammairien.
412	1165	Ataulphe marche, à la tête des Wisigoths, de l'Italie en Espagne par les Gaules. La seconde Germanie perdue.	
413	1166	Commencement du royaume des Burgondes en Alsace.	
414	1167	Les Wisigoths fondent le royaume de Toulouse. Pulchérie régente pendant la minorité de Théodose. Ataulphe épouse Placidie.	Paul Orose, historien.
415	1168	Ataulphe est tué en Espagne.	
417	1170	Constantin prend pour femme Placidie, sœur d'Honorius et veuve d'Ataulphe. Les Goths chassent les Alains et étendent le royaume de Toulouse jusqu'à l'Espagne.	
418	1171	Condamnation de Pélage.	
419	1172	Le Wisigoth Wallia prend possession de la seconde Aquitaine.	Mort de saint Jérôme. Claudius Rutilius Numatianus, poëte.

Ar. J.-C.	FONDATION de Rome.	HISTOIRE POLITIQUE.	HISTOIRE DES LETTRES, ETC.
420	1173	Le royaume des Francs commence au bas Rhin.	
421	1174	Guerre des Romains d'Orient avec les Perses. Honorius fait Constantin Auguste.	
422	1175	Paix.	
423	1176	Honorius meurt. Jean Notarius s'empare du pouvoir dans l'empire d'Occident, Castinus le soutient.	
424	1177	Théodose envoie une armée contre lui.	
425	1178	Jean est vaincu par l'empereur d'Orient, Théodose II. Valentinien III est placé sous la tutelle de sa mère Placidie.	
426	1179	Les Bretons sont entièrement chassés par les Romains.	
427	1180	Les Romains recouvrent la Pannonie, possédée depuis cinquante ans par les Huns.	
428	1181	Les Francs sont battus par Aetius. Les Goths sont transplantés de la Pannonie dans la Thrace.	
429	1182	Genseric passe en Afrique, où il est appelé par Boniface. Guerre avec les Burgundes.	C. Julius Sedulius, poëte chrétien. Marius Victorinus, grammairien.
430	1183		Mort de saint Augustin. Naissance de Sidoine Apollinaire, poëte, savant.
431	1184	Boniface battu par Genseric. Troisième concile général à Éphèse.	

Ap. J.-C.	FONDATION de Rome.	HISTOIRE POLITIQUE.	HISTOIRE DES LETTRES, ETC.
432	1185	Boniface succombe sous Aetius.	
434	1187	Affreux incendie à Constantinople.	
435	1188	L'Afrique romaine est cédée aux Vandales comme prix de la paix. Honoria reléguée à Byzance, fait à Attila des propositions de mariage.	
437	1190	Valentinien III achète sa femme Eudoxie par la cession de l'Illyrie Orientale.	
438	1191	Fin de la guerre contre les Burgundes.	
439	1192	Carthage perdue.	
440	1193	Pulchérie perd la régence. Genséric passe en Sicile.	
441	1194	Théodose envoie une flotte contre Genséric.	
444	1197	Attila tue son frère Bleda et réunit toutes les hordes des Huns.	
445	1198	Les Suèves étendent leurs conquêtes en Espagne.	
446	1199	Les Bretons se plaignent amèrement à Aetius et aux Romains des invasions des Pictes et des Scots.	
447	1200	Attila ravage avec les Huns toute l'Europe.	
448	1201	Il force les Romains d'accepter une paix honteuse.	
449	1202	Arrivée des Romains dans la Grande-Bretagne.	
450	1203	Pulchérie épouse, sans violer son vœu de virginité, le Thrace Marcien, qui est élu empereur.	
451	1204	Bataille de Châlons-sur-	

Ap. J.-C.	FONDATION de Rome.	HISTOIRE POLITIQUE.	HISTOIRE DES LETTRES, ETC.
		Marne. Premier concile à Chalcédoine.	
452	1205	Invasion d'Attila en Italie. Fondation de Venise.	
453	1206	Mort d'Attila. Fondation de l'empire des Gépides dans l'ancienne Dacie.	
454	1207	Valentin plonge lui-même son épée dans le cœur d'Aetius.	
455	1208	Valentinien assassiné par Petronius Maximus. Maxime, empereur. La veuve de l'empereur, Eudoxie, venge le meurtre de son mari par le roi des Vandales Genséric. Pillage de Rome. Avitus, empereur.	Naufrage d'un vaisseau, qui était chargé de chefs-d'œuvre de l'art.
456	1209	Avitus détrôné par Ricimer. Les Suèves sont battus par Théodoric dans une grande bataille sur l'Èbre.	
457	1210	Julius Majorien élevé sur le trône par Ricimer. Dans l'empire d'Occident le couronnement se fait par les patriarches.	Martianus Capella, grammairien.
458	1211	Majorien remporte sur les Vandales une victoire décisive.	
460	1213	Genséric tombe sur la flotte romaine et force Majorien à la paix.	
461	1214	Majorien est chassé du trône par Ricimer qui lui substitue Libius Severus.	
462	1215	Genséric pille les côtes de la Sicile et de l'Italie.	
463	1216	Les Ostrogoths obtiennent par force un tribut annuel des Romains.	

Ap. J.-C.	FONDATION de Rome.	HISTOIRE POLITIQUE.	HISTOIRE DES LETTRES, ETC.
464	1217	Victoire de Ricimer sur les Alains.	
465	1218	Mort de Severus. Ricimer règne sous le titre d'empereur.	
466	1219	Les Wisigoths demeurent indépendants de Rome et s'étendent en Gaule, en Espagne, aux dépens des Romains.	
467	1220	Le patrice Anthemius est nommé empereur d'Occident par l'empereur d'Orient Léon, avec le consentement du puissant Ricimer.	
468	1221	Expédition malheureuse des Romains d'Orient contre Carthage.	
469	1222	Démêlés entre Anthemius et Ricimer.	
470	1223		Magnus Aurelius Cassiodore, orateur, philosophe.
471	1224		Salvien, écrivain ecclésiastique, ami de Grégoire de Tours.
472	1225	Ricimer se rend maître de Rome par la force; Anthemius périt. Ricimer le suit bientôt. Anicius Olybrius, empereur, meurt.	
473	1226	Glycerius prend la pourpre à Ravenne, sans être reconnu à Constantinople.	
474	1227	Julius Nepos est nommé empereur par Constantinople; il supplante Glycerius.	
475	1228	Julius Nepos est battu par son propre général	

Ap. J.-C.	FONDATION de Rome.	HISTOIRE POLITIQUE.	HISTOIRE DES LETTRES, ETC.
476	1129	Oreste, qui donne le diadème à son fils Romulus Momyllus. Celui-ci reçoit le surnom d'Augustule. Odoacre, chef des Hérules qui se trouvaient à la solde de Rome, fait Augustule prisonnier et met fin à l'empire romain.	

ERRATA

Page 4, ligne 16, au lieu de *Picénum*, lisez *Picenum*.
Page 11, ligne 24, au lieu de *on dit que voulant*, lisez *que, voulant*.
Page 15, ligne 4, au lieu de *despote*, lisez *le despote*.
Page 17, ligne 15, après *quatre régions*, mettez deux points.
Page 37, ligne 13, après *La même année*, ajoutez (457).
Page 70, ligne 8, au lieu de *combats*, lisez *combat*.
Page 71, ligne 9, au lieu de *Mucius*, lisez *Manius*.
Page 79, ligne dernière, supprimez le point après *Manlius*.
Page 80, ligne 10, au lieu de *courir*, lisez *couvrir*.
Page 82, ligne 10, supprimez la virgule après *terre*.
Page 92, ligne 13, au lieu de *année*, lisez *armée*.
Page 94, ligne 12, supprimez la virgule après *battre*.
Page 99, ligne 36, et 108, ligne 16, au lieu de *Démétrius*, lisez *Demetrius*.
Page 103, ligne 38, supprimez la virgule avant *Syphax*.
Page 120, la ligne 10 est à supprimer ainsi que le commencement de la ligne 11.
Page 122, ligne 27, au lieu de *pièce*, lisez *pièces*.
Page 132, ligne 15, au lieu de *autochtones*, lisez *autochthones*.
Page 135, ligne 18, au lieu de *Cristolaüs*, lisez *Critolaüs*.
Page 137, ligne 12, au lieu de *fois*, lisez *lois*.

ERRATA.

Page 144, ligne 23, mettez une virgule après *pénètre*.
Page 163, ligne 7, au lieu de *Varinius*, lisez *Vatinius*.
Page 166, ligne 1, au lieu de *Capadoce*, lisez *Cappadoce*.
Page 180, ligne 2 du sommaire, au lieu de *Suèdes*, lisez *Suèves*.
Page 182, ligne 7, au lieu de *descendent*, lisez *descend*.
Page 183, ligne 19, au lieu de *Décimus*, lisez *Decimus*.
Page 191, ligne 3, au lieu de *succédés*, lisez *succédé*.
Page 205, au lieu de *Cléopâtre*, lisez *Cléopatre*.
Page 223, ligne 32, au lieu de *un*, lisez *une*.
Page 238, ligne 38, après *et* ajoutez *une autre*.
Page 240, dernière ligne, au lieu de *à*, lisez *a*.

TABLE DES MATIÈRES

PREMIÈRE PARTIE

ROYAUTÉ

CHAPITRE PREMIER

Aperçu géographique de l'Italie. — Peuplades primitives et immigrantes : Illyriens ou Pélasges, Ombriens, Étrusques. — Fusion de ces diverses races. — Colonisations légendaires. — Premiers ancêtres des Romains : Sabins et Latins. — Confédérations sabines et latines. — Albe, métropole du peuple romain . . 1

CHAPITRE II

Fondation de Rome par des tribus latines et sabines. — Légende de Romulus et de Remus. — Règne de Romulus. — Numa. — Tullus Hostilius. — Ancus Martius. — Tarquin l'Ancien : influence étrusque. — Servius Tullius. — Tarquin le Superbe. — Expulsion des rois. 7

CHAPITRE III

INSTITUTIONS PRIMITIVES DE ROME.

Topographie de Rome. — Famille romaine; type de l'État. — Cité romaine : le Roi, le Sénat, le Peuple; les Chevaliers. — Système religieux. — Organisation militaire. — Situation agricole. — Droit et justice. 17

SECONDE PARTIE

RÉPUBLIQUE

CHAPITRE PREMIER

Caractère de la révolution faite par Brutus. — Embarras de la République naissante. — Valerius Publicola substitué à Collatin. — Conspiration des fils de Brutus. — Guerre de Tarquin. — Mort de Brutus. — Mesures populaires de Publicola. — Guerre de Porsena : Horatius Coclès, Mucius Scævola, Clélie. — Guerre contre les Sabins. — Le Sabin Appius Claudius passe chez les Romains. — Soulèvement des Latins et des Volsques. — Dictature de Titus Lartius et d'Aulus Postumius. — Bataille du lac Régille. — Mort de Tarquin 23

CHAPITRE II

Troubles intérieurs à propos des dettes. — Diversion opérée par l'invasion des Volsques. — Nouveaux troubles. — Dictature de Manius Valerius. — Retraite sur le Mont Sacré. — Menenius Agrippa. — Tribunat du peuple. — Édilité 28

CHAPITRE III

Continuation de la lutte du privilège et du droit commun. — Disette. — Coriolan. — Spurius Cassius, vainqueur des Herniques, propose la loi agraire et est précipité de la roche Tarpéienne. — Période obscure de l'histoire romaine. — Guerres incessantes contre les peuples voisins. — Commencement de la guerre contre Véies. — Les trois cent six Fabius. — Lutte de Volero et d'Appius. — Épidémie à Rome. — Loi Terentilla. — Herdonius s'em-

pare du Capitole. — Jeux séculaires. — Cincinnatus. — Création des décemvirs. — Lois des Douze Tables. — Tyrannie d'Appius. — Siccius Dentatus. — Mort de Virginie. — Expulsion des décemvirs 32

CHAPITRE IV

Progrès des armes romaines dans le Latium et dans l'Étrurie. — Cornelius Cossus et les secondes dépouilles opimes. — Camille. — Prise de Véies, de Capène et de Faléries. — Nouveaux succès des plébéiens dans leur lutte pour l'égalité politique. — Loi consulaire : mariages libres entre les deux ordres. — Lois de Licinius Stolo. — Accession des plébéiens aux différentes magistratures. — — Tribuns militaires. — Censeurs. — Questeurs. — Lectisternium. — Spurius Mælius. — Exil de Camille. . . . 42

CHAPITRE V

Les Gaulois. — Bataille d'Allia. — Prise de Rome. — Siége du Capitole. — Manlius Capitolinus. — Rome est délivrée par Camille. — Manlius Torquatus. — Valerius Corvus. — Conquêtes en Étrurie. — Confédération latine. — Reconstruction de Rome. — Troubles dans Rome. — Manlius Capitolinus est précipité de la roche Tarpéienne. — Lutte de Camille contre les lois liciniennes. — Un des deux consuls est choisi parmi les plébéiens. — Questeur plébéien. — Édilité curule. — Peste dans Rome. — Mort de Camille. — Le clou sacré. — Dévouement de Curtius. 47

CHAPITRE VI

Guerre des Samnites. — Description du Samnium et de la Campanie. — Capoue implore la protection des Romains. — Première campagne. — Les Samnites sont défaits. — Révolte et soumission de la légion de Capoue. — Défaite des Latins à Vézéries. — Manlius Torquatus condamne à mort son fils. — Dévouement de Decius. — Soumission des Antiates; les rostres. — Seconde cam-

pagne contre les Samnites. — Fourches caudines. — Papirius Cursor. — Représailles des Romains. — Construction stratégiques et colonies pour dominer le Samnium.— Les Romains franchissent la forêt Ciminienne. — Victoire du lac Vadimon, de Pérouse, de Bovianum. — Extermination des Æques. — Troisième campagne contre les Samnites. — Bataille d'Aquilonia. — Curius Dentatus conclut la paix. — Colonies romaines. — Équilibre politique entre les deux ordres. — Dictateur, censeur et préteur plébéien. — Réduction de l'intérêt. — Modération de Papirius Cursor envers Fabius. — Révélation des formules de droit par Flavius. — Loi Ogulnia. 55

CHAPITRE VII

Guerre contre Pyrrhus. — Coalition contre Rome anéantie par Dolabella. — Les garnisons romaines arrivent jusqu'à Rhegium. — Tarente insulte une escadre romaine. — Rome lui déclare la guerre. — Intervention de Pyrrhus. — Bataille d'Héraclée et d'Asculum. — Cinéas à Rome. — Fabricius. — Pyrrhus en Sicile. — Son retour en Italie. — Il est défait à Bénévent par Curius Dentatus. — Pyrrhus est tué à Argos. — Domination de Rome sur toute l'Italie centrale et méridionale 65

CHAPITRE VIII

Première guerre punique. — Carthage, son territoire, sa constitution, son commerce, sa puissance, ses armées. — Les Mamertins. — Les Romains en Sicile. — Démêlés avec Carthage. — Guerre déclarée. — Victoire navale des Romains à Myles, remportée par Duilius Nepos. — Résistance d'Hamilcar. — Regulus en Afrique. — Xanthippe bat les Romains. — Regulus prisonnier. — Défaite d'Appius Claudius Pulcher à Drépane. — Revanche auprès des îles Ægates. — Traité de paix entre Rome et Carthage. 74

CHAPITRE IX

Rome et Carthage dans l'intervalle de la première à la seconde guerre punique. — Relations pacifiques de Rome avec la Grèce.

Combats de gladiateurs.—Voie Flaminienne et cirque Flaminien. — Défaite des pirates illyriens, de la reine Teuta, des Liguriens, des Insubriens, des Boiens. — Gaule cisalpine réduite en province romaine. — Guerre des mercenaires de Carthage. — Hamilcar en Espagne. — Fondation de Carthagène. — Vastes projets d'Hamilcar. — Il est tué; son fils Hannibal lui succède 84

CHAPITRE X

Seconde guerre punique. — Hannibal brûle Sagonte, franchit les Pyrénées, traverse la Gaule, passe les Alpes et descend en Italie. — La Trébie, le Tésin, Trasimène. — Dictature de Fabius. — Cannes. — Héroïsme des Romains. — Capoue. — Marcellus. — Carthage abandonne Hannibal. — Siége et prise de Syracuse par Marcellus. — Scipion en Espagne. — Siége de Capoue. — Hannibal menace inutilement la ville de Rome. — Prise de Capoue. — Hasdrubal essaie de joindre ses troupes à celles d'Hannibal. — Entreprise hardie de Claudius Néron. — Victoire des Romains au Métaure et mort d'Hasdrubal. — Hannibal refoulé jusqu'à l'extrémité de l'Italie. — Descente de Scipion en Afrique. — Bataille de Zama. — Mort d'Hannibal et de Scipion 90

CHAPITRE XI

Guerre contre Philippe V, roi de Macédoine. — Asservissement de la Grèce sous le nom d'affranchissement. — Guerre contre Antiochus III, roi de Syrie. — Soumission des Gallo-Grecs, d'Eumène, roi de Pergame, des Étoliens et des Istriens. 108

CHAPITRE XII

Rome dans l'intervalle de la seconde à la troisième guerre punique. — Caton l'Ancien. — Symptômes d'une révolution à Rome. — Les Bacchanales. 114

CHAPITRE XIII

Soumission de la Ligurie et de la Sardaigne. — Guerre contre Persée, roi de Macédoine. — Paul Émile, vainqueur à Pydna. — Son triomphe. — Défaite du roi d'Illyrie Gentius et d'Aristonic. — Dissolution de la ligue achéenne. — Popilius Lænas somme Antiochus Épiphane de sortir d'Égypte. — Destruction de Corinthe par Mummius, de Carthage et de Numance par Scipion Émilien. — Les Romains pénètrent jusqu'à l'extrémité de l'Espagne. — Première guerre des esclaves 119

CHAPITRE XIV

Culture intellectuelle des Romains à la fin des guerres puniques. — De la langue latine et de sa formation. — Éléments qui la composent. — Premiers monuments littéraires. — Poésie, histoire, éloquence, jurisprudence, beaux-arts. — Influence hellénique sur le développement de la culture intellectuelle des Romains. . 132

CHAPITRE XV

Lutte des pauvres et des riches. — Tribunat des deux Gracches. 137

CHAPITRE XVI

Continuation de la lutte. — Marius. — Guerre contre Jugurtha. — Les Cimbres et les Teutons. — L'or de Tolosa. — Défaites successives des Teutons et des Cimbres. — Révolte et défaite des esclaves en Campanie et en Sicile 142

CHAPITRE XVII

Rivalité de Marius et de Sulla. — Saturninus Glaucia. — Livius Drusus. — Guerre sociale. — Première guerre contre Mithridate. — Guerre civile. — Défaite de Marius et de son parti. — Dictature de Sulla. — Ses proscriptions. — Sa mort . . . 150

CHAPITRE XVIII

Pompée. — Guerre contre Lépidus, Sertorius, Spartacus, les pirates et Mithridate. — Lucullus. — Soumission de l'Orient . . 160

CHAPITRE XIX

Situation des partis à Rome. — Pompée. — Cicéron. — Verrès. — Catilina. — César. — Caton le Jeune. — Crassus. — Premier triumvirat. 170

CHAPITRE XX

Guerre de Gaule. — État de la Gaule au moment de la conquête de César. — Invasion des Suèves. — Défaite d'Ariovist, des Helvètes, des Vénètes et des peuples d'outre-Rhin. — Descentes dans la Grande-Bretagne. — Soulèvement de la Gaule. — Vercingétorix. — Prise d'Alesia. — Soumission totale des Gaulois. 180

CHAPITRE XXI

Guerre civile. — Troubles à Rome. — Claudius et Milon. — Curion. — Rupture décisive entre César et Pompée — Passage du Rubicon. — Guerre d'Espagne. — Soumission de Massalie. — Siége de Dyrrachium. — Pharsale. — Mort de Pompée. — Guerre d'Alexandrie. — Thapsus. — Mort de Caton d'Utique. — Triomphe de César. — Munda. — César dictateur perpétuel. — Meurtre de César 191

CHAPITRE XXII

Réaction contre les conjurés. — Fuite de Brutus et de Cassius. — Arrivée d'Octave, accueilli par Cicéron et dédaigné par Antoine. — Supériorité d'Octave. — Second triumvirat. — Mort de Cicéron. — Guerre contre Brutus et Cassius. — Bataille de Philippes. — Mort des meurtriers de César. — Partage du monde entre Octave et Antoine. — Défaite de Sextus Pompée. — Cléopâtre. — Bataille d'Actium. — Mort d'Antoine et de Cléopâtre. — Fin de la République 205

TROISIÈME PARTIE

EMPIRE

CHAPITRE PREMIER

Octave. César-Auguste, maître de l'univers. — Tibère. — Caligula. — Claude. — Néron : fin de la famille des Césars. — Galba. — Othon. — Vitellius. — Avénement des Flaviens : Vespasien. — Titus. — Domitien 213

CHAPITRE II

Les Antonins : Nerva. — Trajan. — Hadrien. — Antonin-le-Pieux — Marc-Aurèle. — Commode. — Les princes syriens : Pertinax. — Didius Julianus — Septime-Sévère. — Caracalla et Géta. — Macrin. — Elagabal. — Alexandre Sévère. — Anarchie militaire. — Maximin. — Les trois Gordiens. — Philippe l'Arabe. — Decius. — Gallus. — Valérien. — Gallien. — Claude II. — Aurélien. — Tacite. — Probus. — Carus. — Carin. — Numérien 225

CHAPITRE III

Dioclétien. — Organisation de l'autocratie et de la tétrarchie : deux Augustes et deux Césars. — Abdication de Dioclétien. — Constantin : le christianisme religion de l'État : fondation de Constantinople. — Constance. — Julien. — Jovien. — Valentinien. — Valens. — Gratien. — Théodose. — Séparation définitive de l'empire. — Fin de l'empire romain 235

Imp. E. HEUTTE et Cie, à Saint-Germain.

www.ingramcontent.com/pod-product-compliance
Lightning Source LLC
Chambersburg PA
CBHW060353170426
43199CB00013B/1853